上 海 家 长 学 校

家庭教育
大家谈

楼军江　主编

上海人民出版社　　上海远东出版社

图书在版编目(CIP)数据

家庭教育大家谈/楼军江主编. —上海:上海远东出版社,2021
ISBN 978 - 7 - 5476 - 1767 - 0

Ⅰ.①家… Ⅱ.①楼… Ⅲ.①家庭教育-研究 Ⅳ.①G78

中国版本图书馆 CIP 数据核字(2021)第 240051 号

责任编辑 祁东城
封面设计 李 廉

本书由上海开放大学家庭教育教材开发与出版项目资助出版

家庭教育大家谈
楼军江 主编

出　　版　**上海远东出版社**
　　　　　　(201101　上海市闵行区号景路 159 弄 C 座)
发　　行　上海人民出版社发行中心
印　　刷　江苏凤凰数码印务有限公司
开　　本　710×1000　1/16
印　　张　18
插　　页　4
字　　数　277,000
版　　次　2021 年 12 月第 1 版
印　　次　2021 年 12 月第 1 次印刷
ISBN 978 - 7 - 5476 - 1767 - 0/G・1121
定　　价　108.00 元

编委会名单

主　　编　楼军江

副 主 编　王伯军

编委会成员　王松华　江伟鸣　孙　红　姚爱芳

　　　　　　王　欢　应一也　张　令　陆晓春

　　　　　　朱　斌　叶柯挺　汤　为　刘　茜

写在前面的话

家庭是人生的第一所学校,家长是孩子的第一任老师。家长如何给孩子上好"人生第一课",帮他们扣好人生的第一粒扣子,至关重要,也备受关注。

2019年1月18日,时任教育部部长陈宝生在全国教育工作会议上明确提出:"要加强对家庭教育工作的支持,通过家委会、家长学校、家长课堂、购买服务等形式,形成政府、家庭、学校、社会联动的家庭教育工作体系。"

2020年1月21日,在上海市委、市政府的领导下,在上海市教卫工作党委和市教委指导下,上海家长学校正式宣告成立,并被市领导寄予厚望:上海家长学校依托上海开放大学,要充分发挥专业优势、资源优势,精心组织课程、开发资源、组织培训、策划活动。通过线上线下一体化的推进,不断扩大服务范围和指导范围,尽快构建起政府推动、全社会共同参与的家庭教育指导服务体系。

成立两年来,上海家长学校重点围绕"六个一"来细化举措,即一支骨干队伍、一批课程资源、一档电视栏目、一个在线课堂、一系列线下培训和一个服务体系。在疫情防控的特殊时期,"上海家长学校在线课堂"与家长和孩子们线上结缘,成为温暖的精神港湾。

如今,上海家长学校的在线课堂悄然走过55期,吸引全国家长收看,共计超过1600万人次,成为一道靓丽的家庭教育学习风景线。

作为上海家长学校的常态化项目,在线课堂每期都会从一个家长关心的热点话题出发,邀请专家、家长共话家庭教育,迸发出许多家庭教育的新想法、新观点。

为了更加广泛地传播在线课堂的内容精粹,上海开放大学组织编写了

《家庭教育大家谈》一书,从 2020 年已经开展的在线课程中筛选出 25 期精品课程,以课堂实录的形式将精彩内容呈现给广大读者,全书围绕生命教育、成才观、亲子关系三大主题展开探讨,同时也聚焦家长们关心的学习、电子产品使用等话题。

《家庭教育大家谈》凝聚了 30 余位家庭教育领域研究者和实践者的智慧结晶,呈现了大量生动活泼的家庭教育案例和视角丰富的教育观点,从不同方面回应家长的困惑与难题,帮助家长与孩子共学习、同成长。希望家长在阅读的过程中,能够和这些跃然纸上的文字发生思想碰撞,给自己的家庭教育实践带来更多启发。

2021 年是"十四五"开局之年,随着《中华人民共和国家庭教育促进法》的正式通过、"双减"政策的出台和"全员导师制"的推行,我国家庭教育又迈上一个新台阶。上海家长学校将秉承"父母好好学习,孩子天天向上"的办学宗旨,继续推动家庭教育资源的共聚共建共享,让幸福之花在家庭中绚丽绽放!

楼军江

2021 年 11 月于上海开放大学

致　　谢

　　《家庭教育大家谈》正如其名,汇聚了许多热爱家庭教育事业的同仁的心血智慧,书中内容均顺利获得主讲人授权,非常感谢每位"大家"对此书的支持和贡献,为家庭教育发声献智!感谢上海家长学校全体工作团队以及在线课堂台前幕后工作人员的悉心筹划和组织;感谢上海远东出版社团队的精心设计和编辑加工;感谢华东师范大学成人教育学硕士研究生刘茜等同学的用心校稿和归纳整理。在此,对每一位参与者深表谢意,也愿本书的出版能够真正地帮助广大家长,惠及千万家庭!

目　　录

第一篇　疫情下的人生教育

复旦五浦汇实验学校校长

复旦大学附属中学语文特级教师

上海写作学会常务副会长

复旦大学社会科学高等研究院特聘教师

复旦大学高等教育研究所硕士生导师

华东师范大学中文系硕士生导师

2020年初，新冠肺炎像一只从天而降的"黑天鹅"，给我们的生活带来了一些始料未及的影响。面对疫情，我们没有现成的知识和经验，家长和孩子们都是学生，一起在成长。

"爸爸，病毒究竟是什么？为什么夺取了那么多人的生命？""为什么钟爷爷84岁了还要冲到一线去？他不怕死吗？""妈妈，'90后'护士姐姐牺牲了，她只有29岁，她的孩子突然没有妈妈了，好可怜！"面对孩子们一个个生命的叩问，家长们该如何回答？我们又该如何引导孩子看懂疫情背后的故事，看懂疫情数字背后的人性？如何正确地引导孩子看待生死，对待生命？如何教会孩子敬畏自然，学会感恩？

疫情即教材，社会即课堂，家长即老师。

疫情下的人生教育，独特的地方就是在非常时期感悟到平时很难感悟到的方面，在疫情下不同的教育理念所表现出来的行为和导致的结果是不一样的。我和学校心理老师做了一个调查，以下是一些调查对象的反应。

A同学："我本人在家的学习状态不佳，母亲督促我，我觉得很烦，和母亲发生了多次口角，压力就很大，又觉得上网课没有动力，感觉学习状态很糟糕。"

B老师："班上有个孩子从市外转到本校，基础比较差，想借此机会补课，但是学生一提到学习便无比厌烦，亲子之间发生了激烈的矛盾，家长怀疑学生有精神分裂。"

C家长："学校每天网课的任务较多，孩子在家学习状态差，出现心慌现象，担心他开学后跟不上。"

在家学习的状态千人千面，有的同学利用疫情带来的假期读了很多书，利用空闲时间练字、画画，在家锻炼；但不少同学在家一味刷题，结果对学习很厌烦。复旦五浦汇实验学校举办了网上诗歌竞赛，有些同学写下："疫疾肆虐寐难安,互帮互助显温良,齐心协力居家过,阴霾消融见阳光。""昔日江城繁盛,今朝毒害生灵,通衢空荡噤人声,酒市凄然闭门,近日白衣飘逸,自请迎疫逆行,疫情起落意难平,但愿中华有幸。""遥望高天黄鹤楼,大江含怨向东流,南山奋起除魔剑,冠毒澄清解国忧。"

如果从整个人生的和谐发展考虑,人生教育的内容还是很丰富的。我们可以讨论很多问题:敬畏而不是狂妄,守则而不是自流,卫生而不是虚生,宁静而不是焦躁,感恩而不是仇恨,求真而不是迷信,谦逊而不是骄傲,批评而不是抱怨。我们还可以思考权利和义务的关系,大局和自己的关系,如何自学,如何读书,如何强化学习力、生存力,如何更能学会慎独,耐得住寂寞。

一、敬畏自然,珍惜生命

灾难总是和文明结伴而行,文明的发展都和灾难有关系,因为有灾难,人们就来克服、来相处,所以文明就发展起来了。近年来随着环境、生态的破坏,灾难不断,森林起火、蝗虫之害、水旱灾、核污染,还有目前的新冠肺炎等,地球家园可以说是满目疮痍。

吾始至南海,环视天水无际,凄然伤之,曰:"何时得出此岛耶?"已而思之:天地在积水之中,九州在大瀛海①中,中国在少海②中,有生孰不在岛者?覆盆水于地,芥③浮于水,蚁附于芥,茫然不知所济。少焉,水涸,蚁即径去,见其类,出涕曰:"几不复与子相见。"岂知俯仰之间,有方轨④八达之路乎?念此可以一笑。戊寅九月十二日,与客饮薄酒小醉,信笔书此纸。

　　[注]　①大瀛海:大海,相当于大洋。②少海:小海。③芥:小草。④方轨:两车并行。

译文:

我刚到海南岛时,环顾四面大海无边无际,凄然为此悲伤,说:"什么时候才能够离开这个岛呢?"一会儿又停下来想想,天地都在积水中,九州也在大海中,中国在小海中,难道有生下来不在岛上的吗?把一盆水倒在地上,小草叶浮在水上,一只蚂蚁趴在草叶上,茫茫然不知道会漂到哪里去。一会儿水干了,蚂蚁于是径直离开叶子走了,见到同类,哭着说:"我差点再也见不到你了。"哪知道一小会儿后就出现了四通八达的大道呢？想到这个可以笑一笑。戊寅年九月十二日，与客人饮酒微醉，随手将感受写在纸上。

此文为苏东坡被贬到儋州时所作。儋州是荒蛮之地，从中原到儋州，心情可想而知，也是一场灾难。但苏东坡用这样一个寓言来自嘲当时的情景。

这个故事给了我们三点启示，第一，蝼蚁尚且爱惜自己的生命，何况人类。第二，灾难是难免的。水突然把蚂蚁淹没，蚂蚁以为是大海，要顺天应命，不要怨天尤人，可一笑了之。第三，要相信灾难会过去，要乐观旷达。

关于破坏环境的问题，《论语》里有一句话非常了不起："子之所慎，斋、战、疾。"孔子谈到最需要关心的三件大事，一是要敬天敬地敬鬼神，二不要轻易发动战争，三不要让瘟疫流行。这反映出孔子的仁民爱物和敬天地的思想。目前我们碰到的也是同样三个大问题：环境、战争和瘟疫。

瘟疫问题在古代就有了，《世说新语》有这样一段："王仲宣好驴鸣。既葬，文帝临其丧，顾语同游曰：'王好驴鸣，可各作一声以送之。'赴客皆一作驴鸣。"这个故事其实非常悲凉。王仲宣是"建安七子"之一，他和其他四子都因瘟疫而死，可见当时瘟疫非常厉害。

对于环境，我们古人早就觉得要保护，《古文观止》里有篇文章《里革断罟匡君》，讲述大臣里革断罟劝说宣王不能害那些刚刚孵化出来的小虫，因为"蕃庶物也"，要让各种各样的生物能够健康地、欣欣向荣地生长。可见在两千多年前，我们已经意识到要保护环境。

弘一法师李叔同的学生丰子恺编画册《护生画集》，里面的故事，都是告诉我们要善待自然，珍惜生命。

珍惜生命有两层意思，一是用被动的方式护卫生命。例如在大灾来时，要保护生命，要尽可能来医治人们。二是用主动的方式创造生命的价值。如果只是保护生命而没有创造生命的价值，那么也不是珍爱生命，所以，远离毒品，严禁酒驾，疫情期间戴口罩、不聚会等，都是在保护生命。

创造生命的价值，活得更有意义，充实生命的内涵，使得生命不空虚、不无聊，不是为了活着而活着。有的人待在家里觉得非常无聊，其实这个时候可以读书、学习，开展亲子交流，怎会感到无聊？

这就是我们的教育的问题。胡适先生在《人生有何意义》中说，人生的意义不在于何以有生,而在于自己怎样生活。你若情愿把这六尺之躯葬送在白昼做梦上,白昼做梦就是你这一生的意义;你若贪图享乐,沉迷声色不思进取,这也是你这一生的意义;当然你若发愤振作起来,决心去寻求生命的意义,去创造自己生命的意义,那么,你活一日便有一日的意义,做一事便添一事的意义。木心也说:"生命好在无意义,才容得下各自赋予意义。"

这就是敬畏自然,珍惜生命。

二、学会感恩,尊重他人

这次大灾来临,很多人去世,令人心痛。钟南山提到了一家三口:当爸爸被盖上白布送走的时候,孩子拉着爸爸的担架说"爸爸你别走",过了几天,他妈妈也走了,他的话就变了,"妈妈我要和你一起走",后来,他自己也走了,手里捏着的就是一张一家三口的照片……想到此,内心充满凄苦,更尊敬那些为了大家的安全而努力的可爱的人们。在这次疫情面前,武汉封城——武汉人民把这个重担挑在自己的肩上,把危险尽可能留给自己,不扩散出去,我们要感谢他们。我们要感谢吹哨人,感谢钟南山,感谢医务人员、志愿者等。我们还要感谢自觉在家里、自律自控的人,感谢世界各国的政府和民众的支持。

面对疫情,一方有难,八方支援,万众一心,顾全大局,医护争先,人人守责。通过这件事情,更能深切感受到中华民族的儿女积极响应政府号召,自觉守矩。

当然,有些孩子不太懂得珍惜生命,也不懂得感恩。有一个学生,有两三次考得不好,就寻死觅活,和父母的关系也搞得很僵。后来我就说:"你太不懂得感恩,太不懂得满足了,你想你能够成为一个人,可以生在上海,生在知识分子家庭,在一所好学校读书,你是太幸运了,你为什么还不满足呢?因为考了几次没考好就要死要活?对生命太不关爱,太不知道珍惜了。"他也就没话讲了。每个人都有想法,每个生命的到来都是个奇迹,你做任何事情都要为自己负责,为家庭、为社会负责,所以要热爱生命,要真正地感恩。所谓的感恩,就是孔子说的"己所不欲,勿施于人",这是很简单的道理。

另外需要弄清楚感恩和包容的关系、感恩和仇恨的关系。疫情期间,有的人因为他人没有捐出很多钱,就说这个人怎么就捐这么一点钱。这件事上不要攀比，多捐一点少捐一点，都是在奉献，有的人先捐，有的人后捐，有的人甚至不捐，但他们都在为这件事情出力，没有必要去攀比，如果以数量作为一种标准，那是一种势利眼。还有人心中充满埋怨、充满着戾气，这种情绪非常不好。

三、崇实求生，谦卑自牧

疫情期间，李文亮先生的去世，大家都非常痛心，拒绝真话，反而把真话说成是谣言，这样的教训被推到我们面前。所以说真话做真人，独立地用自己的眼光来看待世界是非常重要的。通过这件事情，我们更应该求真，求真相、求真理，应该更透明一点，更让大家有知情权，更能够公开一点，不可能不犯错误，犯了错误大家是能够理解的。

首先，我们要区分谣言和谎言。什么叫"谣"？"谣"实际上就是传得很远的话，它是民间传播的，不一定符合事实的信息，它和故意说谎是不一样的。所以求真是需要我们听听各种各样的谣言，才能够对多种信息来源加以筛选，找到真相，找到真理。我们每个人碰到事情的时候都应该说真话，真话不一定是对的，真话可能是错，但它是真话，不是谎言，这一点是要区分开来的。

再来看一个古时候抗疫的例子。1090 年春天，杭州出现了流行性疾病，在没有任何公共医疗措施的情况下，人们只能坐以待毙，满城人心惶惶。此时恰逢苏东坡在杭州做太守，他招募了懂医术的人，一街一巷地走访，向杭州全城百姓施舍药品，当时他的药叫圣散子。这个秘方是他的一个家乡的朋友，也是前辈——巢古给他的。他叮嘱苏东坡不能把秘方传给任何人，但苏东坡还是传给了百姓，并且自费采购了大量的药材，在街头支起了大锅，熬了大量的药汤，让病人们服用。最后，一场可怕的瘟疫被遏制了。所以我们不要以为只有现代科学有作用，古代的很多药方也是有作用的。而且苏东坡也搞了一个"火神山"，当时名叫安乐坊，考虑到杭州的四通八达、人来人往，特别容易传播疾病，他便拿出了自己的五十两黄金，建立一家病坊，取名安乐坊，这是他的创举。古人也在用各种各样的办法抵抗病毒。

现在人类对社会和世界的了解大概是一点点，更多的东西都等待我们去发掘。所以我们还是要常怀敬畏之心。我们经常说要以人为本。这句话对不对呢？从教育的角度来讲当然是对的，要以人为本，而不能以分为本。但从更大的范围来讲，应该以万物为本，有种说法是：人是万物的灵长，这其实已经把人置于一个优先的位置了，什么东西都要考虑人，人类生存得好了就不需要考虑动物了吗？显然是不对的。如果世界上有一种比人更高级的生物，那么它也可以把人当动物一样对待吗？所以要以万物为本。还有个概念叫人类命运共同体，我认为应该是自然与人类共同体，或者说地球命运共同体，而不是只有人，所以人类总是做什么都为了自己，这就是一种没有敬畏感的表现，我们要真正地发自内心地崇实求生、谦卑自牧。

四、正视教育，回归本源

人生教育要回归初心。

什么叫教育？天命之谓性，率性之谓道，寻道之谓教，教育就是把个体应该有的能力真正地发挥出来，每个人应该得到充分的发展。

什么是初心？初心就是人的终身幸福，是人们生命价值的体现，人生教育要回归初心。教育不是只搞应试教育，也不完全是素质教育，我认为应该做好"人生教育"。教育的初心是要立德树人，以高考、退休、生命终结为节点，把人生分为多个阶段，那么应试教育只是到达第一个阶段，素质教育是第二个阶段，而唯有人生教育才能顾及整个人生的过程。当然，应试、素质教育也要考虑到，要正确处理应试教育和素质教育的关系：两者之间可以相互包容。我们不是全盘否定应试，关键在于不要把应试看作教育、学习的一切。从人生发展的角度来对待应试，而非为了应试而应试。家长要有颗平常心，不要逼迫孩子学习，让孩子能一点点提高，一步一步地走。

应试教育和素质教育实际上是不矛盾的。不好的应试教育形态在于它把学习的范围缩小到那些考试的题目。而且考试的题目也存在很多问题，比如说标准答案。其实标准答案都不标准，为了迎合老师、迎合考试，结果学生个人的独立精神、思考能力都没有了。当时从另一个角度来看，应试也是一种素质，每个人每天都碰到一次应试。比如你今天是否要出门？出去干什么？你的选择就是应试。所以应试是一种能力，也是一种素质。我们应该扩大学习的宽度、深度、高度，一点点地学，而不能只盯着考试。

素质的内涵是非常广的，有些人在音乐方面有特长，有些人在美术方面有特长,有些人在人际交往方面非常出色,那么就要好好培养提升他在这方面的素质。当然同时我们也得学习必要的那些知识。所以用素质教育的方式来对待应试,那么就应试胜,以应试的方式来对待应试,那么就应试败。

我们要从另外一个角度看到人生的发展。对于人生教育我提出六个词:终身幸福,彰显个性,守礼修身,作育公民,博雅励志,智慧应试。并不是不要应试,但是我们要以终身幸福为目标,要显示他的个性,在社会上能够守礼修身,而且成为一个真正的现代公民,这是我们人生教育的宗旨。

复旦五浦汇实验学校的校训是独立、善良、智慧、美丽。独立是首要的,人生是独立的,应该有独立的生活能力、生存能力和思考能力;独立要以善良为前提,如果只有独立没有善良的话,那就是狂妄;我们要用大智慧而不是小聪明,而智慧的背后也是善良,没有善良就没有智慧;最后成为一个幸福的人,成为美丽的人,由内而外的美丽。"种下行动,收获习惯,种下习惯,收获性格,种下性格,收获命运。"有一种说法,21天养成一个好习惯,一个好习惯养成以后,那就受益终生。

1. 自律,慎独

疫情下最要紧的是要自律,要慎独,就是一个人的时候也能够守住自己。很多事情要让孩子自己去做,家长不要包办。明天什么时候上学,什么时候起床,甚至要穿什么衣服、什么鞋子,房间怎么整理都应该给孩子自主权。家长在陪伴的同时要放手,要让他自立,需要放松,容许孩子有自己的想法,有自己的主张,有自己对生活、对社会的愿望。孩子自律有客观条件,但是也是主观的需要。要信任他,让他们自己来规划这件事情,最要紧的是让他们能够自立。人生不如意的事情十之八九,如果能够养成自立的好习惯,他自己受委屈、受打击后会更坚强,内心更强大。

2. 养成安静的习惯

每临大事有静气,能够静下来,他就能够成功。《大学》写道:"知止而后有定,定而后能静,静而后能安,安而后能虑,虑而后能得。"我们正好在疫情期间让学生能够静下心来,自觉地定规划。

《文心雕龙·养气》写道:"水停以鉴,火静而朗。""宁静以致远",所以静很重要;"淡泊以明志",这种养成要靠自己。我们的美德要自己养成,一个人的缺点来自他的时代,但是美德和伟大却属于他自己。养成自律的习惯,养成静的习惯,就拥有了自制力,才能够确保今天读好书,明天走好路,一生做好人,这就是我们的人生教育。

叶澜老师说,教育是直面人的生命,为了人的生命质量的提高,而进行社会实践的活动,是以人为本的社会中最体现生命关怀的一项活动。生命发展原则,包括了唤醒生命的意识,启迪精神世界,发展生命的潜能,优化生命质量,为完善人格构建奠定了基础。

3. 学会反思

现在有一些说法就是多难兴邦。有人说失败是成功之母,失败是不是一定是成功之母? 就看你是不是能够反思。关键在于每一次灾难过后,人们是否长记性。如果一切还是老样子,还是不注意保护我们的生我养我的地球,那么灾难永远是灾难。我们的教育,就是让人变得更好,让世界变得更好,这就是教育的宗旨和初心。

大家如果有时间的话去看看书,看看纪录片,比如《人间世》《我们的星球》《病毒为何致命》《悲惨世界》《活着》《恩宠之星》等。在家里无事的时候,其实有很多事情可以做,家长一定要平等地和孩子交流。在大灾面前你们是同学,你们一起成长。这样,孩子会很听你的话,也会非常开心。

俄罗斯作家巴尔蒙特说:"为了看看阳光,我来到这个世界上。"人来到这个世界上是为了看看这美好的阳光,享受生活,享受人生,那么让我们能够坚守希望,让我们静候黑暗过去,迎接灿烂的阳光。

第二篇　家庭教育"心智慧"

上海市教科院普教所学生发展研究中心副主任

王　枫　上海市教师心理健康发展中心副主任

上海市中小学心理辅导协会常务理事

给大家展现一个场景：回想一下居家防疫期间，你有没有和孩子发生过一些口角或者一些不开心的事情？有没有对他发过脾气？疫情期间，孩子不能出门，他们的行动受到了限制，他的能量没有地方释放，就容易乱发脾气。这个时候，大多数家长一看到孩子发脾气，自己也会气不打一处来，也会有自己的情绪。或者你给孩子制订了很好的作息计划，比如说让他早上六点半起床。但你六点半去敲他门的时候，他在赖床，这时家长的无名火又会上来。

当孩子大一点了，你会发现很多青春期的孩子就不太愿意和家长沟通了。这个时候你会觉得不太开心，因为小时候孩子好像什么都和你讲，但是当他长大了之后，他和你的话越来越少了，甚至有的时候开始变得叛逆。这个时候你可能对待他的情绪又有了变化。当然，涉及学习方面，就有更多的情绪带入。我们在网上看到各式各样辅导孩子做作业的过程中，家长情绪爆发的情景，也会看到一些毕业班的学生由于焦虑产生一些行为上的问题，而我们的家长特别容易把他们的问题放大，然后导致自己情绪爆发。

一、面对情绪，"hold 住"

如果家庭教育是家长的一项修炼，那么情绪就是修炼的一部分。情绪调控不是与生俱来的，很多家长有时会把自己的孩子送到各种各样的情商培训班，培养孩子觉察、调控自己和他人情绪的能力，而这种能力其实是需要学习和练习的，对于家长来说也是如此。所以家长需要在自己的生活中练习调控情绪。

如何学习"hold 住"情绪呢？

首先你要知道情绪是什么——情绪是人的需要是否得到满足的身心体

验和行为表现。在大脑中有两条情绪的通路，我把它称为感性通路和理性通路，在感性通路中，我们通过感知神经知觉到身边的一些事物时，会快速产生情绪激发，这些情绪往往是受到人的本能、长期条件作用以及个性特点影响的。比如说当你在马路上看到一辆大卡车向你驶来的时候，你一定会本能地感受到恐惧，并且采取回避行为；假如你每次一吼娃，娃就开始听你的话，在长期的条件作用下，你就会养成吼娃的习惯；家长的情绪也会受个性特点的影响，胆汁质的类型可能天生就比较暴躁，甚至会有一些暴力行为。这些都是由感性通路导致的。理性通路是通过感知神经知觉到现实生活中的环境，之后通过认知来调节情绪的过程。很多时候，情绪不是事件本身导致的，而是个体对这个事件产生的看法导致的，在一些不合理的认知中会导致情绪的反差。有两种非常典型的不合理认知，第一个是绝对化观念，在绝对化观念受到挑战的时候，家长很容易产生爆发式情绪。比如说有的家长觉得自己在家里是权威，当孩子挑战家长的权威时，家长就会产生愤怒的情绪，甚至衍生出非理性的行为，包括言语上的暴力和肢体上的冲突；有的家长认为"我为了培养你很辛苦，所以你一定要很优秀"；有的家长会认为"我自己挺成功的，所以我的孩子也必须是优秀的"。第二个是灾难化思维，表现为容易把一些小事情，特别是关于学习的事情无限放大成灾难的思维。比如说孩子连最简单的作业都不会做，那么他的成绩肯定就不会好了；孩子没有上补习班的话就会落后，等等。这些其实都是一些灾难化的思维，会引发家长的焦虑和担忧。

当了解了情绪的机制之后，你就可以很好地去思考，如何来控制好自己的情绪。**一是要增强意识**，家长需要形成关注自己情绪状态的意识和习惯。不要产生情绪后马上就让它爆发出来，要在感觉到自己情绪可能会失控时，有意识地进行调控，按下"暂停键"。**二是要注意区分**，不要把工作和生活中感受到的负面情绪带给孩子。比如说你在人际关系中可能产生了一些矛盾，在工作中被领导批评了，导致你有一些压力和情绪。当你看到孩子做的事情让你不满意时，你本身的压力加上你看到孩子的行为所产生的情绪就会一并爆发出来。在我们开始关注自己情绪的时候，千万要记得去区分不同的情绪之间的差别，当面对孩子的时候给自己一个心理暗示——家庭教育是不能掺杂额外的情绪的。所以在这个时候，你让自己停下来去区分一下,看看会不会有工作和生活当中的压力和情绪,导致了你在和孩子相处的过程中有过度的情绪介入。**三是主动调节**,可以在孩子面前做情绪调整的示范,这很可能会给孩子带来情绪调整的认知变化。比如说可以告诉孩子自己现在情绪比较激动,需要时间调整一下,做一做深呼吸。如果你觉得情绪非常剧烈的话,可以暂时离开孩子,到自己的房间去喝口水或者是听一会儿音乐,等等。此外,由于固有观念产生的情绪问题需要我们更深层次的认知调整,比如说对于绝对化观念,我们要把"我就是家里的权威"转化为"我需要去尊重孩子的想法",对于灾难化思维,我们要把"连简单的题都做错,那成绩肯定不会好"转化为"简单的题,不一定是孩子不会做,要去具体分析一下原因"。深层认知的改变需要家长审视自己的教育三观,并树立起正确的教育三观。

我们一直说三观要正,教育的三观是什么?

一是学习观,你对学习的看法是怎样的?你认为孩子的学习是要在考试中取得好成绩还是为了让他未来能够获得幸福的生活,实现自己的人生目标和理想?你认为孩子坐在课桌前是学习,那如果孩子来到各种各样的环境中,也是在学习吗?比如说在疫情当中,我们的孩子有可能通过看资料片、看新闻,去读懂别人的故事。这同样是在学习,学习本身无处不在,发生在我们生活中的方方面面,所以对于学习怎么看,会影响你背后的一些观念,而这些观念会引发你的情绪。

二是育人观。你如何看待你的孩子?是觉得孩子要在所有的方面都非常好才是好,还是说孩子在某一个特定的领域有自己独特的优势就是很棒的了?这其实需要我们去调整自己对于孩子的看法,需要去看到孩子本身。

三是质量观。家长对"优秀"需要有一个判断。很多家长都认为,只要学习成绩好就是好孩子,忽视了孩子的社会性发展、品德发展。现在提倡综合素质的发展,当我们的孩子能够真正在综合素质上有所发展,能够找到他们的人生发展目标,并为他们的目标努力的时候,这样的育人效果要比单单看到他的知识、成绩要好得多。

对家长来说,最关键的是在新的时代背景之下,不断更新自己的学习观、育人观和对于教育的质量观。在这样的正确的三观引导下,我相信各位在自己的生活中,在和孩子的相处中一定能够更好地调控自己的情绪。

二、亲子沟通，不"翻车"

亲子沟通中有三个关键要素：倾听、关注和同理心。

第一是倾听，倾听是指你能够非常认真地去听孩子在讲什么，并伴随着一系列外部表现，包括眼神交流、点头、身体朝向、微笑等。要多听孩子，因为你会发现家长如果只从自己的角度去看孩子的行为，常常会存在很大的误解和偏差。

在我之前心理咨询的一些案例中，有一个男生在班上动手打了别的孩子，老师找了他的母亲来。他的母亲来到学校之后，没有听他任何解释就去批评他，孩子就觉得特别委屈，但是其实如果家长能听一听孩子的解释，去了解他为什么打人，是不是因为实在没有办法忍耐自己的愤怒了，才会外化成攻击的行为？如果你不去关注背后的原因，孩子可能会产生更大的问题，会和你产生更大的情绪冲突。

当你了解他的行为背后的一些想法之后，你就可以很好地基于这些想法去进行一些操作，帮助他避免可能会犯的过错。所以为什么要倾听，是因为我们需要去澄清孩子他本身的想法和需求。有个重要的技巧叫作"延迟性评价"，就是当事情发生时，请孩子先说一说到底发生了什么样的事情，听完孩子的表达，你可能会对这件事情产生不一样的认识和处理方式。在孩子表达的时候，家长要做的就是认真倾听，在倾听过程中去澄清很多具体的内容。

第二是积极关注，家长需要看到孩子积极的方面和值得肯定的地方，包括他的长处，他付出的努力，等等。这里介绍几个心理学的实验。

实验1　期望效应（又叫罗森塔尔效应）实验

这个实验先是将一群老鼠随机分成两组，一组贴一个标签叫"非常聪明"的老鼠，另外一组叫"非常笨"的老鼠，实验者需要训练这些老鼠走迷宫。当训练很多次之后，哪一组老鼠走得比较好？结果是"非常聪明"的老鼠走得比较好。随机抽取的这些老鼠在智力水平上几乎没有什么区别，那么，是什么导致了它们最后行为上的差异？其实是预设的标签影响了训练人对老鼠的期待。后来罗森塔尔在学生当中也进行了类似的实验，得到了同样的效果。可以看出，当我们更多地给孩子一些积极期待的时候，当我们相信孩子可以做得更好的时候,他就一定会感受到你对他的期待,并把这种期待内化为不断提升自己的动力,然后去实现。

实验2　成功者效应实验

这是浙江大学的团队在2017年做的一个非常有名的实验。实验选择了两只小老鼠,其中一只非常弱。然后两只小老鼠打架,非常弱的那只一直是输的。实验者通过一些技术手段刺激它大脑的神经元,使它变得非常强大。于是,它连续六次战胜了对手。在第七次的时候,把这个刺激去掉,也就是没有了外部的辅助力量,它又回到了原先弱小的状态,结果这只老鼠还是非常勇猛地赢了。通过对老鼠的大脑扫描,结果显示由于六次的胜利,小老鼠的丘脑到前额叶的神经回路已经发生变化,它产生了非常强的自信心以至不需要再借助外力就可以赢得和其他小老鼠的比赛。也就是说六次的成功经历足够改变小老鼠的大脑。虽然我们不能简单地把老鼠的实验类推到人身上,但是我们设想一下,如果通过六次成功的经历可以很好地激发孩子的自信心,那我们家长该不该时刻鼓励他,给他成功的体验?

如果我们不给孩子一些正面的鼓励、表扬的话,又会导致一些什么样的问题? 在心理学中也会有一些实验来证明。

实验3　习得性无助实验

把一只小狗放在一个笼子里,这个笼子里有一张电网。实验者启动电网的时候,小狗会感到疼痛,想要逃离,但是它被困在笼子里,很长的一段时间中,它感觉到自己不论怎样努力都没有办法逃离,当你再把笼门打开的时候,它也不会再逃离了。因为小狗习得了一种无助感,它认为自己通过任何努力都没有办法逃脱这样的命运。这种认知其实也存在于家长和孩子的沟通中,比如很多家长特别计较分数,如果孩子考了90分,他们会觉得90分不是很好,应该考95分,等孩子考了95分之后依然觉得不够,应该考100分。不断地拔高对孩子的要求,似乎孩子永远没有办法满足你的期待,这其实和习得性无助是一样的。孩子会觉得好像自己的很多努力在家长那里都没有办法得到很好的回应,没有办法得到家长的肯定和表扬,那么孩子本身的自尊心和自信心都会受到影响,会产生习得性无助。所以积极关注是特别重要的一件事,在家庭教育中,千万记得要关注到孩子本身的长处,因为每一个孩子一定在自己的生活当中,在自己的成长当中会表现出他的个性特点和独特优势。即使在一些可能看上去结果不太理想或者有一些问题的行为当中，仍然可以找到孩子的闪光点。

曾经有一位校长和我说他学校里有一个高一的学生，无心学习，每天晚上只干一件事情，就是在网上直播，他自己也为直播买了很多设备，有很多人观看他的直播，甚至有粉丝打赏。于是校长就把这个孩子推荐给我，希望我和这个孩子聊一聊。

刚接触这个孩子的时候，我很难和他深度聊天，因为他是被要求来的，而不是自愿来的，有很强烈的抵触情绪。心理咨询中一个非常重要的前提是：我和他的关系能够使他愿意积极主动地来向我求助，这时我们才处在一个比较平衡的关系中。于是我就先告诉他我们能看到他在直播中的优势和价值。比如说："你现在的直播属于小有成就。能够用你学到的知识来策划直播的内容，并且有各种各样的设备和技能，帮助你去完成这个直播，肯定有很多人给你点赞，有很多人给你发红包。"当孩子听到了你对他的鼓励和肯定后，他的态度就完全不一样了。随着我们之间的关系逐步拉近，孩子在最后的咨询阶段中，对我说："老师，我有一个问题，我现在播了一段时间之后，感觉播不下去了，我已经没有什么素材了。"所以他慢慢觉得没什么东西可做了，看他直播的人也越来越少了，他很苦恼。这时就需要去引导他发现背后的原因，因为他现在的知识能力还不足以很好地去支撑他把直播作为自己的终生事业，所以他还是需要去学习更多的东西的。在这样的一个案例中，可以看出在心理咨询中其实做的最多的就是去肯定我们的孩子，帮他们找到未来可能的出口。

家长通过积极关注可以帮助孩子去调整存在问题的行为，当然，在积极关注中，家长也需要注意一点，当我们去表扬孩子的时候，不是盲目地夸赞。有家长很夸张地说："孩子你是世界上最棒的，你是世界上最聪明的孩子。"这其实更多地是从对他本身的定性来表扬，当你说他是一个聪明孩子的时候，他倾向于把未来的学习目标设置成表现型目标。这种表现型的目标就是他需要表现成你赋予他的一个聪明人的角色。所以，当他碰到困难时，他会选择不具有挑战的一些任务，通过在这些任务中取得成功来维持自身聪明人的形象。相反，如果家长把夸赞表扬更多地放在具体行为和过程上的时候，可以让孩子建立起成长的心态，通过接受挑战获得自我的成长。诸如

"你是通过努力改变了你之前的错误""你是通过努力提升了自己的成绩"。所以,家长需要多去鼓励和表扬孩子在过程中付出的努力。当孩子养成成长心态的时候,他们会不断朝着自己的目标努力,他们的学习兴趣和学习动机也会被激发。

第三是同理心,需要家长和孩子进行换位思考,体会孩子的体会,感受孩子的感受,同时,家长也要和孩子分享自己的体会和感受。比如说很多家长在和孩子沟通时常常会用一些"你向信息",包括家长对孩子说"你给我听好""你怎么又没有考好""你给我认真点",等等,如果你是一个孩子,当你听到这些话的时候,你会发现说话者是忽略我本身的感受的。这里给大家推荐一个通用的公式,那就是**"把肯定的、积极的、有同理心的话先给孩子,把不足的、建议的、感受的话留给自己"**,就是当你看到孩子可能有一些问题的时候,你需要对他进行积极关注,并把肯定的、积极的、有同理心的话反馈给他,一定是先从孩子的感受去肯定他现在所做的事情、所付出的努力,然后再从我们的感受来分享我们的一些担忧和对他未来的一些期待。

听到孩子考试成绩不是特别好,家长习惯于说:"你怎么又没考好。"但是很多孩子在没考好的考试当中,仍然付出了很多努力,仍然值得被肯定。所以家长不能马上用一个"你向信息"去告诉他:"你怎么又没考好。"而是应当对他说:"我看到了你的努力,但是我也有些担心,担心你可能基础方面没有扎牢,学习方法不是很高效。"这些都可以通过你的感受表达出来,要知道孩子们对家长的感受是非常敏感的,当你去肯定他们付出的一些努力的时候,当他们情绪稳定地来听你接下来讲的感受的时候,他们会去思考你的感受是怎样的,他们会更好地接收你的暗示,往你希望的方向发展。

三、塑造习惯,建规则

对于低年级的孩子,需要关注培养规则意识的一些主要因素,包括孩子怎样从他律走向自律。对于这一年龄段的孩子来说,更多是由家长来制定一些规则,孩子是服从执行。随着孩子年龄不断增长,他更需要从他律转向自律,从基于服从的规则转向基于沟通的规则。这就需要这样几方面的措施。第一,要共同制定规则。家长可以问问孩子这样设计好不好,那样设计行不行,等等,要征求他的意见。第二,要更多地关注孩子,并对一些可能产生危害的行为结果进行预判。比如说很幼小的孩子,我们可能会制定一个规则——在家里不能乱碰插座,那么如果碰到插座会怎样,你需要对结果有一个预判并告诉他。如果碰到插座我们可能会触电,会对身体造成很大的损伤。第三,在制定规则的时候,要明确具体,有可操作性。同时,对于一些比较困难的规则,特别是学习当中的规则,可以采取小步的方式。比如说每天要做多少作业,可用分步走、循序渐进的方式为孩子进行规划。

对于低年级的孩子,在规则执行的部分,需要更多的监督和提醒。其实有时候家长可以尝试一下打破这个规则,比如说今天规定六点半起床,家长没按时起床但孩子起来了,他可能就知道你破坏了规则,然后当他来叫你起床的时候,他对于规则的意识无形中更加深化了。当然,一些游戏化的设计,采用积分、竞赛制度,也是非常有用的。最后就是及时的奖惩,并且要具体地告诉孩子因为发生了什么,所以他会受到奖励或者处罚,对于幼小的孩子,家长需要多从情绪的角度来和孩子沟通,比如告诉他,"因为你做了某件事,所以我感到很难过",或者感到受伤害,等等。这些情绪的沟通也是奖惩的一部分。

对于青少年的规则建立,就很难直接用共同制定互相监督规则的方式进行。随着年龄的增长和自我意识的发展,他们不太愿意和家长一起来制定、执行这样的规则,需要有一套自主执行的规则。以在线学习为例,现在很多孩子都会通过电子产品来上网课、看视频,家长就担心孩子在这个过程中会不会控制不住自己,用这些移动终端来玩游戏。

对于这种情景下的规则设计,首先是需要很好地看到孩子的游戏行为背后的需求是什么。网络游戏对孩子的吸引力为什么那么大?因为游戏是一个多感官的刺激,我们的孩子出生在互联网时代,他们本身的刺激阈值是很高的,一定是非常丰富生动、有趣新颖的一些东西才能够吸引他们,而游戏恰巧能够做到这一点。在游戏中,孩子可以快速地体验到自我实现,甚至是现实生活中完全没有办法体会到的内容。因为在现实生活中,他可能因学习不太好而受到批评,但是在网络游戏中,他付出的时间和精力能够为他获得游戏级别、装备,所以他有一种成就感、自我实现感,可以弥补他在现实生活中的一些缺失。此外,很多游戏是需要和队友共同来玩的,所以说游戏也会给孩子提供一个社交环境,这些都会让孩子对游戏非常感兴趣。因此,适度玩游戏是被允许、支持的。

其次,家长要以沟通的方式和孩子去制定一些规则。先肯定使用电子设备的必要性。比如告诉孩子:"在线学习的时间段中,手机等电子设备是必要的学习终端,当然这些也是休闲娱乐的工具。信息时代,我们需要掌握这些设备的使用技能,而适度的游戏娱乐也会提升我们的身心健康水平。"这些其实都是孩子希望听到的内容。当然,在必要性的部分说完了之后,要向他澄清游戏的一些危害,比如说:"如果你在学习期间用 iPad 玩游戏,不仅会影响你的视力,还会影响学习。"当你把正反两方面的考虑向孩子提出来的时候,接下来要让他自己去思考如何来解决这个问题。在他思考的过程中,他自身已经建立起了关于这件事的一些规则。家长可以进一步和孩子协商如何具体来做,明确其中的细则。比如说在学习时间不能开启学习软件以外的应用程序,在每天自主安排的时间可以适度地玩游戏,但是不能影响休息和后续的学习,否则会有什么样的惩罚,等等。这些其实都是需要家长和孩子不断沟通,去促进孩子不断思考,形成他自己能够认同的规则。而在规则的执行机制中,家长最主要的是让孩子能够自主管理,同时利用一些信息系统自带的监控手段进行一些监督。

四、陪伴学习,更给力

我们需要去承认一个客观的事实,对于低年龄阶段的孩子来说,家长是可以很好地帮助他学习学校的功课的,家长还能进入他们的知识学习中。但是随着孩子年龄不断增长,特别是到了初中、高中,家长在知识学习上真的帮不了什么忙,一些课本习题对家长们来说也是大难题。

对于幼小的孩子,除了功课辅导,家长如何在陪伴学习上更给力? **第一是做好学习环境的创设**。对于越低年龄的孩子,学习环境越重要,家长可以把一块区域开辟出来专门作为学习的场所,在环境中放一些他喜欢的玩偶或者卡通形象,同样这个环境也要安静、舒适、少干扰。特别是在家长陪伴学习时,家长一定不要带着自己的手机,或者带着自己的一些工作进入陪伴学习中,当你面对孩子的时候,当你陪伴他学习的时候,一心一意地来做就好了。**第二是兴趣的激发**。可以通过提问、游戏的方式来激发孩子的好奇心和兴趣,并且在陪伴学习中和孩子一起来选择学习材料。比如说孩子想读绘本,你可以问他喜欢哪一方面的绘本,然后根据他的喜好来选择相应的学习材料。**第三是在陪伴孩子学习的过程中,家长要全程保持积极包容的心态**。不要因为孩子偶尔的一些错误就产生很大的情绪波动。在学习的过程中多去让孩子提出一些问题,甚至暴露出一些问题,然后及时回应他们在学习中产生的问题。**第四是提升思维能力**。思维提升需要家长有意识地去把孩子当前学习到的内容和他已经知道的经验、知识进行连接和回顾。请孩子反过来教一教你或者一起来开开"脑洞",看看我们现在学习到的这些知识和技能,在现实生活中有什么样的用处,这些都是可以提升思维能力的方法。**最后,就是学习习惯的培养**。需要为孩子良好的学习表现提供激励和强化,并且通过自己的榜样和示范来培养孩子专注和坚持的学习品质。

对于高年级的孩子,家长可能没有办法很好地进入他的知识学习中了,那么就需要**在学习资源上有更多的创设和保障**。一谈到学习资源,很多家长可能就想到给孩子报各种各样的补课班,其实你要看到除了补课班外,你自己本身也是一个很好的资源。相较于学校统一安排的课程,家长能够更好地关注到真实的情境问题,培育孩子的学习能力和创新能力。家长需要有意识地给孩子创造丰富的经历,带他们去参观各种各样的社会场馆、参加各种体验活动。比如在双休日或者寒暑假带孩子去各个地方玩,把旅行变成孩子的学习资源,帮助他们了解当地的风土人情,和各地的人进行交流,开展真实情境中的学习。家长也需要提示孩子去掌握信息收集的方式,理解信息和已有知识之间的关联。

此外,家长还有一个非常重要的任务,**就是激发孩子的学习动力**。学习动力有外部学习动力,这更多地基于外部的奖惩和激励,也有内在的学习动力。内在的学习动力一部分包括他当下的一些观念和心理的倾向,比如说他的自信心、成长性心态、好奇心和兴趣,还有一部分在于未来指向的拉力,这部分的拉力来自孩子的志向,来自自我决定的学习意义和学习发展的目标导向。这个目标导向与生涯指导息息相关,我们需要让孩子有更多的自我认识,了解自己的能力和特点,然后设定适合的升学路径和学习目标。同样,我们也需要引导他们去理解社会职业的多样性和发展趋势,明确职业所需具备的专业能力。只有把自我认识和对社会的理解包括对于学校的认识结合起来,才能够更好地帮助孩子确定未来的生涯发展。

　　新时代的家庭教育呼唤家长的"心智慧",我们**要成为孩子们生命成长的同行者**,把孩子当成一个独立的生命个体,去了解孩子在不同阶段的特点以便更好地陪伴他们的生命成长;**要成为孩子人生方向的指引者**,对于人生方向,应该提早规划,充分了解孩子到底有什么样的兴趣爱好、特长,基于这样的事实,帮助他去规划未来的方向;**要成为孩子学习资源的拓展者**,为孩子创设更加丰富的学习资源来促进他的成长;**要成为孩子心理调适的支持者**,每一个孩子的成长环境中都会有心理方面的压力,家长也是天然的心理咨询师。

第三篇　家长如何帮助孩子提高学习效率
——基于脑科学和心理学的视角

上海体育学院心理学院教授、博士生导师

教育部心理学教学指导委员会委员

贺岭峰

上海市心理卫生服务行业协会专家委员会委员

上海广播电视台多档栏目心理专家

2020 年上半年,正值疫情防控关键期,我们的孩子都在家里上网课,家长不得不扮演起多种角色:班主任、助教、孩子的同学,等等,在处理亲子关系的过程中可能会遇到很多问题。总感觉孩子的时间不够用,既要学习文化知识,又希望德智体美劳全面发展。怎么办?

我们的孩子从幼儿园、小学、中学、大学这么一路走来,学习是这一段人生旅程中最重要的一件事,那我们就需要把这件最重要的事搞清楚。我们学习语数外等各种学科,但是,却没有一门学科叫作学习学,来教我们如何改善学习,如何让学习更高效。

本篇将站在脑科学和心理学的角度,谈谈何为学习,以及家长应该怎样帮助孩子提高学习效率和学习成绩。

一、心理学眼中的学习是怎样的?

1. 学习的表现是认知与行为的改变

学习意味着什么?不单单是获取知识,知识容量增加,不是背书背得好,也不是算题算得快。心理学认为学习是指一个人认知和行为上的改变,这种改变不是由于生病、意外、醉酒等原因导致的,而是随着环境的变化,我们作为个体对世界的看法、认知和行为方式越来越适应外部环境,这种认知和行为上的改变就叫作学习。所以,孩子学习好还是不好,家长真不应该只看成绩,更应该看孩子在学习的过程中有没有发生变化,有没有能够更适应这个环境,更善于和别人交往,对自己更有信心,也更喜欢这个世界,遇到挫折和打击的时候,也有很多办法来应对。

如果你能看到这样的变化,就说明孩子的学习给他带来了好的结果,如果孩子天天埋着头,会背的古诗很多,会算的题也很多,但是你却看不到他认知和行为上的改变，也看不到他变得越来越适应这个环境，那就说明他的学习遇到了问题。我们很多家长只盯着文化课的考试分数，其实，这些分数在孩子的生命中只是一个展现方式，是很小的一部分。如果只盯着这部分而忽略其他部分，势必会影响孩子的成长。因为孩子不会一直待在学校里，孩子会走出去并最终成为一个社会人，而社会人应当具备的素质不能与学校里的考试分数百分百挂钩。所以，家长应该为孩子的一生去考量，希望学习确实能使孩子发生一些更适应这个社会的变化。

2. 学习的本质是新旧知识的连接

学习的本质实际上是新知识和旧知识的连接。人体的大脑里约有 860 亿个神经细胞，大脑的神经元之间是通过神经突触建立连接的。自出生以来，我们的学习一直影响着大脑内部的神经元连接，而一个人成为什么样的人，最后就取决于他的大脑神经细胞之间的连接程度，而不在于神经细胞的数量。一个人大脑里边神经元之间的连接越丰富、越紧密、越牢固，这个人就越聪明，处理问题的能力就越强。那么在孩子成长的过程中，家长应该做什么？要去增加突触的连接，这才是家长真正要干的事。

所以学习在神经功能上就是一个连接，知识也是一样。学习知识的目的是什么？是激活大脑的神经细胞，让它重新建立起更多的连接，把新的东西和旧的东西连起来，所以学习也意味着学习新知识必须要和已有的旧知识不断地连接起来。那些悬在空中的碎片化知识，实际上是没有意义的，因为碎片化的知识很难整合到个体的认知结构中来。实际上一个人的成长发展就是一个认知结构构建的过程。

这不是说我们堆积的新知识越多，我们的大脑就越灵活或者越聪明，因为我们白天学的这些内容都是通过短时记忆来完成的，要到晚上才能转化成长时记忆。但是很多时候白天建立了一些短暂的连接，到了晚上就会断掉。过去我们一直认为学习是一个连接不断的紧密的过程，但实际不是这样。大脑有一个神经修剪功能，例如，很多孩子上小学的时候学习能力非常强，然后上了初中成绩就掉下去了，很多家长会认为是因为孩子不专心、不爱学了，其实有些时候是因为神经修剪导致的，孩子出生后到 3 岁的时候，大脑的神经布线完成了 60%，4 岁的时候完成了 70%，5 岁的时候完成了 80%，6 岁的时候就完成了 90%，6 岁以后人类大脑的神经不是变得越来越丰富,而是很多神经连接会慢慢地断掉,所以让孩子提前背很多古诗,学很多的东西,但等他长大了这些都会忘记。因为原来建立的连接没有得到不断巩固就会渐渐地断裂,这就是神经修剪的过程。我们白天学习的东西也是如此,如果没有纳入已有的认知结构,到了晚上就会忘记,就没办法转化成长时记忆。所以说我们需要体系化地学习。

还有一点非常重要,就是睡觉。研究发现睡觉实际上能够把大脑的短时记忆转化成长时记忆。对青少年而言睡眠时间最好在八九小时以上,很多孩子实际上睡眠时间是严重不足的,这不仅会导致白天的分心和走神,也不利于晚上的记忆转化,此外,大脑的很多神经连接来不及恢复,由此再引发一些情绪障碍就更麻烦了。所以建议大家帮孩子睡好觉,这也是帮助孩子学习。

3. 学习的秘密是反馈系统的建立

现在孩子的学习有一个很大的问题就是过大的作业量和练习量,可未必多刷题成绩就好了、水平就提高了。以运动员投篮为例,一个运动员说要练三分线的投篮水平,怎么练? 除了每天正常的训练之外,额外要单独拿出一点时间来专门练三分线的投篮。站在三分线上练投篮,篮球投出去了就看篮球的行动轨迹是偏左还是偏右,是高还是低,力量是大还是小,然后下一次再作一些微小的调整,一直调整到只要一出手就能命中,形成这种动力定型。试问,你有没有见过一个运动员在练习投篮能力的时候是蒙上眼睛来练的? 你觉得把眼睛蒙上来练习,哪怕是一天投一千多次,他的投篮水平能提高吗? 答案是: 不会的,瞎投一万次也没用。这里要点明的观点是: 没有反馈的练习是没有意义的。所以现在孩子做大量的作业,但是如果习题的对错没有得到及时的反馈,这样的练习没有太大的意义。对于同样一道题目,算错了也有多种原因,有可能是审题问题,有可能是公式问题,也有可能是计算问题,所以同样的一道错题,每个人犯的错不一样,找不到这个错误的点就没有办法改善和提高。所以练习的量不在多少,最重要的就是要有即时的反馈。学习其实是个闭环,不是单向的直线,有反馈的练习才有意义。

4. 学习的动力是好奇、有用与自信

不要总说你的孩子不爱学习,仔细想想孩子长大的过程中,他不爱学习

吗？每个孩子都是天生的学习者，上幼儿园的时候，他们喜欢问十万个为什么，对周围的一切都充满着好奇和探索的欲望。这个世界上最难的也是每个孩子都曾经成功过的学习是什么？那就是母语的学习。孩子生下来的时候还什么都不会，但是从1岁多开始学说话，三四岁就能很流畅地表达自己，到了六七岁，就能把道理和情绪表达得非常好了。在几年的时间里，就能把汉语这门世界上最难学的语言学得这么好，所以不要认为我们的孩子没有成功地学习过，只是我们等他大了以后不用这种学习方法去教他了。当孩子上了小学以后开始学外语，学十几年依然学不到汉语水平，为什么？不是学习能力不行，而是学习模式不对。学英语是怎么学的？先学26个字母，然后学简单单词，再是短语、句子、段落、篇章。但我们学汉语显然不是这样的，孩子不会说话的时候，妈妈一直把他放在语言环境中抱着，孩子就听到了很多声音，知道某一个具体的情境和某一种语言方式的反复的连接，逐渐去理解一句话，然后才慢慢能够表述，刚开始孩子说的句子可能词序都是颠倒的，可能要么缺动词要么缺主语，后面才是慢慢补全。学会这句话怎么说了，才开始学这个词到底怎么用是更准确的，再来学这个字到底是怎么写的。所以学语言没有那么难，得按照学习规律来，要保持兴趣、喜欢和好奇。

学习的动力，第一是好奇，第二是学以致用，学的东西生活中去用。孩子学打游戏的时候，谁教过他吗？家长总觉得打游戏就是在浪费时间，但其实打游戏有社交的功能。为什么孩子要打游戏？因为他的小伙伴在打，现在很多游戏都是联网游戏，不打游戏可能他和同学就没话聊，和网友没有办法建立更亲密的连接，所以打游戏帮孩子实现了一个社交的功能。所以怎么赋予学习以兴趣、作用、价值和意义是非常重要的，家长要引导孩子学习，就需要思考怎么把孩子学到的东西在生活中展现出来，然后增强孩子的自信心，让他觉得学习确实带来了好处。

5. 学习的器官是大脑和身体

大脑的第一养分是氧气和血液，孩子在家里做作业，你想没想过他的大脑供氧充足吗？供血充足吗？如果供氧供血都不充足，怎么能高效地学习？孩子在学校通常是40—50分钟一节课，下课让孩子出去运动，运动能够让他的供氧和供血充足。青春期的孩子本来身体各个系统发育就不平衡，很多孩子是有低血压的，大脑供氧和供血是有压力的、不够的。运动的时候，肌肉挤压血管就会保证大脑的供血更加充足。如果总让孩子坐着一动不动地写作业,大脑供氧也会越来越少。

怎么能够保证学习时高度集中注意力? 美国有学校开始实行一个计划——让孩子在早上第一节课之前出去跑步,不管男生女生都要跑 1 600 米。关键不在跑的速度,而只有一个测量指标——心率。如果跑完之后心率达到最大心率的 80% 左右,就认为达标了。当我们达到这一标准时,大脑的供血就非常充足。前面谈到学习是大脑神经细胞的突触的连接,供血和供氧充足了,连接起来就更容易方便,建立的这种连接也就更紧密。所以,孩子在家学习的时候,一定要保证大脑供氧供血充足。

很多家长说孩子上了初中以后数学能力就不行了,数学能力不行和什么有关? 和一个孩子上幼儿园时候的活动多少有关。有研究表明一个孩子 4 岁时手指的灵活性和他 15 岁时数学的学习能力高相关。原因之一在于大脑里负责运动的区域叫作运动前回,孩子小时候经常跑跳就能刺激他大脑的活动,中枢发育特别快,神经的连接特别紧密、充分。等他到了 15 岁的时候开始进行数理逻辑的推演了,大脑处理数学的那个空间在运动中枢附近,早期的运动帮他储备了充分的大脑神经元和充分的连接,数学就不会差。所以家长除了遗传责任之外,还应当为孩子的大脑神经布线做充分的准备,不要觉得坐在那背古诗就是对的,在外面跑跑跳跳也是对的。

二、到底是什么在影响孩子的学习?

1. 关系冲突,被动攻击方式

首先去考察孩子最近是不是关系出现了问题。什么关系? 亲子关系、师生关系。一个孩子如果不喜欢一个老师,那门科目很难取得好成绩,也就是"亲其师,信其道"。其次,有没有同学关系问题,有没有校园霸凌,有没有被同学背叛、排挤等。当然最重要的就是亲子关系。孩子小时候很听话,年龄越大越不听话,尤其到了青春期,这就是一个不断反叛父母、确立自我的过程。家长有时候受不了孩子不听话,就要加强控制,结果家长控制得越厉害,孩子的反击就越厉害。这种关系的破坏就会导致几种结果。第一个就是没管住孩子,再也不听你的话了。第二种是管住了孩子,你说让他干什么就干什么,你说什么就是什么,但是他内心不是很开心。进而会导致第三种结果：他会用被动的方式对父母进行攻击，也就是"你说的我都照做"，但是没有什么效果和成绩，只是在做无用功。

现在初中生自杀的比例在持续升高，很多孩子也存在不同程度的心理问题，这些生理症状、心理症状、精神症状有时就是孩子反抗父母强力控制的一种方式。所以家长一定要记住和孩子处好关系，尤其是孩子在青春期的时候，在成长的过程中一定要随着孩子的成长能力的扩展，父母要适当地让出自己的权力，给孩子留下更广阔的成长空间。不要孩子在长，你也在逼，那最后这种冲撞，结果受伤的一定是孩子。表现出来的是学习成绩，实际上是关系出了问题。所有的孩子出现这种学习问题，一定是关系出了问题，这是头号原因。

2. 心情不好，情绪劫持大脑

青春期的情绪本来就是两极化的，这种情绪状态容易忽高忽低，忽而很开心、很冲动，忽而又情绪很低落、很哀伤。如果再有一些外来影响，比如批评、斥责、不认可，然后影响他的人际交往，影响他的网友关系、同学关系、恋爱关系，把这些关系全部搞乱了之后，就会让孩子处于一种非常不好的情绪状态。焦虑、抑郁、强迫、恐惧等症状就慢慢都出来了，这会导致什么结果呢？

学习需要大脑前额叶的参与，这一块涉及我们的认知、集中注意、知觉、逻辑推理和计算决策等，总之，高级的神经功能基本上都在大脑的前额叶。前额叶功能的发挥又受边缘系统的影响特别大。边缘系统就是管情绪的，其中有一个器官非常重要，叫作海马体，它是负责记忆的，也就是说记忆和情绪是紧密联系在一起的。所以心情不好的时候就记不住那么多东西。

在边缘系统中，还有一个器官叫作杏仁核，杏仁核是人的所有应激反应、不良反应、压力反应的一个中枢。孩子一旦受到恐吓、批评、攻击，大脑的杏仁核就被唤醒，大脑前额叶的功能就会受到抑制。假设孩子在用大脑前额叶做作业，你突然在一旁训他："你就知道分心，你看你学习成绩现在都根本不行。"他感受到了威胁，边缘系统里的杏仁核就被唤醒，一旦被唤醒以后，大脑前额叶的功能就会被抑制。所以，可能平时十分钟能做出来的题，他一个小时都做不出来，你以为你是在管孩子，实际上是在降低孩子的学习效率。

心理学研究里有一个参考标准：人的情绪输入不能超过洛萨达线。什么叫洛萨达线？洛萨达线是 2.901 3∶1，约等于 3∶1。也就是说一个人要想保持正常的情绪状态、心理状态，积极情绪的输入和消极情绪的输入之比要大于 3∶1。你想一想，你给孩子一天当中输入的是积极信息多还是消极信息多？维持正常的心理状态，两种情绪之比要大于 3∶1，幸福家庭要大于 5∶1，所以，大家在家里边一定要注意情绪的不良唤醒是会影响学习的。

3. 负性反馈，内在动机降低

"不行"的反馈会导致内在的学习动机的降低。学习的动力是来自内部的，不是来自外部的，尤其来自外部的一些不良信息会导致孩子的学习动力下降。我们每个孩子都是天生的学习者。但家长总是不知足、贪婪，想通过增加一些外在的奖惩让他学得更好。但是外在的奖赏会导致内在的动力下降，最后都变成了外在的奖赏，内在力量就没了，这是特别可怕的，尤其是很多"不行"的这种评价会让孩子觉得"我就是不行"，学习也没什么意义。

4. 延长时间，低效学习模式

无限制延长孩子的学习时间，变相地降低了孩子的学习效率。中国学生学习效率偏低。在世界上，中国孩子学习能力是非常强的，但是为什么说我们又不行？因为孩子们学习的时间太长了。比如说中国孩子和芬兰孩子比，在国际的各种比赛中，各种学习测评中，中国孩子和芬兰孩子差别不是很大，或者有些时候中国孩子略高一点。但是中国孩子每周会比芬兰的孩子多学习 20 个小时，最后取得的结果差不多。这意味着什么？意味着我们在采用一种特别低效的学习模式，导致在无限地延长学习时间之后，我们挤占了睡眠时间和运动时间。而前面提到的睡眠和运动，对提高学习效率是非常重要的，就更别说影响孩子健康了。所以，各位家长帮孩子提高学习效率多做点事，不要一天老盯着学习时间，不要一直在搬砖头，一直陷入题海中做那些低效率的事情，要多盯学习效率，用最简单的办法，最少的时间达成最好的效果，这是家长该做的事。

5. 深海盲行，知识不成体系

现在的孩子学习相当于深海盲行，闭着眼睛在题海中游来游去，看不到整个知识体系的面貌。一个孩子在考试之前怎样算复习好了？我提出来的标准就是可以用任意跨度的一段时间，把任何一门课复习一遍，这个孩子在这门学科上就是已经复习好了。什么意思呢？就是给你一个月的时间能够把这一门课复习一遍吗？能。一周的时间复习一遍，能吗？能。一天的时间复习一遍，能吗？能。一个小时把这一门课复习一遍，能吗？也能。这样的孩子就是复习好了。

不管是中考、高考，出题人是站在知识金字塔的塔尖上出题的。出试题是有一个大纲对照表的，哪些知识点很重要，哪些不重要，重要的里面应该有多少分，应该有多少道大题，多少道小题，多少道选择题，多少道填空题，都是规定好的。所以出题人看知识永远是站在金字塔的塔尖往下看，看到的知识体系特别简单，能出题的地方特别少。孩子在金字塔最底层看到的都是一个个碎片化的知识和题目，就会觉得这东西是学不完的，做不透的。我们从来没有让孩子站在不同的层次去看知识，题目上面是考试知识点，知识点上面是知识结构，知识结构有不同的比重。所以，让孩子学会站在知识的不同层次去看知识，学习就没有那么难，老是把他压在最底层，让他在题海里游泳，他看不到知识的全貌，根本不知道到什么时候是个头，他也不知道学这个东西的意义和价值是什么。

三、家长能为孩子的学习做点什么？

1. 让学习成为一种愉悦的生活方式

让学习成为一种新的生活方式，不要把学习当成一个烦人的、有压力的、额外的一件事。怎么告诉孩子学习是一种生活方式？

父母教育方式对孩子的学习自我概念有着很大影响。所谓的学习自我概念，就是他在学习上认为自己这方面厉害不厉害，这对他的学习成绩影响很大。有很多人认为女生的数学就是不行，即使小学的时候数学很好，一到初中，数学能力可能就下降了。但这绝对是个偏见，全世界所有大规模的研究都表明，男生女生在数学能力、理科能力上没有任何差别。但是，很多女生到了初中理科成绩就是下降了，为什么？因为女生相信了这个偏见并形成了自我概念，她内心觉得理科对于女生就是有难度，这说明孩子被贴上什么样的标签很重要。各位家长想一想，在各个学科的学习上，你给孩子贴的是怎样的标签？你觉得你孩子学数学能力行吗？学语文能力行吗？学外语能力行吗？物理、化学、体育、艺术、生物等学科呢？或者让他自己来说，自己觉得哪科比较厉害？

什么因素对孩子学习成绩影响最大？国内外研究都表明对孩子学习成绩影响最大的就是父母。一个妈妈如果在家里每天坚持读书 30 分钟以上，孩子学习成绩基本上不会差。为什么？因为那是家庭生活的一部分，孩子在父母身上看到的是自己家的一种生活方式。孩子在做作业的时候，妈妈也在工作，也在看书、学习，而不是刷手机、打游戏、追剧。因此，家长如果想让孩子好好学习，得以身作则。

2. 为孩子找到一种超越的生命优势

你觉得你孩子哪个方面比较擅长？他在学校、班级里，有什么地方是最厉害的？有的家长觉得孩子好像啥也不行，语文不行，数学不行，体能不行，唱歌也不行，样样都不行。那你为什么不培养？你说你培养了，让他上了很多兴趣班、特长班。什么叫兴趣班？兴趣班首先得有兴趣，没有兴趣能叫兴趣班吗？你说你给孩子报了一个奥数班，那么你们家孩子对奥数有兴趣吗？如果还帮孩子报了一个特长班，如国际象棋特长班，那你孩子在班里算特长生吗？什么叫特长班？特长意味着在这方面非常出色，非常优秀，比很多同学都厉害。

家长需要为孩子单独开辟一个通道，让他在那个领域变得最厉害。比如说，我女儿从小到大成绩并不是特别好，但是她心中始终坚信自己至少在某一点上是学校里最好的。我女儿有用左手写字的习惯，她在小学的时候就说过："在学校里左手写字谁也没有我写得漂亮。"她一直保持这个方式，直到现在工作中画动漫也是用左手画。左手画动漫有什么好处？现在画动漫是用板绘，在电脑上有一个绘图板，她用右手握鼠标，左手画画，两只手配合得特别好，可以同时使用鼠标、画笔，中间不需要任何转换的过程，想换什么颜色就换什么颜色，想换什么图层就换什么图层，分分钟就可以转换，她也因此倍受同事羡慕。所以，要为我们的孩子确定一种优势，让他在群体中活得有尊严，不能方方面面都不行。

3. 为孩子学习提供良好的时空资源

什么叫时空资源？就是要给他自己支配的时间，不要抢占孩子太多的时间，孩子年龄越大，父母越来越多地把时间出让给孩子，让他自己来支配。还有就是空间，如果家庭条件允许，建议给孩子单独的学习空间，至少应该把学习空间、游戏空间、玩乐空间和吃饭空间区分开，不要上课、做作业、做游戏、吃饭都用一张桌子。家里也可以设置固定的场所、固定的地点，甚至是固定的仪式化行为。家里有这样的界限，要有不同的区域，只要进入这一区域，就要做相应的事情。

大家知道昨天是国际睡眠日，睡觉也是一样。很多人失眠的很重要原因是什么？你们家本来有睡觉的地方，但是你把你家的床变成了其他的地方，你睡眠就有问题了。你上床以后还要打游戏，还要追剧，还要看书，还要打电话。床一旦不是睡觉独有的地方，上床以后就不想睡觉了。你们家孩子上网课的地方，一旦不是独有的地方，他到了那里就没有心思去学习，他一定要做点别的事。孩子每天穿上校服，背着书包去上学。这是个仪式化行为，到那他就知道自己到了学校，规则和家里完全不一样，孩子就变了一个人，在家里也应该有这样的转换。所以孩子上课时不能穿着睡衣睡裤，该打扮的要打扮，还是要像学生一样去做事。

5. 和孩子一起面对学习中的困难挑战

以疫情期间为例，居家线上学习成为普遍的学习方式，大家都在适应，老师在适应，家长在适应，孩子也在适应。家长要做孩子的好队友，不要做孩子的对手，孩子长大了，不要天天和孩子对抗。要和孩子站在一起，孩子遇到的所有困难，都不是他一个人的困难，是家长和孩子共同的困难。

站在心理学、脑科学的角度讲，孩子聪明不聪明，主要取决于什么？通常认为孩子的智商70%来自遗传，所以做父母的永远不要说自己孩子笨，而要反思自己到底哪里做得不够好，家长要承担责任。孩子遇到问题了，家长是大人，比孩子更有资源，更有智慧，更有方法，要和他一起去面对，和孩子一起商量怎么解决这个问题。

第四篇　停课不停学，父母如何陪伴孩子？

沈奕斐　复旦大学社会发展与公共政策学院社会学系副教授
复旦大学家庭发展研究中心主任

　　与大部分家庭一样,我的孩子目前也在家上网课。但不久前,电脑崩溃了。对父母而言,这种突发性意外其实是一种巨大的挑战。此外,老师还要求我给孩子批作业。由于当时没找到作业的标准答案,我就按照自己的理解帮孩子辅导了一下。辅导后,我很坚定地告诉儿子肯定是这个答案,结果在老师批改后,我发现这个答案竟然是错的。所以对父母们来说,"停课不停学"这个阶段真的特别艰难。本篇也将围绕这个话题,谈一谈父母和孩子如何将这个阶段过渡好,减轻焦虑,一起解决问题。

一、从"密集母职"谈亲子关系

　　我有一个人生信条,即"把生活升华为学术,把学术翻译为实践"。"把生活升华为学术"是一个学者应发挥的作用,意味着学者应把生活中的一些事物总结为规律,并发表学术成果。近几年来,我也一直在努力把学术翻译为实践,因为我发现日常生活中的大量问题,在学术领域早有研究,不仅有结论,还提出过一些解决方案。但是,过于学术化的某些词汇,使相关理念、结论不能广为人知,所以就需要做一些普及的工作。

　　我在美国访学时做过中产阶级的家庭研究,看到过美国中产阶级家庭孩子出现了如厌学、斗殴、吸毒等问题。这些孩子往往被父母遗弃,或者父母是自我享乐型的。当然在美国,未婚妈妈、未婚生子等现象比较多。并且我当时观察到,即使他们经济条件好转了,依然不会关注孩子的学业。

　　回国后,我在进行类似研究时发现,我们国家也有很多厌学、网络成瘾、抑郁症暴发的孩子。但有趣的是,这些孩子的父母和美国的家长很不一样,并没有大量自我享受型的或是不管孩子的家长。相反,在这样的孩子身后会有特别努力、有牺牲精神、把家庭资源和时间都花在孩子身上的妈妈或爸爸。经过这样的比较,我觉得中国的父母很冤,其他国家的父母不管孩子、自己享受,结果出了问题,而中国的父母花了很多时间和精力,结果还是出问题。

为什么会出现这种现象呢? 我认为可以联系学术中的一个词"密集母职"进行说明。"密集母职"的概念是以孩子为中心的,主要有三个特征,当一个社会育儿文化出现其中两个或三个特征时,就说明这个社会存在密集母职的育儿文化,它不仅会让孩子的发展受阻,而且还会给照顾者增加压力。

我们可以思考一下,社会中是否存在以下情况。

第一,我们所有的家庭生活都以孩子为中心。假如今天是夫妻的结婚纪念日,本来计划吃饭纪念,但下周孩子有期末考试,于是这个家庭为了考试把这些活动暂停,计划等考试结束后再进行。这个例子体现了家庭生活是以孩子为中心安排的,而这也是密集母职的第一个特征。生活在这类家庭中的孩子得到了足够的关注,但也面临关注过多的问题。家庭成员都围着孩子转,所以当孩子进入集体生活,比如学校时,常常会出现各种问题。因为孩子过去几年时间里习惯了家庭这个世界,习惯了家庭围着他转,而学校里再也没有那么多人围着他转了,所以他会不适应。其实,孩子入学后出现的很多类似的问题,都是与此紧密关联的。

第二,父母认为花在孩子身上的精力越多越好。父母觉得最长情的爱就是陪伴,陪伴得越多越好,最好时时刻刻都关注孩子。研究发现了"母职镜像竞争"的现象:全职妈妈们觉得自己全心全意地陪伴孩子是很好的,但是自己没有工作,不能给孩子做很好的榜样;有工作的女性也经常会觉得很内疚,觉得自己陪伴孩子的时间不够,她们之间形成了互相影响的压力机制。

第三,与孩子荣辱与共,这也是中国特有的。比如,如果孩子今天考试考得好,那就是我教育得好;考得不好,就是我教育得不好。如果孩子今天出门和人打招呼,那说明我教育得好,他有教养;孩子要是出门谁都不理,那就是我教育得失败。我们把每一个孩子的表现和父母是否教育到位紧密联系在一起,父母和孩子荣辱与共,你好就是我成功,你不好就是我失败。在这种文化下,父母忽略了随着孩子成长过程中的起伏,孩子的成绩也必然是起伏的。我们很少能看到一个孩子每次考试都很好,一直往上升,大部分孩子的成绩是螺旋起伏式发展,前阵子学习很好,最近又一直下降了,这就是孩子成长的规律。孩子打招呼可能也有这样的情况，两三岁的孩子可能很爱打招呼，在外面特别热情，但到了三四岁，孩子有自主意识后突然就不想打招呼了，这是正常现象。如果父母不过度追求荣辱与共，知道孩子在这个年龄段有时就是不喜欢打招呼，那么就会发现自己的心态在变好。

上述是我对"把学术翻译为实践"的人生信条的回应，因为我们可以通过学术解答去理解现实问题。基于此，我提出在"停课不停学"阶段，父母陪伴孩子时**要跳出密集母职的文化**，不能被这种文化卷走。因为这类文化可能是培训机构反复强调、消费文化鼓励，或是我们本身的焦虑引起的，而且身边人焦虑的情绪也会影响你，让你逐渐也被卷入密集母职的文化困境。

研究发现，密集母职文化就像一架直升机，如果父母天天开着直升机在孩子头上盘旋，孩子就会失去自主发展的空间和时间，情感负担也会非常重。因为所有家庭成员都围着他，他得到了那么多的爱，那么为了回报这些爱，他就会背负上很大的压力。所以密集母职对孩子的成长其实是不利的，家长应该张弛有度，允许孩子犯错，让孩子去做想做的事情。此外，密集母职也会给父母、照顾者造成很大压力，因为他们没有办法接受孩子犯任何错误，所以会时时刻刻关注孩子，甚至会影响自己的工作和生活。对此，我建议父母要跳出密集母职的文化圈子，反思这样的文化。但这并不意味着直升机型父母或是较多地关注孩子不好，家里的老人和父母都关心孩子是好事。

可能有的家长会说，那我们以后就做"佛系"家长，对孩子进行快乐教育，万事以孩子的想法为主，无条件接纳，孩子想怎么样就怎么样，我们也不用管太多。但家长们要注意，这种做法从一个极端走向了另一个极端，因为"佛系"家长也存在问题。其实，父母并不容易做到全方位接纳孩子、以孩子的想法为主。因为，孩子的很多想法和行为规范都是在社会交流中形成的，所以父母的引导非常重要。而且，在学校一些竞争机制的压力下，很少有家长和学生是"佛系"的。对此，你怎么谈无条件接纳呢？你让老师用一模一样的方式去对待一个考100分的孩子和一个考不及格的孩子，对这个老师而言是根本做不到的，整个社会也不能以这种逻辑去运作。

可见，**密集母职和"佛系"家长两者都有问题，家长在陪伴孩子方面应找到一个平衡点**。我们的情绪，无论快乐、愤怒还是伤心，都没有错，但是情绪背后的问题需要理性地处理。作为父母，很多时候我们很火大、很焦虑，我们会被情绪控制而忘了孩子本身的成长规律，忘记父母这个角色的真正含义，忘记我们陪伴的目的。所以，父母不要被情绪控制，而是要理性地去了解孩子的成长规律，不要在密集母职与"佛系"家长这两个极端间来回切换，这是不行的。

二、站在孩子的角度理解"停课不停学"

在家庭中，我们的亲子关系大部分时候都不错。很多父母学了各种各样的心理知识，学了很多育儿理论，所以会不断调整和孩子的相处状态。但唯独面对孩子的学习时，父母很暴躁。平时生活中，我们和孩子不谈学习的时候欢声笑语，一谈到学习就鸡飞狗跳。再加之，疫情期间孩子在家上网课，我们不得不更加频繁地关注孩子的学习，亲子矛盾的产生概率也随之大幅增加。对此，探讨"停课不停学"时期家长怎样陪伴孩子这一话题就显得尤为必要。

其实，从父母的角度理解"停课不停学"和从孩子的角度理解"停课不停学"是两回事。在父母看来，"停课不停学"就是在家上课，孩子应该拿出在学校上课的状态，认真听讲。因此，很多家长为孩子上课创造了很好的环境，比如一些家长对家里进行了整体的大清理，给孩子做了舒适的桌椅，甚至在电脑或电视机上安装了全套设备。他们认为，有了这样一个适合学习的环境，孩子应该就可以好好学习了。

但在孩子看来，家庭和学校完全不一样。家庭是休闲的地方，很难做到和在学校里一样。因为学校里有老师的目光，有同学的影响，有整个教室环境的氛围，还有种课堂学习的惯性，孩子一走进学校心态就会不一样。所以对孩子而言，理解和适应所谓的"家现在就是学校环境"这个转变是个巨大的挑战。

实际上，这一时期家长和孩子都很不容易，当家长能理解到这一点时，就会生出对孩子的同理心。但如果家长觉得这个时期孩子还是在家里吃吃喝喝，不好好利用家里条件学习，那同理心就出不来。其实，孩子上网课时，在旁边放一点吃起来不会发出声音的零食，做一些无伤大雅的小动作是可以接受的。父母应该多关心孩子对在家上课的看法，与孩子共同商量如何才能做得更好。

此外,父母和孩子理解网课的角度也是不一样的。网课一般控制在25—30 分钟,而孩子在学校上课的时间是 40 分钟左右,父母可能会觉得孩子在学校里上那么多的课,时间更长,现在回到家里,时间短了,所以应该更专注。而且,孩子平时那么爱玩游戏,那么喜欢盯着电脑、手机,现在让他面对电脑、手机了,就应该好好学。但实际上,孩子在学习上的专注力能保持15 分钟左右就已经相当不容易了。

我在复旦是最早尝试翻转课堂、网络教学的,也深知做好一门网课非常难。而且,线下课程变成直播课程时,在实施方面也很难一致。你会发现,听网课时只要一些内容没那么有新意,手机刚拿起来就走神了,这是非常正常的现象。所以对老师而言,上网课是一个非常大的挑战,绝对不只是把线下的课放到线上那么简单。而孩子需要持续 30 分钟关注网络课堂,这也是非常不容易的。因为线上课堂缺乏传统课堂的"气场",上完一节网课,休息一下,又要坐到电脑前面去,这样循环往复,见不到朋友们,课间也没有人一起玩,只是为了上课而上课,缺少了朋辈交流。所以,我认为在这一特殊时期父母与孩子对网课的理解是不一样的,对专注力的理解也不一样。

为了促进与孩子之间的相互理解,我们第一步要做的是**平等协商**。比如经常和孩子讨论:"怎样恢复到在校时那种比较好的状态?你觉得爸爸妈妈怎样做是能帮到你的?课间休息的时候,你需要哪些东西?做作业的时候需要什么帮助?"这些都是可以和孩子平等协商的。当然,我们也要鼓励他,表扬他这么难都做到了,这样孩子也会觉得自己很不错。第二步是**降低期望值**。我们不要指望孩子坐在电脑前非常认真、一动也不动。孩子坐在家里,有的时候屁股扭一扭是可以理解的,这其实不影响他的听课效果,所以我们要降低期望值,不能苛求完美。但是,有人却认为,疫情期间因为路途时间被节约了,所以孩子的学习时间多了,应该学得更多。这个期望值其实过高了,有时候我们也可以让孩子稍微放松一下,因为孩子的状态调整好了,他的学习成果也会变得更好。最后,我们要**随时调整策略**,根据实际过程中碰到的问题,慢慢协商、不断调整。

三、建立合作育儿模式

目前大部分父母已经复工,但是孩子还待在家中。因为孩子需要人陪,所以很多家庭进行了重新分工,大部分家庭要仰仗家中的老人照顾孩子。这个时候,我认为重谈合作育儿非常重要。

在研究母职时,我发现很多人会把育儿看作妈妈一个人的事情。但育儿真的不是母亲一个人能做到的,尤其是有孩子上小学的家庭。据说,"停课不停学"让很多爸爸发现陪孩子是件特别可怕的事情,他们感慨,在家里陪孩子还不如赶快工作。而妈妈们却不是在这个阶段才开始陪孩子的,在过去漫长的时间里,她们一直在承担陪伴孩子的工作。所以,大家要意识到**育儿需要家庭成员的合作参与**。爸爸的参与、老人的参与其实都是需要的,育儿不只是妈妈一个人的事,我们要重新梳理家庭成员之间的角色分工,在平等协商下,找到最适合孩子成长的模式。

但是,我们发现**在推进合作育儿模式时,孩子的主要照顾者常常会成为一堵墙**,造成其他想要合作育儿的成员无法参与进来。大部分孩子的主要照顾者是妈妈,通常妈妈在先前的育儿经历中已经形成了自己的养育习惯,会认为她的养育理念和养育习惯是最好的。当别人来帮助时,如果和她的养育习惯、养育理念不一致,她就会觉得这是不对的,一定要纠正、指出来,来帮助的人甚至会不断地被批评,自然而然就不想继续下去。因此,主要的照顾者就变成了一堵非常强硬的墙。

其实,代际间在育儿上通常会有很多矛盾。比如,爷爷奶奶带孩子,可能会觉得学习没那么重要,作业不做就算了,不做也没关系;而爸爸妈妈回来就会特别生气,孩子在家这么长的时间都没有完成作业,爷爷奶奶是怎么管的? 爷爷奶奶不会那么狠心不让孩子玩游戏,玩了就玩了,没父母那么严格;这个时候,爸爸妈妈可能会特别生气,就会去指责他们。我个人觉得这是不恰当的,爷爷奶奶的心态其实很好。

实际上,**我们没有办法找到一个养育习惯、理念与自己完全一样的人,一个家庭中也并不需要每个人的理念都一致**。如果你追求一种正确的模式,另外一人的模式和你不一样,他一参与,你就批评他,那这个人就会手足无措。举个例子,假设你和你先生两个人一起驾车,你的先生已经开车很多年,而你刚刚学会开车。现在你开车,你先生坐在副驾驶座上,他会不会把你骂得狗血淋头,觉得你每一次开车都有问题?这一现象可以称为"副驾驶问题"。副驾驶就像主要照顾者,其他参与者类似于坐在驾驶位上的那个人,副驾驶一直在讲应该怎么做,这会造成双方的心情都变得很糟糕。很多时候,合作育儿模式难以实现就是因为我们持有一种副驾驶的心态。所以,母亲不要成为"副驾驶座"上一直唠叨的人,既然不开车,你就索性休息一下,打个盹让别人去干。例如,如果孩子的父亲比较擅长电脑使用、软件下载、各种上传工作,你就可以把电脑方面的事交给他,慢慢地爸爸也会更关注孩子的作业辅导、陪伴等,这时你可以多表扬孩子父亲,鼓励他更多地参与。

很多人认为,夫妻双方的教育理念需要保持一致,但研究发现**两个人的教育理念根本不可能完全一致**。事实上,弗洛姆在讲爱的艺术时提到了这个问题,他认为一个孩子的成长需要牛奶和乳汁,也需要蜂蜜。蜂蜜是让他快乐或是无聊的事情,牛奶则是他必须的。家里需要有人给他提供必需品,也需要有人给他提供快乐,有时候爸爸就是提供快乐或提供无聊的那个人。

同样,**家庭内也需要有条件的爱和无条件的爱**。弗洛姆认为,每个孩子都需要无条件地被接纳、被需要,无条件的爱,让孩子知道爸爸妈妈在他的背后、家在他的背后,不管他在外面遇到什么样的问题,往后退,父母都会爱他,而并非需要他一定要成为什么样的人。但是,如果一个人的安全感很强,随便怎么行动,大家都觉得他很好,那他还需要努力什么呢?所以,弗洛姆认为孩子也需要有条件的爱。家长要告诉孩子,当他做得更好的时候,你会觉得他很棒,你会更爱他。正如中国古代的家庭教育中,有一个人唱白脸,一个人唱红脸一样,唱白脸的人只要孩子做了就会觉得很好,而唱红脸的人当孩子做得不好时会来训他。过去唱红脸的常常是爸爸,他们扮演着严父的形象;现在反过来了,妈妈成为了更严格的那个人。但总体来说,夫妻双方在细节做法上可以有所不同,但在教育理念上却需要基本吻合,并且要能够做到权责利一致。

此外,祖辈在"停课不停学"这个阶段同样也会面临挑战。一是生活习惯的变化。比如隔离期,祖辈在家天天顿顿都要做饭,而且人多了,总体的量也会增大,保姆阿姨等进不了小区,老人也会很崩溃。如果老人不在家,你也会很崩溃,因为做饭要做很多,家务活也增多了。二是老人的"数字困境"。老人在承担看管孩子上网学习的事情上力不从心,因为不会使用各种各样的电子设备。所以,这真的不是祖辈努不努力的问题,而是他们真的不会操作。既然这样,那在这一特殊阶段,我们不如放轻松,要求不要那么严格,放过别人也放过自己,因为要求每一个人都做到位,最后我们自己也会受不了。

因此,我们在这个阶段应该要做到**权责利一致**。谁承担了这个事情,谁就承担了责任,谁就有权力决定怎么做,后果也由他承担。比如,在我家,喂养我儿子这件事是由我父母承担的,所以即便我的儿子到了8岁还需要外婆喂饭,我也很少插话。虽然我觉得儿子8岁还需要喂饭,说明我教育得很不好,但既然这件事是我妈负责的,那如果我指责她、挑战她的权威,她回过头来也会挑战我的权威。我的儿子也很有意思,他对我说:"妈,不管我吃多少,最后外婆一定要塞我三口,因为她觉得最后塞的几口才能让我长胖。"所以,他每次吃饭都会留几口,让外婆去塞他。可见,他们之间形成了一种默契,我无需干涉。无论孩子瘦也好、胖也好,都是外婆需要承担的结果。孩子瘦了她也焦虑,那这时我再一起来帮她想办法,那我们就会把关系理顺。同样,我与先生分担作业辅导的责任时,数学是他管,语文、英语归我管。所以,在辅导作业时,我们也互不干涉,**各自权责利明确,互相不指责**。

其实,家庭中的每个人都是爱孩子的,只是每个人和孩子相处的方式不一样,而且每个人都有成长的空间。所以,我们在家庭分工的过程中要落实"权责利一致"的原则,让相应的人承担相应的教育结果。而"停课不停学"这个阶段是探索合作育儿模式的好时机,我们可以重新安排家庭生活的责任分工,促进家庭和谐。

四、创造特殊的家庭快乐时光

"停课不停学"这一特殊阶段的家庭时光会对孩子产生重要的影响。关系决定影响力,我们与孩子的关系越好,我们的影响力就越强。这一阶段,我们和孩子有更多的相处机会,所以亲子可以在一起创建美好时光。

那父母应该怎么做呢?

第一,父母要改变传统认知,积极创造特殊的家庭时光。我们家有每天玩各种卡牌的习惯,很多人也知道我一直在研发益智类家庭桌游,就是希望家庭能养成这种习惯。疫情期间,我几乎把所有会的扑克牌玩法都教给了孩子,他进步很快,现在"八十分"也玩得很好!在这次教他的过程中,我发现这不仅能让孩子感到快乐,而且对他的成长也很有意义。

首先,他的小手取牌速度快了,每次都能跟上大人的节奏,而且能快速分类,作出决策。其实,这对他而言是一种挑战,也是一个非常好的学习过程。所以,疫情期间,我们和儿子反复演练,并且给他设置了很多挑战。比如,以前陪他玩时,我们会经常让他赢,而现在有的时候,我们会让他输。虽然一开始输时,他会很不舒服,但慢慢地他能接受输了,并能自我调侃,在这个转变的过程中,我发现他的情绪控制能力提高了。在此基础上,我又将挑战向前推进了一步。孩子打错牌了,我不再像以前那样无所谓,而是会告诉他这张牌应该怎么打。这种指责对孩子而言,其实是一个很大的挑战,这时他会很沮丧。然后,我对他说,打牌是配合战,你需要承受你打得不好时,对方对你的抱怨,如果你想打牌,就得承受这种指责。此后,我发现在演练的过程中,孩子变得成熟起来了。最后,我给他出了道特别难的题目。当时他有一手好牌,有一个姐妹对,但是小孩子拿到好牌,容易说出来,当他说出来的时候,我们就知道了。我和他还是对家,所以我设法把他所有的姐妹对拆散了,没有给他出牌的机会。在这种情况下,即便是成人也会觉得崩溃,但最后他还是很快地恢复情绪。所以,我就表扬他进步了。因为孩子学会调节自己的情绪,慢慢地他就会知道怎么掌控自己的情绪。所以,我认为这种成长的意义不亚于学习本身带来的意义。在游戏的过程中,孩子可以不断地训练和提高承受能力、情绪控制能力等。因此,我们玩了各种各样的牌类、各种各样的棋类,还一起做很多运动,过得特别开心。

我认为这种开心很重要。麻省理工学院最新的研究发现,人类在成长过程中很容易陷入抑郁状态。并非性格开朗的人就不会抑郁,他们也会抑郁,有时候也会遇到一些自己特别想不明白的事情。那怎样治疗抑郁呢?麻省理工学院的研究发现,一个人抑郁时,给他创造新的快乐是没用的,并不能治疗抑郁,只有激活他小时候的快乐记忆,才能越过这个关卡。所以,帮助孩子在小时候创造快乐的记忆,对他而言非常重要。那我们又给孩子创造了多少这样的快乐时光呢?

第二,父母要学会调节自己的情绪,让孩子做一些有创造性的事。有时孩子非常无聊，既不能玩游戏，也不想学习。如果你对他说，不能玩游戏，去学习，他会很生气，觉得你不让他玩游戏；但如果你说，不能玩游戏，也不能学习，你做点别的，他的反抗力量就没有了，他会问你为什么不让他学习了。例如，我让我的儿子去做点和平时不一样的别的事情，只要不玩游戏就行。结果很有趣，因为他以前接触过编码、编程，所以在我对他说现在不可以玩游戏时，他决定做游戏。然后，他真的做出了一个特别好玩的游戏，教我怎样玩，接着还做了个双人游戏。慢慢地他对这个也没兴趣了，又转去学做饭。有个阶段，他做饭做得很好，学会了很多种鸡蛋的做法，比如番茄炒蛋、煎蛋、炒鸡蛋、蛋汤等。最近，他又开始钻研画各种风格的图形。我发现，当我们给孩子一个无聊的时间时，他其实会生出很多创意，体验一个非常好的创新性过程。

第三，父母要观察孩子，帮助孩子搭建台阶。我们如果经常给孩子提供有用的帮助，就会被孩子信任。我会观察孩子的学习问题，因为我不想通过培训班的方式帮助他解决困难，所以我一直在探索益智卡牌的方式。例如，我儿子在上小学一年级的时候，需要在五分钟之内做完一百道计算题。我发现他明明会，但是答题速度很慢，所以经常只能得到三四十分。我知道，如果回家后，再让他做一张一百题的卷子，他肯定会反抗，于是本着快乐教育的理念，我开始观察他到底慢在哪里。我发现，孩子做计算题时，知道七加三等于十，但对于七加几等于十，就搞不清了，速度就会慢下来，所以是他的逆向思维慢，关于哪两个数相加等于十，还没有形成本能反应。于是，我就用扑克牌做了个加十比赛，就是我和孩子一起翻牌，如果两张牌相加为十，孩子就可以拍中间的铃铛。孩子很喜欢玩也经常玩，玩一局相当于做了四十道题；玩两局，八十道题就慢慢做好了；隔两天玩一次，一个月不到，加十的本能就形成了，他五分钟就做完了一百道题。

其实，这对孩子之后要学习的巧算也很有帮助。巧算最重要的是能不能快速找到两个数字匹配，去凑十、凑百、凑千。我发现，当初我只是帮他搭了个台阶，他愿意踩着台阶上去，问题就解决了。到了四年级的时候，孩子又遇到了乘法问题，同样是逆向思维的原因。比如六乘几等于四十二，他从一六得六、二六十二、三六十八依次背过来，背到六七四十二的时候，才知道是七，所以速度很慢。于是，我和孩子又玩了考古寻宝，看到数字时要思考怎么用四个骰子去凑那个数字，反复做逆向思维训练。我发现，我们给孩子的东西越明确，孩子就越能够学会；台阶搭得越好，孩子就越能够知道怎么往上走。所以，我们要注意观察孩子到底遇到了什么样的困难和问题。

如果孩子想在这个阶段弯道超车，家长的帮助尤为重要。家长只有多观察，发现孩子在每天学习中到底遇到了什么问题，才能帮助他实现突破。比如，我观察到，我的儿子在上网课时效率不高、不会记笔记，于是我就给他专门开了一门笔记课，带着他和其他一些小朋友学习怎么记笔记、笔记的重要性在哪里、为什么要手写笔记、怎么做海绵式笔记、怎么做淘金式笔记、总结的时候如何做思维导图、怎么抓取关键词、怎么把老师讲的东西记下来，等等。最后，我发现他记笔记的能力和学习能力都提升了，上课的效率也很高，甚至其中有些小朋友彻底爱上了上课，特别有成就感。所以，疫情阶段给了家长仔细观察孩子的机会，有助于家长帮助孩子弯道超车，找到学习的乐趣。

当然，孩子能够自觉学习也很重要。学习自觉有三个要素，即兴趣、成就感和目标。如果家长希望孩子能够学习得更好，就一定要去关注怎样才能让他更有兴趣、更有成就感，怎么才能让他建立这个目标。在《做对懒爸妈，养出省心娃》这本书中，我提出优势累积家庭教育法。这种方法强调，教育孩子既要跳出密集母职，不要像直升机一样完全干涉孩子，也不要做"佛系"家长，什么都不做。父母应该密切关注孩子、观察孩子、了解孩子，遇到问题时，谨慎出手，不要让小问题演变成大问题。然后，父母要进行优势累积，总结怎样给孩子搭台阶，怎么给他贴正面标签，怎么把问题变成技能，慢慢让孩子变得更强大。当然，整个过程要以快乐为首，因为快乐充满能量。

需要注意的是，爱是需要学习的。中国绝大多数父母其实很爱自己的孩子，但关于怎么爱，很多时候其实我们并不知道，所以我们需要学习。幸福也需要练习。很多家长认为，孩子现在苦一点，将来就能更幸福。但是，麻省理工学院的研究表明，孩子现在不幸福，那他将来遇到问题陷入低谷的可能性就更大，所以我们要注意时时刻刻给孩子创造幸福。

其实，育儿是一个特别愉快、特别享受的过程。希望越来越多的家长能和我一样享受育儿过程、享受亲子时光。让我们一起携手共进，一起学习爱，一起练习幸福，一起走向非常快乐的育儿好时光！

第五篇　有话好好说，让亲子沟通更有效

乐嘉之　上海师范大学心理咨询与发展中心心理咨询师
国家二级心理咨询师

我是心理咨询老师，同时也是一位父亲，所以我与孩子在沟通的过程中也会发生冲突。例如，因为工作的原因，有一次我不能陪孩子睡觉。对此，孩子又哭又闹、乱发脾气。一开始，我感到很烦躁，但是我提醒自己要先安抚好孩子的情绪，所以我和她进行了交流。交流后我发现，她哭闹并不是因为我不陪她睡觉，而是因为她以为我不陪她是不爱她了。这种逻辑在我看来并不正确。于是，我花了十几分钟说服她，让她坚信爸爸是爱她的，只是因为工作才不能陪她睡觉，让她明白了偶尔不陪和爱不爱她是两件事。孩子被我说服了，坚信我是爱她的，所以情绪就变好了。通过这件事，我觉得用十几分钟说服一个孩子，让她认为爸爸妈妈是爱她的并不是一件难事。但我的心理咨询经历又告诉我，有时要说服一个孩子坚信爸爸妈妈对他的爱却很难。

很多同学认为，爸爸妈妈只会关注他吃什么、穿什么、学什么这三件事情，完全不关心其他事情。曾经有一个孩子对我说，他从小长到大的整个养育过程都充满了爸爸的暴力、怒吼、愤怒与欺骗，爸爸情绪上来时，甚至会拿菜刀砍他房间的门。但是后来我邀请这位爸爸到咨询室交流时发现，他只是一个很普通的中年男人，对孩子非常关心，也爱着孩子，然而却很无力，因为他不知道为什么每次想和孩子沟通时，孩子总把门一关，拒绝和他沟通，也不明白为什么孩子对他的怨恨情感会那么强烈，他不知道自己到底做错了什么。

其实，在当今社会环境中，这是一种比较普遍的矛盾。大部分父母都很爱自己的孩子，试图把最好的东西给孩子，但孩子真的能接收到我们的爱吗？可能孩子接到的并不是爱，而是某种伤害，因为某些父母表达爱的方式可能含有对孩子的无意识伤害，这是一种很奇怪的现象。**究其原因，可能是亲子沟通出现了问题。**亲子沟通在孩子的整个成长过程中非常重要，但当沟通的形式缺少了一定的功能，就变成了一种无效沟通。聚沙成塔、积少成多，孩子就会开始怀疑甚至否定父母对自己的爱，慢慢地就会远离父母。

那什么是无效沟通呢？大家可以回忆是否听过，或者下意识说过下面几句话。在孩子哭的时候，你是否说过"这有什么好哭的，哭哭哭就知道哭"？孩子哭的时间长了，你是否会说"你怎么那么不懂事？爸爸妈妈已经很辛苦了"？有时孩子表示"我不开心"，你是否回复过"你不开心？我还更不开心呢"？当孩子作业没完成时，你是否又说过"这点事情都做不好，没出息，以后能去做什么？""爸爸最喜欢作业做得好的孩子，作业做得不好的孩子爸爸不喜欢"？当小朋友在学校与其他同学打架时，你是否说过"你再敢打小朋友，我就打你，你打人一遍，我就打你十遍"？父母们设想下，如果你还是一个孩子，在听到上述这些话时会感到压力、恐惧吗？能感受到说这些话的父母是爱你的吗？可见，虽然上述这些沟通的本意是爱与好意，但是孩子接收到的却是负面的情绪体验。

从现象学的角度看，无效沟通容易出现以下情形：当你对孩子说一件事情时，他听不到这件事情，只关注到了你和他说话的方式，得到的也是不良的情绪体验。长此以往，孩子会选择不和你说话，甚至忽视你的话。相反，有效沟通采用的则是一种比较合理的沟通方式，在这种方式下，孩子能有效接收信息，他的情绪会被关注到，需求也会被听到，所以他能够从沟通的过程中获得成长。

所以，为了实现有效的亲子沟通，家长需要学习和关注以下内容。**第一，父母要学会避免无效沟通，帮助孩子成长**。因为无效沟通会阻碍孩子多方面的发展，甚至给孩子造成伤害。**第二，关注和掌握有效沟通的核心要素**。育儿情景及孩子的需求千变万化，所以不可能穷举所有情景中沟通的方式方法，但只要我们掌握了有效沟通中的核心要素，识别、运用和应对这些核心要素，就可以避免很多没有意识到的伤害，向有效的、高效的沟通发展。**第三，学习在夫妻冲突、家校联动等现实情景下该怎样实现有效沟通**。

一、避免无效沟通的重要性

亲子沟通与孩子成长密切相关，家长要学会避免无效沟通，实现有效沟通,助力孩子成长与发展。

第一,沟通关系到孩子自我形象的发展。孩子自我形象的发展源于与父母沟通时得到的反馈,孩子把这些反馈拼凑起来就得到了对自己的认知。有些家长对孩子相对严厉、期望值很高,他们会抱怨孩子什么事情都做不好,甚至会当着外人的面评价孩子不自信、腼腆、不爱和人打招呼,长此以往,孩子可能就会拼凑出一个消极的自己:我是一个这做不好,那也做不好的人。因为这些父母一方面要求孩子自信,另一方面却又把自己当作镜子,用自己的反射和沟通对孩子说:你是一个不自信的人,所以孩子也很难实现和满足父母的期待。因此,家长在与孩子沟通时,要避免让孩子的形象发展受损。家长应该以客观的态度向孩子反馈,不能过高或是过低,而是要像一面完整而平整的镜子,而非哈哈镜或者破裂的镜子,照出变形的影像。

第二,有效沟通与孩子的自尊感紧密相连。现在,很多父母都在学习如何夸奖孩子、如何正面管教孩子,但不少人却对"正面管教"这种育儿方式有一定的误解。比如,有的妈妈认为,就是要给予孩子比表现更多的夸奖,坏的表现也要往好夸,这样孩子才能在夸赞中逐渐认为"我好像是全能的"。但现实是,我们可能会发现某一个阶段的孩子不太愿意参与竞争力很强的活动,他们并不害怕这个活动本身,而是害怕输,因为他们假想自己无所不能,但现实情况又并非如此。所以,孩子们害怕自我形象的破灭,害怕理想与现实的冲突。此时,父母就需要做一个温柔的打气筒,给孩子打打气,要看到他积极的一面,同时也要客观描述他做得好的方面,以及还有待改善的方面。

第三,沟通关系到孩子最初安全感的建立。安全感是对某种关系的具有确定性和稳定性的信任,对亲子关系有重要意义。许多无效沟通会给孩子的安全感造成毁灭性打击。例如,很多父母与孩子沟通时经常会说"你再做不好,妈妈就不要你了""你再做不好,妈妈就不喜欢你了""你再做不好,妈妈就把你扔出去",等等。这些无效沟通会让孩子认为亲子关系是有条件和标准的,"只有我做好了,父母才会爱我,我如果做不好,父母就不会爱我"。并且这种安全感的缺乏大部分会从儿童期延续下去,很多成年人安全感的缺乏都可以追溯到儿童时期。因此,父母在约束、惩罚、教育孩子时要注意方法,可以用不能看电视、少吃糖等作为惩罚手段,但请不要说"你做不好，我就不爱你"，不要用孩子对爸爸妈妈最原始的爱作为筹码，那样会对孩子的安全感造成很大打击。

最后，亲子沟通会影响孩子品质的形成。无效沟通会阻碍孩子养成优良品质，而有效沟通则会帮助孩子发展优良品质。如很多父母经常告诫孩子要做一个正直、开朗、勤奋的人，但自己却并不是这样的人，这是非常糟糕的。因为孩子可以从亲子互动中习得优良品质，家长如果想要帮助孩子发展优良品质，自己要先成为一个可见的领跑者。正如长跑比赛一样，孩子刚开始是跟着你跑的，慢慢地在向前进；等到有一天，孩子长大了，跑得比你快了，也就不再需要领跑者了。然而，现实情况是，很多父母习惯在孩子跑步时做看台的观众，鼓掌和看戏。他们看到了孩子一个人在跑，跑得很快、很累，他们要求孩子必须跑到那个终点，否则就认为孩子没有出息，这其实是一种无效沟通。真正有效的沟通在于父母和孩子在亲子相处过程中一起去跑，父母要成为领跑者，以身作则。

二、关注和掌握有效沟通的核心要素：情绪与需求

亲子沟通的核心要素有很多，其中最重要的两个是情绪与需求。大家常说，情绪是喜怒哀乐，但这里强调的情绪主要指孩子与父母的情绪，需求也指孩子和父母的需求。

情绪是什么？情绪是亲子沟通的入场券，只有关注孩子的情绪，父母才能保证和孩子进行一次有效的亲子沟通。情绪很重要，但一些家长在处理情绪时经常会出现问题。其实，许多心理研究发现，当一个人情绪张力很强时，大脑的逻辑运算能力会相对降低，所以家长在情绪高涨的时候并不适合给孩子讲述某些大道理。

关于情绪，家长们需要注意三点。

第一，口述加接纳。家长首先要学会接纳情绪，因为任何情绪都有意义，任何情绪都是正常的。孩子无论开心、难过，还是沮丧，都是可以的，我们不应该排斥这类情绪。而且我们要让孩子认识到，很多情绪本身是可以存在的，需要关注的只是自己表达情绪的方式是否合适、合理。一些父母因为孩子情绪表达的方式有问题，就否定了孩子的整个情绪，这对孩子的心理健康发展其实是不益的。因为情绪就像水壶一样，如果你把水壶所有的孔

都堵住，不停地烧，终有一天里面充满的水蒸气就会引发爆炸；而当我们引导孩子学会表达自己的情绪后，这个水壶才会出现一个让情绪可以释放的口。其实，很多家长已经具备这个意识，社会上的一些教育机构也在教孩子如何表达情绪。

表达情绪的方式有很多种，我认为最有效的一种是用语言口述自己的情绪，如"我现在很难过"。在与孩子互动时，爸爸妈妈可以表达自己的情绪，我们可以告诉孩子"我现在很生气，我现在很烦躁，你离我远一点，让我自己静一会儿"，确保自己处理好情绪后再去做事。在这个过程中，你可能会发现，当你可以用语言去表达自己的情绪时，你就已经识别了自己的情绪，并且你情绪波动的幅度也在逐渐缩小。实际上，当你在告诉孩子"我现在很烦，让我静一会儿"的时候，其实你也在告诉孩子，当他们烦躁和生气的时候也可以这么去表达。正如前面提到的领跑者一样，你在用自己的沟通方式去教会孩子怎么去表达情绪。

第二，不要找替罪羊。很多爸爸妈妈并不愿意让孩子成为自己情绪的出气筒，但现实生活中这样的情况却屡见不鲜。比如，孩子写作业写到很晚，作业的错误率又很高。这对孩子来说已经是比较难堪、尴尬或者难处理的事。家长如果刚刚休息完回来，心情很好，看到孩子的作业问题可能会提出办法，和他讨论作业怎样完成，温柔地辅导错题；但如果家长白天在公司里面受了气，在经济方面又有很多危机，进门前或许又和邻居吵了一架，回到家后又发现孩子作业没有做完，错误率又很高，家长可能就会直接对孩子发脾气。其实，就整个过程而言，孩子不止承担了他自己的情绪，还承担了父母的情绪，所以父母在亲子沟通中不能找替罪羊，在遇到生气、难过、情绪不稳定的情况时，一定要分清楚哪些情绪与自己有关，哪些情绪与孩子有关，不要让孩子成为父母情绪的宣泄对象。

第三，在交流中要处理好孩子的感受。感受很重要，它就像数字书写时位于左侧的一个 1 一样，而你说的很多道理则是 0。当我们不去讨论感受的时候，0 再多，始终是 0；但是，当我们处理好孩子的感受后，1 后面的 0 越多，数字就越大。所以，父母一定要懂得处理孩子的感受，并不断地提高这种能力。其实，在孩子小时候，大部分父母很会处理孩子的感受，但在孩子上学、慢慢长大后，很多父母就不去在意他们的感受了。因为这些父母潜意识中认为学习情况、人际关系、某些道理远比孩子本身的感受更加重要。但这些父母需要注意，虽然你肯定和关注的那些东西很重要，但也请不要丢掉对于感受的询问这个最重要的1。

正如情绪是亲子沟通的入场券，作为亲子沟通第二个核心要素的需求则是指南针。随着成长阶段和时期的不同，孩子也处于不断的变化和成长中；同样地，随着现实境遇的变化，成人的需求也在不断变化，因此亲子沟通也会千变万化。有时孩子可能会说"我不喜欢某个老师，不喜欢学校的某个同学，不喜欢那门课""我就不爱你，我讨厌你"，而这些话让家长感到茫然。

对此，家长就要关注需求这个指南针，根据孩子的需求和自己的需求决定沟通的方向。举个例子，在孩子小时候，我们认为我们的宝宝是世界上最聪明的宝宝，会背唐诗，很早就学会了走路。等到孩子慢慢长大，我们却慢慢失去了这个奢望，觉得孩子是个"学渣"，开始贬低孩子。但是，其实我们要相信，人都有自我实现的需求，这个需求不会变，因为谁不想让自己变得更好呢？那为什么孩子现在喜欢看电视，不想写作业呢？其实是因为他的某种需求被阻碍了，没有被父母看到。可见，孩子低层次的需求没有被满足也会阻碍他更高层次的发展需求。并且我们要相信，只要我们帮助和陪伴孩子排除成长中的一些困难，孩子就会想让自己变得更好。因此，父母要接受不断变化的当下，认识到孩子的需求也在不断变化。

在此，我有三个关于需求的建议分享给父母们。

首先，**拆开巧克力的包装**。受传统文化的影响，我们其实都不太习惯用语言表达自己的需求。虽然我们也会表达诸如"我现在很开心""我想去喝杯水""老师给我拿杯水吧"这些话，但当涉及某些情绪的需求时，我们却不会轻易用语言表达。比如，很多时候，当孩子作业总是完不成、写不好时，家长会将其归为做作业与看电视、玩游戏的矛盾。其实，家长仅仅关注了巧克力的包装，而忽略了更内在的东西。拖拉可能只是小朋友想要避免挫败感的方式，因为那门课的作业对他来说很难，他不会做，所以宁愿拖着。当然，拖拉还有很多其他原因，但大部分父母都只会责备、告诫孩子不要拖拉。这时，父母和孩子沟通的内容就像是没有拆开包装的巧克力，换句话说，父母在和孩子沟通时忽视了孩子一些行为背后的真正需求。

其次，**分开冰淇淋和果酱**。正如冰淇淋和果酱一旦相遇就很难分开一样,在进行亲子沟通时,父母的需求和孩子的需求也是混合在一起的,因此我们要学会区分。例如,一些爸爸在教育孩子时会说,"你这样做我很没面子""你这样做爸爸很长脸""你取得了这个成绩,爸爸好有荣誉感",等等,这些言语其实更多反应的是父母自尊的需求,与孩子的需求联系很少。

最后,**扎牢坦克车的履带**。坦克车的轮子和履带是同步运转的,轮子转,履带也转。在亲子互动中,家长经常会盯着"履带"不动,却忽略了孩子像车轮一样不断变化的需求。其实,婴儿期的孩子与青春期的孩子在育儿方式、沟通方式上存在差异。想象一下,如果用婴儿期的育儿方式与沟通方式对待一个青春期的孩子,会发生什么?我想这个孩子会无比暴躁,会质疑你为什么要管这么多,为什么连他吃什么、穿什么都要管;而家长则会认为是孩子的叛逆期到了。但实际上,孩子可能反叛的是以前那个父母觉得有效的方法。因为孩子是不断发展的,所以父母也需要及时改变以应对孩子的改变。正如坦克车的轮子和履带需要同步旋转一样,父母不要奢求以前有效的方式能够适用于现在,甚至适用于将来。

总之,需求和情绪的关系可以用一句话来反映:所有的恨都是受伤的爱。为什么一个人会怨恨,是因为他期待的那份爱没有被满足。就像情绪和需求的关系一样,有时我们的情绪正是源于某种未被满足的需求。所以,我们可以反过来,从孩子的各种情绪出发,去寻找孩子的内心需求。

三、不同情景下,如何与孩子有效沟通?

这一部分我将从纵向和横向两个视角探究与孩子进行有效沟通的方法,重点回答以下三个问题:一是亲子沟通如何随着孩子的成长需求、变化趋势而变化,二是家庭内出现夫妻冲突时怎样与孩子沟通,三是新冠肺炎疫情期间,家校互动增多后父母怎样与孩子沟通。

第一,孩子成长的关键期,父母如何与孩子沟通?

每一个人都有不同的发展阶段。人的身体成长发展有许多关键期,如语言的关键期或者大肌肉控制的关键期。人的心理发展也有很多关键期,如婴儿期、儿童早期、学前期、学龄期、青春期等。家长也许会担忧:我的孩子已经十几岁了,以前我们没太注意他的那些需求,是不是没有机会了?其实并非如此,只是可能需要家长花更多的时间去弥补。大家可以去观察自己的孩子是否存在某些性格、品质缺陷，并反思自己是否在一些关键期内没有处理好孩子的核心需求，以便在以后的亲子互动中将其列为沟通的重点内容。

那父母要关注孩子的哪些关键期呢？第一个关键期是从孩子出生到1岁半的时候，这时最核心的需求是建立一种信任的品质。婴儿的哭声是一种"武器"，他们饿了一哭就有奶喝，冷了一哭就有衣服穿，需要安慰时一哭就会得到拥抱。渐渐地，他会在这个过程中相信自己、相信别人。在孩子建立信任感的这个阶段，父母要做的事情就是及时地满足，不要去过早地训练。之前出现一种"哭声免疫法"应对新生儿哭泣，"哭声免疫法"指当一个孩子哭时，就让他哭，等不哭再去抱他，或是等他哭上一段时间再去抱他。我个人不太赞同这样的方式，因为哭是婴儿唯一的表达方式，如果幼小的孩子发现，哭没有用，那对他来说，就会恐惧、绝望。所以这个阶段，我们要及时地满足孩子的需要。

第二个关键期是1岁半到3岁，这一时期孩子的核心需求是自主性，想要获得一种自我控制的独立感。孩子会要求自己去做事，比如自己吃饭、走路等。因此，这一时期的沟通应该努力肯定孩子的自主性，诸如"宝宝现在能自己吃饭了"这类肯定孩子自主性的沟通很重要。尽管孩子一开始的速度可能会很慢，错误率会很高，但是我们首先要去关注的是他在自己完成事情，这是很了不起的一件事。

第三个关键期是学前期，即孩子的3岁到6岁。这一时期的孩子有一些主动性的需求，所以会主动地想一些办法、做一些事情，比如会主动发明各种游戏。根据主动性这个需求的指南针，亲子沟通的重点应该是让孩子多想办法，鼓励孩子说出他的主意。因此，我们要经常关注孩子，当他们遇到问题时，我们不要立刻告诉他怎么做，而是让他自己先想想有没有什么好办法。虽然这需要父母付出很多努力，但是在沟通的过程中，孩子的很多想法也会给父母惊喜，孩子的思维和沟通能力也会得到训练。

第四个关键期是学龄期，又称小学学龄期，这个阶段孩子的核心需求是勤奋感。勤奋感不是指"好好学习，天天向上"，而是指孩子相信自己的努力与很多事的后果是相关的。很多爸爸妈妈把孩子的成绩下滑归结为懒、笨、看电视、玩游戏等，认为孩子是努力的程度不够、努力的方向不对、努力的质量不高、努力的方式不对。还有一些家长在孩子考得不错时会说，考好了是因为孩子运气好、考试简单……，不会就孩子付出的努力进行交流。其实，在学龄期，家长要将"努力"作为沟通的重点，因为这一时期孩子的核心需求就是勤奋感的建立，一个拥有勤奋感的人会主动去改变很多事情。

第五个关键期是青春期。青春期出现在孩子的中学教育阶段，这一阶段孩子的核心需求是同一性，即如何在自己的多面中形成统一。因此，父母需要帮助孩子认识并建立同一性。以我自身为例，在学校，我是老师，所以在课堂上会很认真严肃；在家里，我是父亲，所以会很轻松随意。从关系的角度而言，我既可以是其他老师的朋友，也可以是学生们的老师，还可以是孩子的父亲，等等。可见，在关系背景下，每个人都像一颗钻石，拥有很多切面，这些面相互融合，成为一体，形成个体的同一性。所以，针对青春期孩子开始注重自己的外表、对自己提很高要求的现象，父母和他们沟通的重点在于要告诉他："我们很欣赏你好看的一面，但是其他你不太满意的那一面也是构成一个整体、立体的你，从而呈现出你的特殊性的不可或缺的一部分。"

上述主要从纵向的维度探讨了从婴儿期到青春期阶段，孩子成长过程中需求的变化以及父母和孩子进行亲子沟通时的注意事项。从纵向的发展维度看，父母可以根据孩子的心理成长阶段采用相应的亲子沟通方法。以夫妻冲突为例，在信任阶段，孩子的核心需求是信任，因此亲子沟通的重点在于告诉孩子，无论爸爸妈妈怎么吵架，都是爱他的，这样可以避免孩子恐惧感的产生。在孩子的自主性发展阶段，亲子沟通的重点在于向他强调，爸爸妈妈吵架不是孩子的错。在孩子的主动性阶段，亲子沟通的重点在于关注他对父母吵架的想法，但不要求他协调父母之间的夫妻关系，避免孩子无力感的出现。在孩子的学龄期，亲子沟通时，父母可以告诉孩子他们吵架的前因后果以及冲突的处理方式，通过客观的描述让孩子明白父母吵架是常见的，也是正常的。只有在这样的交流下，父母才能够成为孩子处理冲突和情绪的领跑者。下面，我将聚焦于父母冲突与家校互动两个背景，从横向的维度探讨在家庭生活中如何进行亲子沟通。

第二，家庭内出现夫妻冲突时如何与孩子沟通？

任何夫妻间的争吵、肢体上的冲突，对于他们的孩子而言，都是一个危机，充满威胁的同时也蕴含着机遇。因此，父母也可以通过高效的亲子沟通，帮助孩子在冲突中成长。

夫妻吵架后的亲子交流往往有以下三种情况。第一，夫妻双方对孩子诉苦。爸爸会对孩子抱怨，说妈妈不讲道理，容易情绪崩溃；妈妈会对孩子诉苦，"都是因为你爸爸我现在才这么惨"，等等。第二，拒绝孩子参与和关注这件事。父母通常会说，这是大人的事情，小孩子不要管。第三，一些父母会和孩子讲，爸爸妈妈没有在吵架，是在玩游戏。这种做法可能会导致孩子不能区分冲突与游戏间的区别。总之，以上三种情况都不是高效的沟通方式。

其实，我们要意识到孩子是家庭关系中最忠实的守卫者，他们会帮助父母维护家庭关系。大部分孩子讨厌父母吵架主要是因为以下几点。第一，想去帮忙但帮不上忙的无力感。第二，恐惧和害怕。很多孩子会认为父母的所有情绪都和自己有关，这会对他们的情绪造成很大的影响。通常，孩子在看到父母吵架时，会自觉做些事情让这些矛盾停止。比如，有时候孩子看到爸爸被骂、妈妈被打会很恐惧，他们就会让自己乖一点去照顾妈妈爸爸，这时候孩子就成为了夫妻中一方的角色，而丧失了作为孩子的角色。

相反，良好的夫妻关系能够帮助孩子做到三个"不"：不牵挂、不害怕、不怀疑。第一，父母不要让孩子去牵挂，不要让孩子萌发"爸爸妈妈吵架，是因为我吗？如果我不在了，爸爸妈妈会怎么样？"之类的牵挂情绪。第二，父母不要让孩子觉得害怕，为此就要保持夫妻关系的稳定。第三，父母不要欺骗孩子，这样就能减少孩子的怀疑。因为夫妻吵架在生活中很常见，而孩子是敏锐的，不欺骗能够减少他们的不确定感。其实，最简单的办法是在夫妻沟通时，允许孩子在旁倾听，让孩子作为一个"观影人"，了解和学习冲突是如何解决的。

第三，家校联动背景下父母如何与孩子沟通？

新冠肺炎疫情期间，由于孩子要在家上网课，所以学校和家长的联系增多。这就带来了一个重要问题：在家校联动背景下如何与孩子沟通？

家校联动是学校和家庭共同教育孩子的过程，老师和孩子父母会保持频繁的联系和沟通。家校联动背景下，亲子交流同样需要拿着情绪的入场券和需求的指南针。这里以一个情境为例进行具体的分析说明。在电话中，老师告诉父母，孩子上课总是走神，这次考试是最后一名。而这个时候，孩子颤颤巍巍地拿着考得很差的试卷到你面前，让你签字。你可能会采用以下几种沟通方式。第一种，你可能会对孩子说："你这样我很没面子，你不要脸我还要脸呢！"第二种，你会将孩子和其他孩子进行比较，如"你要是有你们班某某某一半好，我就谢天谢地了"。其实，亲子沟通中，进行比较是种很有效的管教方式，但这对孩子而言，也是创伤最大的一种方式。尤其在家里有两个孩子的情况下，父母需要谨慎处理比较的氛围。第三种，你可能会将原因归结到老师身上，如"你以后在学校就不要听某某老师的话了，这个老师对你有意见，欺负你"。这种情况下，孩子在学校可能就不会再听老师的话，学习进度也难以跟上，然后老师又去找父母，父母产生情绪，并将情绪宣泄到孩子身上，由此成为恶性循环。第四种，你看到试卷后可能会指责孩子："你看你这道题为什么错，是不是之前已经做过很多次了，是不是白做了？是不是忘记了？""我看你就是电影看多了，就是游戏打多了""你如果再这样下去，以后就会怎么样"等等。上述所有话其实都是在和孩子说道理，但从实践经验来看，这些话语的作用很小，你说一百遍，孩子可能还是不会。所以，父母首先要做的事情就是处理好自己的情绪，把入场券拿到手。

我们要和孩子去探讨，去发现当下的情绪状态，并接纳它。同时，要像一面客观的镜子，反映出孩子现在的状态。如"爸爸知道你这次考试没考好，心里很难过""爸爸知道你这次考试考得不好，拿着卷子在我们面前有点害怕，害怕爸爸批评你，害怕爸爸打你，爸爸知道你很委屈，也很生气，明明平时那么努力，最后却只得到了这个成绩"这类话在沟通中就值得提倡。当然，如果父母想要缓解孩子的难过情绪，也可以这样说，"你可以难过一会儿，爸爸小时候拿到卷子的时候也很害怕，你可以害怕一会儿""大部分人考试考不好、被别人超过时，都会很生气，你可以生气一会儿，我们先处理一下这种情绪"。

情绪问题处理好后，接下来父母需要弄清孩子的需求是什么。换句话说，我们要和孩子一起弄清楚，考试考不好的原因到底是什么，孩子的努力情况如何，是不是因为哪部分没有努力，还是哪部分努力的方式不对。同时，父母需要提出具体的建议，给予孩子鼓励和积极的肯定，哪怕孩子一百分的试卷只考了十分，我们也要问他，这十分是怎么得到的，强化孩子积极的部分。

　　家长需要记住，亲子沟通是父母和孩子共同探讨的过程。我们要多问孩子的想法，在双方共同探讨的基础上制定出一个方案和约定，然后在后续的生活和学习中，共同遵守约定，再根据实施情况适时整合、调整约定。

第六篇　阅读·家庭·成长

白　端	
（主持人）	上海广播电视台金话筒主持人
陈小文	家庭阅读推广人
王轶美	好儿童画报社编辑，儿童文学作家

白瑞 今天的话题围绕阅读来展开,我相信大家有共识,就是阅读在教育孩子的过程中太重要了。阅读抓好了,孩子的终身自我教育就形成了,家长就省心了。但是现在的阅读,我觉得家长还是有很多的误区。所以开篇想请陈小文老师和王轶美老师谈一谈阅读到底有多重要,帮助家长树立起这个认知。

陈小文 我觉得阅读是一个性价比非常高的家庭活动,尤其是在当下疫情环境中,我们不能聚集,不能随意跨省旅行,那么在家里打开一本优秀的书,你就可以走遍千山万水,可以穿越世纪。而且优秀的书就是一个智者,在阅读的过程中,我们就是和一个聪明人随时随地谈话。所以我一直说:"阅读、亲子阅读、家庭阅读都是性价比最高的活动之一。"

王轶美 我的第一身份是《好儿童画报》的编辑和《少年日报》的记者,我从 2001 年进社,工作中一直在和阅读打交道。我的第二身份是两个孩子的妈妈,从孩子在我的肚子里开始就做了一个亲子阅读的启蒙。我一直问大家:"阅读对你来说是米饭还是糖果?"每个孩子、每个家长、每个老师给我的答案是不一样的。但是我非常赞同一个孩子在我的一场讲座上对我说的话,他说:"王老师,我希望阅读在一开始的时候像糖果一样甜甜的,那样我才会愿意去阅读。如果像药一样苦,我肯定不愿意去阅读。但是我知道我只吃糖果,我长不壮,也长不高。所以我希望阅读能够陪伴我一生,成为我每日必须吃的米饭和营养。"我觉得这个孩子说得非常好。我觉得他比我们大人还要有智慧。阅读是深入我们骨髓的,我们很难记得每天吃的每一顿饭,从你出生喝第一口奶开始,没有一个人可以说我知道我每一顿饭吃的是什么东西,但是孩子从 1 岁、2 岁、3 岁长到 10 岁、20 岁,他慢慢长大,你会发现阅读对他的影响是潜移默化的。

白瑞 其实你想了解一个人,可以去他家,看看有没有书桌,有没有书橱、书柜,看看他都读什么书。所以我们今天的话题也围绕"阅读·家庭·成长"来展开。

陈小文 的确,如果说一个家庭的客厅里只有酒柜、电视机,其他啥都没有,那我们大家基本能猜到,他们家可能全都是看手机、看平板电脑,阅读的元素是没有渗入这个家庭里面去的。但是阅读、家庭、成长之间的关系是什么? 我觉得对于家庭来说,除了财富和社会地位,不论是哪一个阶层,文化的元素和修养的积淀对每一个家庭来说都是非常重要的。之前社会上流行淑女班、绅士班,但实事求是地说,这些都是外在的。而能够渗入你的血液里的,融化到你的骨髓里的,只有那些文化的气息。气息从哪儿来? 很简单,从他的日常生活里边来,日常生活又从哪来? 从阅读中来。

白瑞 富有诗书气自华。现在很多家长已经意识到了阅读的重要性,经常有人问我:"我的孩子要小升初或者是幼升小了,我得做好哪些准备?"我说什么拼音呀,20 以内的加减法呀,这些东西都不重要,你就让孩子心静下来。心怎么静下来? 就是让他能够专心地阅读。识字,量很重要,阅读也很重要。但是我觉得现在的家长在阅读方面是有一些雷区的,没有正确的阅读方法。而且我明确地告诉这些家长们,很多孩子不爱阅读,就是他们自己造成的,家长是破坏孩子阅读的罪魁祸首。

陈小文 有家长大概要汗颜了。实际上在我们的咨询过程中也经常会听到这样的话,比如说两三岁的孩子,家长就问:"陈老师,我们怎么培养孩子的独立阅读能力?"很多作家被问得最多的问题是:"某某作家,请您告诉我们,孩子读哪本书,就能够让他的作文得满分?"所以第一个最大的问题就是阅读背后家长带着功利的想法,把阅读和学习成绩联系起来,把阅读和某门学科联系起来。所以经常说:"你要好好地读一读这本书,这样你的成绩就能够提升了。"

王轶美 我想起著名的儿童文学作家,上海师范大学教授梅子涵老师说的一句话:"请你做兔子洞里的爱丽丝,进洞之前和进去以后是完全不一样的。为什么不一样? 就是因为阅读,阅读让你的人生变得完全不一样。"说到功利性的问题,我也想到有一个妈妈对我说:"我是教英语的,我们家小朋友好像现在中文可以,英语不行。"那我问:"你家孩子多大了?"她说:"3岁。"然后我听了就哑然失笑。我又问:"你当时是几岁开始读英语的?"她有点不好意思了,说:"那时候我们小学五年级开始的。"我觉得每个孩子每一个年龄段都有他适合的东西,我们可以慢慢地让他学会,然后喜欢上这个东西。

白瑞 是的。阅读的影响不是能够立即在孩子身上显现出来的。它的优越性在哪? 就是对孩子潜移默化的影响,甚至有一个滞后期。所以很短视的家长看不到。比如说我给孩子补英语,十几堂课补下来,孩子的英语成绩可能马上就提升了。但是阅读不一样,这正是家长不重视阅读的一个原因。孩子的理解力、专注度、思想的成熟度,其实就来自六个字:读好书,交高人。孩子的社会性、交往度肯定还是不足的,那么这个阶段他就是重在读书,读书读好了,孩子各科成绩也大多没有问题。其实你看那些数学、物理不太好的孩子,有时候也是阅读上有问题,他可能题目都很难读懂,所以这一点上希望家长千万不要短视。

陈小文 把功利心放下之后,我们很容易就能够获得阅读中的乐趣。只有获得乐趣了,孩子有兴趣了,才能够推动他去不断阅读。而且我觉得非常重要的一点是孩子上了一节语文课,上了一节英语课,他多认识了几个字,背了几个单词,这些只是一个技能,但这个技能和真正的文化修养,并不是划等号的。而且大家一定要知道,阅读是孩子终身学习的一个支柱,也是很好的一个习惯。所以我们的家长要做好长期培养孩子阅读习惯的准备,而且不同年龄阶段的孩子,他的阅读的习惯和内涵是不一样的。

白瑞 从我的这个例子来讲,我母亲是教俄语的老师,非常重视孩子的教育。我今年49岁了,在我很小的时候,她一个月才挣四十几块钱,就拿出一大半的工资去给我和我姐姐订各种杂志、报刊、画册、书。现在我觉得我妈抓住了教育最核心的地方——阅读,我也特别受益于我的阅读量。我是师范大学中文系毕业的,进了广播电视台,熟悉我的朋友都知道,我在我们行业里还算可以的。我拿了两个金话筒奖,它真的来自我的阅读量。后来我又钻研心理学,它同样来自阅读量。其实当你阅读的时候,你的终身自我教育就形成了,家长把孩子的阅读习惯培养好了,后面就省心了。

陈小文 对,家长要慢慢地让孩子在整个培养的过程中,始终感觉到阅读是一件愉快的事,是能够不断获得一些小惊喜的。今天我读了一个有意思的故事,给我打开了一个小窗口;明天我读了一本好玩的书,又看到了远处的风景。那么这个过程中他不断得到正向的强化,这样的孩子他会发展到一个较高的高度是可以想象的。

王轶美　我觉得阅读是我们一生的朋友。我女儿很小的时候就开始阅读了,到她一年级的时候,她的老师就问我:"王老师,为什么你女儿的词汇量这么大,是不是你帮她报班补课了,还是有什么秘诀?"我说:"我从来没有给她补过课,如果说有秘诀,那就是阅读。"举一个印象非常深的例子,我女儿当时喜欢一套"霸王龙系列"绘本,别人会认为女孩子怎么会喜欢这种书,但阅读的主体是我们的孩子,不是家长想孩子应该喜欢读什么书。当时她3岁多的时候,让家里的所有人,爸爸妈妈、外公外婆,每天和她一起读,读了半个月,书都读烂了。她就是在不停的反复阅读中有了这样一个起点。

陈小文　刚刚王老师有一句话让我很感动,就是说让孩子去读那些他们自己喜欢的书,不是我们家长眼睛里的那些书,是从孩子的年龄阶段、兴趣爱好的角度去找到那本书。孩子最乐意做的事情,我们后面悄悄地再推上一把,那么孩子就做得热火朝天了。

白瑞　我们开篇用了这么大的篇幅来谈阅读的重要性,那么有什么方法能够尽快地引导孩子阅读呢?

陈小文　首先一点,在家里有一个阅读的环境。爱读书的家庭,爱读书的孩子,肯定在家里能够到处看得到好玩的书,有意思的书。第二点,在家里让孩子有一点藏书。藏什么书?孩子喜欢看的书。我们都会发现一个特点:孩子对于最喜欢的那些书,尤其在孩子比较低幼的时候,他会一遍一遍去看。孩子在不断翻阅的过程中,能够体会一种阅读的快感,孩子会把这个愉快的记忆刻在他的脑海里。所以我觉得这是所有的家长最能够做的。最容易做的就是硬件环境。软件环境中,第一重要的是家长必须在家里读书。如果你想培养一个爱读书的孩子,你必须要让孩子看到你在真正地阅读,是全身心投入的,是发自内心的。第二个是要把书作为一种生活元素,比如说学校和社会上举办的很多和阅读相关的文化活动,应该多多带着孩子参加。可以在孩子开心的时候送一本书给他,因为这本书首先肯定是经过你精挑细选,其次在孩子开心或者有某种纪念意义的日子里给他,就附加了家人对他的一个情感关怀。

王轶美　我们讨论的主题是"阅读·家庭·成长"。家庭是放在中间的,就像是一边牵着阅读,一边牵着成长。我想起记者生涯中的一个采访的例子,当时是在一届全球华人中学生阅读征文大赛上,有一个静安区的孩子,得了全球总冠军。我们的记者去做一个人物专访,发现孩子的妈妈也写了一篇《生命不能承受之轻》读后感,她写到自己生活在一个单亲家庭,是个普通的蓝领,但一直有一个文学梦,把生命中的轻与重和自己的切身经历结合起来,写得非常好。她和女儿在春节期间,一起来读米兰·昆德拉的这本书,各自写了读后感。如果一个孩子明明喜欢画画,你非要他去完成一篇读后感,这个阅读是没有乐趣的。但是这个例子里妈妈的陪伴,两个人共同的文学梦,使得她们都很投入地完成了读后感,虽然妈妈的这篇读后感不会得任何一个奖项,但是她的引导与陪伴,对于她女儿的人生来说,绝对是一个最大的奖。

白瑞 所以阅读一定是家庭熏陶出来的,不是逼迫出来的。但也有家长会说:"我就是不爱阅读,我也知道这不对,我这么大岁数了,你让我养成阅读习惯,也没那么容易了。但是,我想让我孩子阅读,怎么办?"

陈小文 借用我们静安区家庭教育指导中心的一个标语——你想要改变孩子,首先得改变你自己。所以面对这样的问题,答案只有一个:想让你的孩子爱上阅读,首先你也得从阅读中发现乐趣。当然,有些家长说自己以前就是天天写读后感的,现在想要培养自己的孩子,怎么做? 现在和过去相比最大的优势在哪? 我们的阅读资源无比丰富。我们要利用好这个外部的资源,将其投入书海,根据孩子不同的年龄去选择一些优秀的书。你只要第一放下功利心,第二就像前面的例子,在亲情的环境氛围下和孩子一起阅读,不仅你能够体会到阅读的乐趣,孩子也能发现阅读的惊喜。比如说幼儿园家长问得最多的是:"读什么书,能够让孩子认字?"所以绘本经常不受家长待见,但是不要小看绘本。为什么? 阅读当然是需要认字的,但是认字不是阅读的全部。而且我认为认字只是阅读中一个水到渠成的过程。在阅读中我们可以发现什么? 绘本的每一页要么一个字没有,要么只有十几个字,但是我们把认字这个目的撇开,那么就会发现很多好玩的东西。首先我们要欣赏它的绘画,阅读是一种美育,绘本用图画来说话,对低幼的孩子来说,理解起来相对容易一点。因为有比较具象的图画,但实际上具象的图画它是安安静静在那里不动的,怎么让这个画面动起来,靠的是孩子的想象力。

从功利的角度讲,写作文也是要把你在生活中看到的那些事情、细节通过你的想象和逻辑加工,把它串联在一起。那么,在幼儿阶段,绘本不就是很好的培养孩子这一方面基础能力的工具吗?此外,画面相比干巴巴的文字,更能给孩子一个体验惊喜的机会,优秀的绘本能赋予文字以生命,用具体的画面出乎意料地讲述故事情节,每一个画面看完之后停下来,想一想你的答案是什么?我的答案是什么?然后再翻过去验证一下这种惊喜,是会让孩子印象深刻的。

白瑞 我到现在还愿意看绘本,比如说安东尼布朗的《我爸爸》《我妈妈》这些经典的绘本在世界阅读和文学史上占有重要地位。绘本是从最开始引导孩子阅读的一个入口、一块敲门砖。但是如果家长理解不到这一点,带着功利心,就一定会打击孩子的专注度,认为这书这么贵买它干啥,孩子二十分钟翻完了。

王轶美 有很多绘本不是只适合低幼的孩子,0—99 岁都可以读绘本。但是低幼的小朋友读和大一点的孩子读,再到大人读、老人读,人生阅历不一样,读出来的东西也不一样。绘本不是单单适合小孩子,大人可以和他一起来阅读。

陈小文 阅读是要有意义的,希望通过阅读教会孩子些什么。有时候我们的家长和孩子说"你要懂得感恩,你要学会成长,你要怎样"。这些其实对孩子来说是非常抽象的。但是借助优秀的读物,可以把这些抽象的道理变得更加显而易见。比如说有一本《我想快快长大》,讲述的是一只小狮子希望长大的故事,如果一个孩子每天对你说"我想要长大",你怎么和他说?很多家长会说:"不要紧的,你只要努力就能长大。"这样的回应很干瘪。但绘本里面呈现了小狮子和狮爸爸之间的对话。狮爸爸是有一头鬃毛的,小狮子则没有。想想看,孩子都希望变成什么样子?女儿希望像妈妈一样,打扮得漂漂亮亮;儿子希望像爸爸一样穿着他的大皮鞋,背着个公文包帅气地出门,这是孩子成长的一种内心需求。爸爸和儿子一起读《我想快快长大》时,可以借助这个绘本让孩子获得一些不同的成长体验。比如这个小狮子是用了各种各样的方法,希望自己长出一头鬃毛,那我们可以拿卫生间里的卷筒纸来当鬃毛,这个过程就是孩子在模仿大人,他想要获得那种成长的力量。

白瑞 通过陈老师刚刚这个例子,家长肯定意识到了绘本是多么重要。但是家长又会有新的问题,怎么给孩子选择适合的绘本?

王轶美 首先要选口碑好的出版社出版的绘本,还有就是可以跟着一些著名的儿童文学作家、亲子阅读人,他们都会推出不同的阅读榜单。我比较关注的一个榜单是"2020年中国小学生分级阅读书目"。它已经做了很多年了,每年会推出一个榜单,可以供家长参考。在阅读题材方面,除了童话作品以外,其实很多人物传记也是可以考虑的。经典的书籍都是经过岁月洗礼的,都是适合家长和孩子去探索与阅读的。

白瑞 我曾经也遇到过一个家长,特别焦虑,他说他的孩子都是看些乱七八糟的书,从来都不看那些经典书籍。

陈小文 其实不管是经典还是其他的书籍,阅读实际上和一个孩子的认知能力、情感体验和他对世界的了解是密切相关的。如果这些准备没有做好,他冒冒失失地去读一本书,很有可能他读起来味同嚼蜡,甚至读不下去。而这种读不下去的不愉快的感觉,可能会跟着他一辈子,等他长大了,他翻开这本书还是觉得不愉快。

王轶美 一千个读者心中有一千个哈姆雷特。一本优秀的、经典的著作可以读出很多内容。刚刚说到世界名著,我想到了著名的儿童文学作家周锐老师,他写了一套《幽默三国》《幽默红楼》,把四大名著都用臭皮匠与诸葛亮这种幽默的方式写出来。当孩子要阅读经典的时候,要从阅读里找到乐趣的时候,如果他一下子读不进去,可以找一下这样幽默的方式,让他有一个小小的切入口,把他带进门。

白瑞 还有一个方式就是用音频引导孩子走进阅读,不仅能够保护孩子的视力,还可以通过听书,展开丰富的想象,这是一个非常好的方式。上海著名的语文特级教师于漪曾经说过,朗诵是语文教育的情感基础。所以对于亲子阅读来说,爸爸妈妈是可以通过读出来,让孩子与阅读产生兴趣和情感的链接。

陈小文 没错,听音频很多时候听到的是经过专业训练的声音,但是我们很多家长在给孩子读的时候,也许声音不如广播音那么标准,但他听到的是爸爸妈妈的声音,这个声音对他来讲是最亲切的天籁之音。所以说亲子阅读中的情感,其实就通过我们为孩子读,就可以挖掘出来。利用这样的文本,你对于孩子的情感就能够很自然地表达出来。

王轶美 每一个爸爸妈妈都能成为讲故事的高手,就像刚刚两位老师说到的,家庭阅读的核心是情感,而不是技巧。在阅读当中,我也非常赞同用听音频的方式代替看视频的方式,还有就是鼓励爸爸妈妈用自己的嗓音来朗读,可以将睡前亲子共读作为一个家庭传统。在阅读时,除了安静地读书这样的个人行为,还有四个小技巧:让故事演起来,让故事唱起来,让故事玩起来,让故事学起来。不需要站在华丽的舞台上,也没有任何道具。这其实是一种家庭游戏,用更多彩的方式将书面上的东西演绎出来,这也不失为进入阅读的一种方式。

白瑞 有一些年轻的家长会把孩子交给我,由我来带孩子们阅读。我怎么带呢?就是买一些书发给他们,他们会互相抢书看,效果特别好,书真是非借不能读也。每一堂课怎么上?让孩子们来讲一讲他上次读了什么书,那么没有读过这本书的小朋友就会很期待那本书了,所以一定要抢过来看一看。这种阅读兴趣和习惯基本形成了之后,我就在课上每次起个头,让他们顺着编故事,有时甚至编上两个小时。他们编的故事常常让我叹为观止,千万不要小看小孩子的想象力,他们可以自己编织出一个童话。

陈小文 是的,要维持孩子对于一本书或者对于一个故事长期的兴趣的话,白老师"编故事"的这个方法是非常好的,我们每一个家庭也可以用起来。比如说有些故事最后的结局可能是比较悲伤的,那么如果孩子不喜欢这个结局,也可以尝试着去编一编、改一改。其实孩子在参与二度创作的时候,他能够收获很多的东西:第一,对文本的理解,改编也不能和文本完全脱节;第二,基本的逻辑思维能力;第三,向周围人大胆表达的能力;最后,再造的想象力。

白瑞 说到阅读,还有一点要提醒大家,尤其是初中以上的孩子不要被读物所误导。对于年龄大一点的孩子,他自己会接触到许多阅读资源,但一些文字很可能给孩子带来不好的阅读体验甚至诱导孩子做出一些不当的行为。

陈小文 我也给所有家长这样一个建议,因为培养孩子的阅读兴趣是从娃娃抓起的,在从娃娃一直到初中这样一个阶段里面,我们尽量让孩子去读我们希望孩子读的书,家长应该每一本都提前读过,这是非常重要的。实事求是地说,现在的出版市场还是鱼龙混杂的,那么哪一些书是比较好的,这个书是否适合我的孩子,家长一定要先把关。因为最了解孩子的不是作家,不是我们,而是你自己,所以自己一定要先去看过这些书。

王轶美　所以说为什么需要儿童文学?一些人会认为儿童文学就是小儿科的东西。儿童文学和成人文学的最大区别在于它是讴歌真善美,摒弃假恶丑的。我们的现实世界有黑暗也有阳光,但是在儿童文学的世界里,它永远是让孩子感到即便是遇到了困难、经历了黑暗,生活也还是有希望、有阳光的。

陈小文　儿童文学当中一个很重要的主题就是成长,有很多儿童文学作品中都带有一种深沉的力量。这些作品能够帮助我们的孩子对于社会、对于自然、对于自己有更真切、更全面的理解。对孩子来说,他们总会脱离家庭、父母的庇护,面对真正的生活,如果没有过渡就让孩子直接面对,对孩子是很危险的,也是很痛苦的。那么最安全的和他们讨论这些挫折的途径是什么呢?那就是阅读书籍。

白瑞　书就是这样,是带领你的孩子社会化的第一步。最后给各位家长推荐一些适合孩子阅读的书籍:《好饿的小蛇》《我想快快长大》《游戏中的科学》《如果你跑得和光一样快》《阿德勒的自卑与超越》《卡尔威特的教育》《夏山学校》《五十六号教室的奇迹》《不要用爱控制我》《每个孩子都需要被看见》《原生家庭》,以及"大师教你做父母"系列。

第七篇　孩子快开学了，家长还焦虑吗？

李爱铭　　教育学博士
上海开放大学人文学院讲师

　　2020 年 4 月，上海各中学的毕业年级学生复学，孩子要开学了，家长却百感交集。家里的"神兽"已经关了太长时间，家长会担忧，孩子的学习怎么办？孩子的生活怎么照料？亲子间的矛盾冲突不断，对于"神兽"还在家中的家庭，很羡慕马上就要开学的家庭，然而对于即将复学的家庭，家长们听到复课的消息欣喜若狂但转而又开始担忧。根据《新民晚报》报道，家有复学娃，家长难免有三怕。哪三怕？第一，怕疫情，这个是头等大事，担心一天到晚戴着口罩，孩子闷坏怎么办？第二，怕落伍，经过这么长时间在家的分散式学习，孩子的学习成绩能不能跟得上呢？能不能跟上我们的中高考节奏呢？第三，怕敷衍，复学以后，很多教育、教学节奏，包括孩子的学习方式，都会产生新的变化，师生关系以及相处模式也会产生新的变化。其实，孩子提前复学的家长心里也会焦虑，可能出于保护孩子的心态，也会羡慕继续待在家里、存在"保险箱"里的孩子。就像钱钟书先生说的，围城里面的人想出来，围城外面的人想进去。想要从根本上缓解家长的自我焦虑，需要我们家庭教育理念、策略、能力上的整体升级。

一、家庭教育理念升级

1. 教育迭代，孩子是学习主体

　　时代在变化，教育在升级。教育 1.0 是原始社会的教育，没有文字，所有的文化和经验都靠口口相传，从父辈传到子辈，从邻居传给邻居，到后来有了结绳记事，这是教育的 1.0 版本。教育 2.0 是农耕社会的教育，不管是古希腊的博雅教育，还是中国的私塾，不可否认的是农耕社会的教育，仅仅还是少部分人，特别是贵族阶级享有的特权。教育 3.0 是工业社会的教育，以欧美为发源地，产生了工业社会的教育形态——班级授课制。一个班三四十个同学,老师拿同一本教材,同一个教案,同一张试卷去培养和筛选我们社会需要的人才,工业社会的教育促进了教育的普及。我们身处的教育 4.0 是在线教育时代,随着信息化时代到来,通过信息技术手段,在数字化环境下催生的一种新的教育形态,在疫情防控"停课不停学"的态势下,我们已经亲身体会和经历了这种教育模式,在线教育具有以下特点。

第一, 打破了学校的时空壁垒,保证了教育公共服务的持续供给。

第二, 海量的信息给学习带来新的契机,同时也带来新的挑战,

第三, 知识传授的方式从原先的以纵向传递为主变成以横向传播为主。

网络面前人人平等。我儿子只有 4 岁,前两天在洗澡的时候,他拿了一个沐浴露的空瓶子,装满了水,然后瓶子沉了下去,水倒空了的时候,瓶子又浮了上来。我说:"为什么灌满了水的瓶子会沉下去呢?"我儿子说是因为重力。重力是初中物理的知识,我儿子还没有学,那他是怎么知道的呢?他是每天晚上听喜马拉雅 app 里的故事中讲到,在太空中由于缺乏重力,人没有办法直立,会漂浮着,他记住了,然后就迁移到这里。这个案例讲给我们爷爷奶奶听的时候,爷爷奶奶说我们还不如一个 3 岁的孩子。我们这一代的孩子已经是信息时代的"原住民",而父母和祖父母都是信息时代的"移民"。以前,知识是纵向传播的,一定要由爷爷奶奶、爸爸妈妈传递给孩子,现在完全改变了,孩子只要能上网问问"度娘",什么事情都知道,这带来的巨大挑战是权威性的丧失,不管是老师还是家长,在教育孩子时,有些人总以教育3.0 时代的思维对孩子说:"我都是为了你好,我吃过的盐比你吃过的饭都多。"这是有经验的老师经常说的话,但是现在这句话对孩子说,孩子还会服气吗?你吃再多的盐,吃再多的饭比不上我手机那一条无形的线,我都可以查到,孩子就会感到不服气。在教育 4.0 时代,师生关系和亲子关系都要从居高临下转换到平等相待,老师和家长要学会"示弱",学会尊重孩子学习的主体地位。

2. 价值重构,关注学习动力

在教育 4.0 时代,伴随着信息技术的发展,很多知识的传授方式都在发生新的变化,现在不断问世的一些可穿戴设备,只要有一个搜索引擎,不

管是专业的还是日常的知识都可以搜索到。随着技术的发展,也有望实现定制服务,可以定制图书馆所有图书的信息,定制从小学一年级到初中三年级所有的数学习题,等等。随着技术的革新,知识不再是问题。我们小时候加减乘除的计算口诀都要死记硬背,记住后再去考试,而现在,上海的中考是允许带计算器进场的,开根号、做平方、做立方只要按计算器就可以了。掌握知识不再是问题,重点是孩子的学习动力。有不少家长反映,最头疼的是孩子不爱学习,一天管三遍还是听不进,这是因为孩子缺乏学习的动力,因此很多家长也开始意识到孩子的学习兴趣和学习动机的重要性。

3. 五育并举,促成全面发展

五育并举,是学校立德树人的一个核心要求,包括核心素养的培养。因疫情待在家的两三个月,亲子冲突很容易爆发出来,孩子不听管教,家长和老师闹矛盾,甚至发生了一些悲剧。悲剧过后,我们都在反思,是培养一个空心的学霸好呢,还是培养一个快乐的学渣好?其实快乐和学习好是可以兼得的,家庭教育的核心是原生家庭亲密关系的培养,不要培养空心人,不要让亲子关系变为仇视,要破解我们的焦虑,不能用教育 3.0 时代的思维去处理教育 4.0 时代的问题。

二、家庭教育策略改进

1. 制定目标

复学在即,中考、高考迫在眉睫,许多家长不免会担心,在线教育和原先的线下学校教育如何对接?具体策略是怎样的?还有一些孩子要继续待在家中,特别是小学低年级段的,这批孩子在家里,家长该如何去掌控?如何做好孩子的辅导?制订目标计划表是一个好方法,这是一种管理自己生活和学习的方式,包括四个内容:目标、时长、策略、任务分解。以我自己为例,我在备考博士的时候,复习时间有五个月,博士的入学考试需要复习的内容有英语六级词汇、二十套真题和四门专业课,把任务分解到五个月里,分解到每周一套题、十页单词,作文每周写一篇,这样五个月至少可以写二十篇。专业课前三个月学完第一遍,第四个月复习第一遍,第五个月复习第二遍,然后再进一步细化到每个周,四本教材总共有四十多个单元,也就是说每周第一轮复习的时候要复习四个单元,这是我的目标计划表。如果你的孩子现在高考或者中考倒计时了,或者非毕业年级的孩子临近期末考试了,还有多少天呢? 高考的数学、语文、英语的知识点各有多少? 如何分解到每周一遍、二遍、三遍的复习? 这样进行一个顶层设计,做到心里有数,心里有数就不会焦虑。

2. 长远着眼

家长的自我成长带领孩子的成长,俗话说"条条大路通罗马",那么我们要走哪条大路去罗马? 每年的四五月份,幼儿园要报名,小升初要摇号,中考、高考很多的提前批探校……其间很多家长会焦虑,怎么样能考一个好一点的学校? 怎么样去选一个适合孩子的志愿? 其实就是在考虑走哪条大路去罗马,现在选择很多,这个决策的焦虑怎么破解呢? 比如有的家长会想,我要买一套学区房,给孩子上一个很好的小学,有的会在同一个区域的两三所好一点的公办学校之间举棋不定,又产生了焦虑。我的师父说,如果站在明天去做今天的决策,就很容易陷入多种因素交错的纠结中,但是"风物长宜放眼量",你如果站在二十年以后反观,你希望孩子成为一个什么样的人,如果你的目标是让他健康快乐,认为童年既不可预支也不可透支,那你就让他上家门口的学校,这样他每天可以多睡半小时。所以说,家长对孩子进行现在的教育生涯规划要从长远着眼,去判断哪些东西最有价值。知识的重要性在下降,孩子的情感、态度、价值观和学习过程中是否快乐,成为我们新的追求。

3. 扬长发展

著名的心理学家加德纳,提出了多元智能理论。大家都知道十个手指头不一样长,每个人擅长的领域也不一样。比如说,我可以站在这里给大家上课,但是我在家里没有办法教我儿子画画,我画得很难看,绘画方面缺少天分。有的孩子可能学习成绩很一般,但是动手能力非常强。比如,我一个学生的儿子说:"李老师,我高考要报志愿,我报哪个学校好呢?"我说:"那你告诉我,现在语、数、外、史、地、生、音、体、美、劳,哪个比较喜欢?"他说他劳动技术课总是在班上得第一名。我建议他去报考闵行区的民航职业高专,去学大飞机制造和修理,同样也能成为很好的人才。

三、家庭教育能力提升锦囊

1. 五项全能，身份晋级

面对焦虑，家长需要五项全能。第一要做规划师，居家学习空间的缔造者。例如有两个孩子，怎么样让哥哥或姐姐有一个安静的学习环境，不受弟弟或妹妹干扰，这是居家学习环境的缔造者。第二要做班主任，孩子正式学习过程中要适当地监控。第三要当辅导员，为孩子的个别化疑问提供支持。第四是做信息员，很多家长没有意识到在这个信息化时代，如何帮孩子拓展学习，如何筛选把关学习资源，包括自己在朋友圈里、群里看到别人家的孩子如何如何优秀，把自己孩子比下去，这种信息公开的压力是新时代的新挑战。最后还要做厨师长，孩子一日三餐要在家里吃。特别是北上广这样的大城市，家长们会担忧吃饭怎么办？那在家的孩子家长要继续犯愁，接受"今天晚上吃啥"的灵魂拷问。

2. 共同成长，能力升级

家长除了做父母还要身兼数职，还要和孩子共同成长、能力升级。有一个雷达图叫"家长角色指数蜘蛛网"，有这样几个维度，每一个家长同时又是职场人士，有的是做会计的，有的是做律师的，有的要出差，有的要加班，管孩子的精力有限。角色晋升也带来了对家长能力的挑战，在这个过程中，存在一些问题。第一是缺位，很多家庭不写作业的时候母慈子孝，一写作业鸡飞狗跳。其实，我们对孩子品行的关注和亲子关系的缔造到位了吗？第二是越位，例如给孩子报各种各样的辅导班，尽管现在线下不准开展，很多辅导班还是会继续线上进行（注：该讲座举办时，针对学科类培训班的限制政策尚未出台），孩子一天到晚依然被填塞得太满，容易产生逆反心理。很多家长说孩子对学习没有兴趣，不妨反问一句，是不是他的任务太多了？超出了他的承受范围呢？第三是错位，学校尽心组织劳动教育、感恩教育，孩子在学校里打中国结，扫地做值日很卖力。但是回到家，两手一摊，就衣来伸手、饭来张口。爸爸妈妈说："你只要好好学习就行，其他的都不用做。"家长任劳任怨、兢兢业业地成为孩子的 24 小时保姆，反过来又说孩子的劳动技能太差，这其实就是错位了。这时候建议父母要消除在家庭教育里面的很多焦虑，要有所为有所不为，有所不为，第一不揠苗助长，第二不越俎代庖，第三不过度控制。父母不再是知识和技能的绝对权威，要给孩子自主发展的权利和能力，很多东西该让孩子自己做的，该给孩子自主的，就让孩子自主规划和设计，为孩子提供对自己负责任的机会并培养相应的能力，不要提前给孩子补很多课，这么做很多时候其实是事倍功半的。

3. 战胜焦虑，资质升级

家长对教育的重视一代胜过一代，如北欧有父母上岗资格证，如果我们想通过自己的专业修炼和学习取得"父母资格证"的话，就要请大家先测试一下自己的焦虑程度。轻度的焦虑，家长会觉得吃力，每个家长都要一专多能，现实的精力和能力的局限会让你焦头烂额，觉得吃力。中度的焦虑是角力，例如孩子填报志愿，在学哪些课程，去哪里玩，这些过程是拉锯战，你需要和孩子"斗智斗勇"，这个时候角力会让你产生中度焦虑。当然还有重度的焦虑，生无可恋，很多家长慨叹，觉得无力，对孩子包括对自己的期望和要求比较高。这些家长时常在想对孩子是不是不够好："我没有小明妈妈那么能干，那么细心，我给他报的课外补习班没有小红妈妈报的那么高端。"这种比较过程中，觉得自己能力有所不及，或者是教育孩子的策略不清、路径不明的时候，会有一种无能为力感。解决焦虑可以通过以下方式。第一，通过专业的、持续的、在线的终身学习。有很多公共的教育服务，公益的服务平台，比如上海家长学校、家庭教育高峰讲坛、家长慕课，等等。有很多的在线平台为了舒缓家长焦虑，会邀请很多专家提供很多专业的课程服务。第二，系统性的学习，很多家长提到，听外面那种家庭教育辅导课的时候心潮澎湃，很热血，感觉接受了灵魂的洗礼。但是到实践中，不是那么回事，孩子没有改观，家长就变得灰心丧气。第三，学会学习效能曲线，学习效能曲线是一个试错、偶然成功、刻意练习、巩固成功的过程。学习情境的保持有一个"高效期—低沉期—高效期"的过程。孩子如果步入了低沉期，家长不要焦躁，给他一个缓冲期，在突破了这个瓶颈期之后，再进一步提高学习水平。第四，线上学习与线下学习相融合，家长们在一些线上课程进行学习之后可以找相应的书籍或进行一定的线下学习。家长可以利用闲暇时间通过线上或线下的持续性学习，提升自己的资历，从而战胜焦虑，与孩子共同成长。

第八篇　劳动教育,从家庭开始

付丽旻
（主持人）
上海市甘泉外国语中学教师,德育特级、德育正高级教师
上海市十佳班主任
上海市双名工程攻关计划德育基地主持人

计　琳
《上海教育》杂志编辑部主任、副编审
上海市教委官方微信公众号"教师博雅"执行主编

眭定忠
华东师范大学第四附属中学校长
上海市第四期"名校长"后备对象

计琳 中华民族素以勤劳美德著称,我们常说"天将降大任于斯人也,必先苦其心志,劳其筋骨","劳动最光荣"更是作为共识深深融于中华民族的血脉中。2020年全国教育大会明确提出"培养德智体美劳全面发展的社会主义建设者和接班人",劳动教育被纳入党的教育方针。2021年3月劳动教育有了"硬指标",中共中央国务院印发了文件,把劳动教育纳入人才培养的全过程。新时代劳动教育被赋予了新的内涵,家庭作为孩子的第一所学校,又在劳动教育当中发挥着什么样重要又不可替代的作用呢?眭校长,您怎么看?

眭定忠 一方面,劳动教育是学生成长和未来获得幸福生活所需要的。科学研究证明,从小爱劳动的孩子动手实践能力更强,责任心更强,未来走上职场获得的机会也会更多;另一方面,劳动教育也是学校综合劳动教育素质评价的重要内容。上海市新的中考方案明确把劳动教育作为四个重要内容之一,学生参与劳动实践的过程要记录到综合素质评价平台和学生的电子平台上,作为未来毕业的一个必要条件,同时,劳动教育也是高中阶段升学的参考之一。

计琳 劳动教育在人的全面发展中所发挥的独特作用已经越来越凸显了。很多研究表明爱劳动的孩子未来可能会更优秀。日本的研究者在调查儿童时期做家务的经历和职业意识关系时发现,儿童时期做家务越多,职业意识越强。那些越乐于参与家庭劳动的孩子,长大后更愿意从事对社会和他人有贡献的职业。劳动教育到底在家庭中能发挥哪些重要的作用呢?付老师从事德育工作很多年了,我们来听听她的分享。

付丽旻 我自己在教育教学第一线工作了30年,大量实践案例告诉我们那些生活技能比较强的孩子,学习、规划、自我管理、时间管理甚至认知能力都不同程度地高于一般孩子。因此很多时候,我们把一个最重要的生活课堂忽视了，真的是小家务蕴含了孩子成长的大学问。我给大家讲一个小故事，这是我一个朋友自己亲身体会的。她孩子小学一年级入学时，她发现孩子很要强，但是前半年家里人感觉每天日子都不好过，孩子从吃早餐、整理书包到上学存在太多问题了，她妈妈说一个头两个大，每天都是相爱相杀。我问她之前没有做好准备吗？她妈妈说可能从小外公外婆比较宠，他们的要求就是不生病，孩子鞋带都不会系。当没有在生活中做好准备时，问题就都出来了。后来寒假她问我有没有什么培训班？我说最好的培训班就在家里。她就开始为期1个月的家庭训练计划，首先让孩子知道外公外婆年纪大了，身体没有原来好了，要帮助妈妈做一些家务活，妈妈上班了要帮外公外婆买早点，等等。小朋友说："好，我可以帮忙买早饭，而且我可以照顾外公外婆吃药、量血压，帮忙洗碗、收拾桌子。"过了二十几天，他们发现效果和原来想象的生活技能提高完全不一样。他从自己的事情都做不好，到去关心别人，基本的认知能力、生活规划能力、审美能力，都可以通过日常生活潜移默化地形成，这是水到渠成的过程。另一方面，小朋友会发现原来可口的饭菜、干净的衣服、整洁的环境不是那么容易获得的，他可以做到换位思考，而且能够体谅父母。在一个孩子参与家务劳动的过程中，学会了心疼别人，学会了体谅别人，慢慢从自立自主到自信自强。这种劳动教育对孩子来说，就是在给一生的幸福奠基，在为未来的人生储值，这是不可替代的。

计琳　付老师讲的内容非常重要，家长千万不要忽略了劳动能力、劳动精神是我们可以给予孩子面向未来的一个重要的财富。就像这次面临的席卷全球的疫情一样，可以从另一个侧面看到今天劳动凸显的特殊价值。面对突如其来的危机，劳动就是最重要的立身之本。无论是雷神山、火神山医院的建造，还是新冠肺炎预防和医治的整个过程，这种创新性、创造性的劳动本身就是我们可以应对未知世界挑战的一剂最好的疫苗。我们还可以从很多媒体上看到抗疫英雄们，他们展现的不畏艰难、无私奉献的劳动精神，都是面对未来、面对挑战的一个重要力量。我们常说劳动教育在德智体美劳五育中扮演非常重要的角色，既是五育的基础，也是五育非常重要的土壤。对于家长来说，越舍得"用"孩子，他在未来会越有担当，而且就越能面对未知社会的一切。但是我们常常又会讲其实劳动并不完全等同于劳动教育，在家庭生活中怎么赋予劳动以教育的意义，其实是一门艺术。请问两位专家,家庭生活中有哪些要规避的一些劳动教育的误区,还有哪些问题值得我们重视?

眭定忠 我分享一下在幼小衔接过程中的两个案例。一个是在幼小衔接过程中,我在操场上看到一个小男孩,他的鞋带松了,我提醒他:小朋友你把鞋带系系好,两位嘉宾猜猜他的第一反应是什么?他第一反应是把他的脚往前伸了一步,等别人帮他。在他的生活中一旦鞋带松了,一定是他的长辈帮他系的,在学校他不知道你是校长,有一个长辈在,他就把脚往前一伸,"你帮我系吧"。第二个案例也是幼小衔接过程中,我们请了一些家长来开座谈会,告知家长我们非常重视学生的习惯养成,希望从一年级开始让孩子们自己做自己教室的卫生保洁。当时家长都支持,过了一段时间之后,一年级教室门口一位外婆说:"能不能不要让孩子打扫卫生,让保洁阿姨做就好了,孩子做不好的,他把书读好就行了。"这两个小案例反映出劳动教育中家长的误区。一是观念的问题,他认为孩子到学校只要把书读好就行了,他不知道我们还有很多需要培养的,他的习惯养成教育、劳动的价值观等都是需要学校在教育过程中进行培养的。还有案例中也反映出祖辈和父辈之间对待劳动教育的不一致。座谈会中有妈妈说很支持学校劳动教育,外婆却回了我一句,孩子妈妈在家里也什么事都不做的。这反映出两代人之间有代沟,他们对待劳动教育的看法不一致。还有可能家长缺乏科学、有效的劳动教育指导方法,可能认为劳动就是劳动教育,事实上不是这样的。劳动教育是一个大概念,有劳动的意识培养、价值观的培养,当然也有技能的习得,是全方位的一种教育。这是家长经常存在的误区。

付丽旻 我自己的感受也是,不能把劳动等同于劳动教育,认为劳动就是生活技能的习得,而忽视了实际上家庭里这种很融洽的亲子之间的互动,和家人之间的合作,这种生活化的场景太难得、太珍贵了,孩子会建立归属感、安全感、责任感。如果谈到误区,还有一个很大的误区。经常有些家长和孩子讲:"你好好读书就好了。"这把学习窄化了,这样一个大平台就被忽视掉了。有时候家长还会说"你不好好读书以后只能从事体力劳动",等等,这样有一个最重要的后果是孩子体会不到劳动的价值,体会不到劳动的快乐,这可能都是家庭劳动教育中要规避的点。孩子在很轻松愉悦地和家人互动的情境中,他的情感会变化,动手能力会提高,一些素养会形成,这时候劳动价值是被最大化的。如果想改变这件事，真要观念上有改变，尤其是祖辈们觉得这是吃苦，自己多吃一点苦孩子就少吃一点。这个观念要改变，不要剥夺孩子的成长空间和向上发展的平台，也许劳动教育可能会给孩子带来更多更好的东西。

计琳 有时候家长会用一些金钱的奖励去鼓励孩子劳动。其实我们不太赞成这样的做法，这会让孩子感觉他的付出一定是要有回报的，万一有一天你不给了，他会觉得不满足。这个过程恰恰会让他忽略了我们请他劳动背后真正想培养的一种对于家庭的责任感。其实家长要激励孩子热爱劳动，可以有很多方法。可以悉心观察他在劳动过程中的表现，给他一些贴心的鼓励。有时候可以为他设置一些小挑战，叠一条被子也好，做一份面食也好，每次都可以给他一些不一样的新鲜刺激。可以有一些不一样的要求，在这个过程中既激发了他的兴趣，又可以把很多教育的元素融入其中。付老师讲的有一点非常重要，建议家长和孩子一起劳动，因为言传身教很重要。我不太主张我们强迫孩子劳动，我们可以换一个方式邀请孩子参与。特别是年龄越小的孩子，越会有被需要的感觉。他会觉得自己是有价值的，他会觉得和家人在一起完成一项事情的过程是很有乐趣的。这不仅是一种亲子沟通，也有助于同理心的培养。为什么说家庭教育是劳动教育的一个基础？就是要把它日常化。因为劳动教育渗透在家庭生活的方方面面，越是这种润物细无声的教育，越可能更好地培养他的劳动意识、劳动习惯、劳动能力。我也想问问两位专家，可不可以给家长们一些建议，我们在家庭生活中到底有哪些很好的方法可以让孩子们热爱劳动，并且有所收获呢？

付丽旻 法无定法，大家不要拘泥于我到底要怎么样。家庭教育、劳动教育的教育过程要遵循孩子的身心发展规律。比如幼升小阶段，先从最初劳动意识的启蒙，到一个劳动习惯的养成，再到体会劳动的价值。并且由于孩子和家人在合作之后情感会发生变化，还有在这种坚持中感受到劳动其实是一种荣誉，有成就感，就会更自信。这样一些家庭劳动教育的形式都可以采取，有时候可能还物超所值。在加长版的寒假当中，有一个学生家长向我咨询，她说孩子天天在家里，每天那么长时间用手机，很担心，和孩子讲，但她这个年龄又很容易激动，抱怨妈妈天天讲道理。妈妈忧心忡忡地问我："关在家里的时候，我们两个人能不能不相爱相杀，找到和平共处的方式？"

我问她："你女儿有没有什么亮点爱好?"她说："我女儿是吃货,特别爱吃,吃的时候还挺注重仪式感。"那我就说："那就可以在家里做些关于吃这件事的活动。"于是白天母女俩在家开展"母女闺密下午茶"活动,每天和女儿一起做点心,女儿学会了手磨咖啡、调制各种饮料等,慢慢在合作过程中,女儿发现原来和妈妈也可以有共同语言,妈妈也可以像朋友一样。后来女儿悄悄和妈妈说:"我拿手机不只是玩游戏,有时候我也需要伙伴。"做智慧父母,创设一些合理的理由,把家庭生活中一些日常化的东西融入教育中。父母向子女寻求帮助时会让孩子感觉到荣誉感和责任感,明白自己稚嫩的肩膀也可以帮父母承担点什么。这时候可以采取多种形式创设条件,让孩子从最初的服务自我,到惠及家人,并且在这个过程中考虑借助同伴影响力。最初让孩子去尝试,不要担心他没有做好,比如前面说的母女下午茶,女儿第一次烤饼干有点焦了,她很不开心,妈妈就可以对她说:"妈妈现在做得很漂亮,但这是浪费了很多面粉和黄油之后的成果,你比妈妈第一次做得好多了。"这是一种鼓励,一个积极的心理暗示,让孩子在这个过程中逐步体会到了"我能行""我可以"。像第一个案例中的小朋友,最后不仅参与家务还学会了关心人。有一天她妈妈很正经地对我说:"你知道我女儿今天早上对我们说什么吗? 她对爸爸说开车的时候不要着急,不要路怒,看到前面有车子慢一点,安全第一。对妈妈说走路的时候不要玩手机,不安全,而且总看手机对眼睛不好。外公外婆下楼散步的时候多穿点,外面冷。"她妈妈说这哪像一个七八岁的小朋友,她像一个操心的老祖母一样,她学会牵挂亲人、心疼亲人了,而且她在生活中具有主动性了。这就是无形大于有形,可能是当我们真的把生活中的一些东西激活的时候,父母和孩子共同去创造的时候,也许劳动就会焕发更多教育的意味,就更有温度、有情感。

眭定忠 我也非常赞同,有很多劳动教育都需要家长参与。在我们学校其实也有这样的一些案例,比如我们说家长要去关注孩子的兴趣。有些孩子可能不喜欢简单地在家里完成一些家务活,家庭劳动教育不只是在家庭中,不只是家务劳动,还可以走出家庭,融入社区,比如公益劳动、职业体验,可以结合孩子的兴趣选择孩子喜欢的活动。经过职业体验之后,孩子们的变化会很大。他知道任何行业都要细心、耐心,不能有任何纰漏,否则整个劳动链到这里就断了,他就能够有责任感,会更精益求精。家长可以通过这样创新的方式，不单单是家中做家务劳动，可以有广阔的空间，在这个时代，职业细分非常明确，每个家长都可以根据孩子的兴趣，根据你的能力试着和学校一起合作进行家庭劳动教育。

计琳　家庭是一个重要的教育场所，只有家庭、学校、社会联手，形成合力，才真正能为学生幸福一生奠基。有什么好的方法促进这种合力的形成？

眭定忠　劳动教育应该是学校占主导。为什么说劳动要从家庭开始？因为家庭是基础，社会要协调，只有家校社联动，才可以更好地把劳动教育落到实处。比如通过家政技能体验课程，从一到九年级分学段分任务展开。低年级同学从生活自理开始，养成好习惯，比如学会理书包、叠被子，到三年级开始能烧饭、会淘米，到初中就可以做更多家务活，帮助父母打扫，高年级可以做挑战任务，给他 100 元让他到菜市场买菜，让他完成一份菜单，做主厨完成一荤一素一汤，这个过程孩子会得到很多体验，在过程中需要家长和老师一起参与，因为整个过程分了三个环节：第一个环节家长示范，起初孩子不能独立完成，通过家长示范、孩子观摩，设计一张表让孩子记哪些环节要注意；第二个环节是孩子独立实践，独立实践之后烧好了菜，家长来品尝，给他一个评价，尽量要多一些鼓励，让孩子更好地进行实践；第三个环节要家校合作，老师要参与，班主任老师和家长要一起完成对孩子的综合评价，把这个评价作为劳动教育的组成部分之一，记录到他的成长册中。这一个小小的案例，就可以看出它是需要家庭、学校共同合力才能够做得更好的，这是我们学校的一个案例。

计琳　我们常说"一屋不扫，何以扫天下"，今天我们看到飞速发展的社会对人的全面发展提出了更高的要求，劳动教育其实不仅是学生成长的必修课，也是学生人生的必修课，新时代的中国梦是靠未来一代用双手去拼搏创造的。

眭定忠　我分享一个案例，我认识一位特级教师，他的孩子从小到大有很强烈的优越感。家庭劳动教育是需要家长用心设计的，不是简单地让孩子做这件事，做那件事，劳动要和教育结合在一起，才能达到最终劳动教育的目的。他发现孩子责任心不强，共情能力不强，当时就找到一位劳模，让孩子跟着去一起参与保洁，环卫工作做了几天，体验一下看辛苦不辛苦，让他有同理心。结果孩子体验下来之后还是有很大变化的，一方面他能够感受到各种劳动的不容易,另外今后对待这样的普通劳动工人的时候态度不一样了,同时他有了更多社会责任意识。可能"85后"家长也需要去思考家庭开展劳动教育不只是让他在家里洗个碗,可以洗碗,也可以带着孩子参与公益劳动和社会实践,这样的方式可能更受孩子的欢迎,也会更好地让孩子和社会接轨,让他感受到社会的温度,对于孩子的成长会更有帮助。这可能是劳动教育的真正价值所在,所以党中央也强调劳动教育要纳入人才培养的全过程,就是这个道理。

计琳 归根究底,我们到底要培养什么样的人?就像习近平总书记所说的,人世间的美好梦想只有通过诚实劳动才可以实现,发展中的各种难题也只有通过诚实劳动才能够破解。

家长 现在爷爷奶奶对于孩子劳动的观念和父母年轻一辈的观念不一致,父母已经理解劳动教育对孩子成长的重要性,但是爷爷奶奶并不是很认同,还是一手包办,觉得孩子认真学习就好,这些家务老人来干就好。作为年轻一辈的爸爸妈妈,应该怎么和爷爷奶奶们沟通,达成这样的共识呢?

付丽旻 这就说到隔代教育的问题了。首先我们需要划定一个边界,教育孩子的责任到底是谁的?亲子教育中父母是首要的责任者,另外也需要和隔代的祖辈有一个很智慧的沟通方式。之所以祖父母会这样做,首先是心疼,情感和爱能不能传递?如果能传递的话,就能形成一个良性的循环。在父母这一辈去说服长辈的时候,我们需要给家庭教育做一个定位,家庭教育究竟要怎么样?很多长辈说这些苦不要让孩子吃,孩子只要好好读书、不生病就可以了,其他事情都有人替孩子做,其实他把孩子的成长窄化了,边界被压缩了。家庭教育包括品行塑造,包括习惯养成,是让他未来的世界更广阔,能够有能力去面对生活中更多的不确定性。当环境出现不确定性时,当生活被按下暂停键时,大家会发现其实你自身拥有的东西才是你学习生活品质很重要的一个影响因素。但是在隔代之间沟通这个问题时,应该是一种智慧的沟通方式,不然两代人关于教育上的矛盾一旦显现出来的话,对孩子潜移默化的影响肯定是不好的。划定亲子教育的边界,主要责任者是父母。祖辈、父辈还有学校,千万不要让孩子感觉是大人们合起伙来教育小朋友,而是大手牵小手,大家一起来面对问题,有困难的时候不是今天我让你做什么,我去惩罚你,而是我们一起来解决这个问题,并且不是说大人说什么小朋友就听什么。进入数字时代、人工智能时代，孩子们完全可以有一种文化的反哺，如果我们的长辈能够接受这样的观念，和孩子是在一种平等的平台上进行沟通和教育，这个家庭劳动教育可能就会更多地发挥出它积极的作用来。

计琳　我非常赞同付老师的讲法，而且我觉得这个问题恰恰从另外一个侧面反映了今天家庭在劳动教育中的重要性。首先是要树立劳动教育新的观念，家庭真是劳动教育的基础。这个过程中隔代教育的问题，不仅仅在劳动教育上，教育的很多方面都会有冲突。我自己的经验是，其实父母要起到很好的桥梁作用，这中间需要智慧也需要方法。归根结底，我们到底要培养什么样的孩子，要把未来的世界，我们的国家、我们的家庭交给什么样的孩子？不管每个老人有多溺爱这个孩子，或者还有其他各方面的想法，但是他不会拒绝一个能干、懂事、有责任感、有担当、孝顺的孩子，每个人都愿意看着自己的孩子朝这样的方向发展。再一次证明家庭教育在劳动教育中发挥着一个非常重要的作用。

眭定忠　关于这个问题还可以这样分析，比如为什么我们一直在强调家庭劳动教育一定要有设计，它不单单是劳动，它是劳动教育。"85 后"家长提的问题，可以这样给他建议。比如我们有很好的方法，如果把祖辈和孩子一起设计到某一个家庭劳动教育活动中去，让祖辈看到通过这样的家庭劳动活动孩子明显有变化，他会感受到一种存在感。为什么祖辈要做这件事情，因为他太爱他的孙辈了，就怕长不好、学不好、发展不好，所以就希望多给孩子做一点。如果要改变这一点，我们一定要分析他为什么要这样做，我们就需要设计了，让他感受到不是就到学校把学习学好就可以了，家里所有的活都不用做了，不是这样的。孩子还有更多需要做的事情、需要学的东西，你会发现孩子其实能做得很好。他能够教奶奶，教外公外婆很多我做不到的事情，能够让这个艺术品更加完美，我们当时也很感动，平时家长总是在说不谈作业，不谈学习，母慈子孝，一旦涉及学习家里就要鸡飞狗跳。但是这次疫情期间，也是疫情给家庭教育带来新的变化，当祖辈、父辈和孩子都在一起的时候，共同去做一个家庭教育的活动，开展一项亲子活动。既是家庭劳动教育也是一项亲子活动，作用可能远远超过原先预设的家庭劳动教育的范畴了。外公外婆也好，爷爷奶奶也好，明显感受到在这个家中他的作用,他的被需要,他的存在感。同时对于孩子来说,能够更好接受祖辈和父辈为他开展的活动,而不是排斥。同样最中间的往往是父辈,一边对孩子,一边对长辈,要掌握好平衡。通过这样的活动设计,可以比较好地把祖辈和孩子融入进去,积极性调动起来,这样可能更好地化解他所面对的矛盾或者问题。所以家庭劳动教育不能是派一个活给他做,而是需要设计,需要分析各自的需求,孩子成长的需求,老人的被需求,都需要去思考。只有这样才能化解矛盾,不能简单说"你别管,我来管",这是不对的。

付丽旻 实际上这也意味着家庭劳动教育也需要父母的一种智慧,还需要长期的坚持。并且在这个过程中,还是需要有一些规划的,并且对于孩子有一些了解,能够激活孩子的亮点。没有人能拒绝一个各个方面都很出色的孩子,如果我们在不断引领孩子的过程中,每个人都看到孩子这样成长的成果,我相信祖辈也会有一个转变,而这个转变对于一个家庭来说一定是一件很幸福的事情,是一个福音。

眭定忠 我还是想对"85后"家长说一句,首先要学习,多学一些技能,才能更好地做这件事情,把祖辈和孩子融在一起。

计琳 家庭是孩子的第一所学校,父母是孩子的第一任老师。希望我们携起手来共同努力,为孩子的健康幸福成长和终身发展奠基。

第九篇　母爱如水，温柔而坚定

梦晓（主持人）	上海家长学校特邀国家二级心理咨询师 上海SMG东方广播中心节目监制
蒯珊珊	亲子活动推广策划人、上海市优秀志愿者
许芸琳	家庭教育工作者

梦晓 每个人都有妈妈,其中一部分人在成年以后也会成为母亲。妈妈是社会中非常重要的一个群体,每一位承担妈妈角色的女性都很爱自己的孩子,这就是母爱。每一位妈妈都有无限的能量,正如老话所言,女子本弱,为母则刚。这并不是说我们有多么厉害,比如原来能够扛起 50 斤的麻袋,当妈以后可以扛起 150 斤;而是说成为了母亲以后,身上的责任更加重大。当然,除责任外,成为母亲还意味着选择。人生有三个重大的选择阶段:第一个重大选择阶段是成人,但是我们无法预料和选择谁做我们的爸爸妈妈,也就是说,我们没有办法选择原生家庭;第二个重大选择阶段是成家,我们和遇到的生命中重要的人结婚成立家庭,从原有家庭中脱离出来,成为一个新的家庭的主人;第三个重大选择阶段是为人父母,这个阶段富有责任感,因为有个小小的生命经由我们来到了这个世界,要和我们一起共同度过人生中很长的一段光阴。今天我们主要探讨的是第三个重大选择阶段中妈妈这一角色,聊一聊孩子喜欢什么样的母爱。所以今天的题目是:母爱如水,温柔而坚定!接下来,先请珊珊谈一谈关于这个题目的第一感受。

蒯珊珊 特别美,眼前浮现出很多很美的画面。如果可以打个比喻的话,我觉得每个家庭都是一幅幅不同的山水画,父亲是山,孩子是茁壮成长的树苗,母亲似水,是在山石和树木之间不断流淌的暖流,随着四季的变换可以更换方向,是有味道、有颜色、触手可及的。在家庭中,母亲的角色是能够让这个画面变得更灵动、更唯美的元素。

梦晓 珊珊描述得特别有画面感。确实,晨曦微朦时候的那幅家庭山水画,到了黄昏苍茫时刻又会变成另一幅场景。但是除了美以外,这里也会山洪暴发,或者突然干旱。换句话说,在不同的“季节”,我们会面临不同的考验。那关于这个题目,菡琳有什么第一感受呢?

许菡琳 我从小到大的成长其实都沉浸在一个女性更强的氛围中。比如，小时候班级里成绩最好的是女生，长大后靠自己创业，妈妈群里讨论最多的也是"女子本弱，为母则刚"等。正如梦晓老师所言，我们好像时刻穿着盔甲，将自己包装成"100分妈妈"，可当听到"水"这一比喻的时候，又突然觉得其实自己也可以柔下来。这是我最本能的一种感受。

梦晓 菡琳的话让我想起水的本质。冰是由水构成的，雪是由水构成的，云也是由水构成的。也就是说，即使我们作为一个个独立的个体，但我们的皮囊也充满着"水"的一面。如水般的感觉才是我们内心期冀的，也是孩子们能够感受到的。但有时候，我们觉得自己如水，温柔得一塌糊涂，而孩子却觉得我们就像一把把刀子插在他们身上。那母爱怎样才能如水呢？今天，我们主要从实操的角度来谈一谈"母爱如水"。

蒯珊珊 妈妈在陪伴孩子成长的过程中，也会不断地发生变化。在我的孩子还小的时候，我对孩子更多地是一种保护与呵护，怕她磕了、碰了，受到身心的伤害。孩子大了以后，我对于呵护的概念又有了新的诠释，我会去观察她的心理建设与情绪，更多地我会去帮助她完成梦想。今天我应我女儿的要求，带"货"直播。

梦晓 你还带货？

蒯珊珊 看出来了吗？

梦晓 我觉得你今天美美的，妆容和衣服很搭。

蒯珊珊 我今天带的"货"就是我的妆容，美吗？

梦晓 美。

蒯珊珊 我女儿今天给我画了个小小的妆。菡琳可能有同感，小女孩与生俱来就爱美，长大以后美甲、美容、各种化妆都是她的梦想。其实，之前我也反对，但听了几堂亲子教育的课程以后，我觉得其实孩子的梦想应该成全，所以我今天非常愿意把她的梦想带到现场，于是就让她给我化了一个妆。在来之前，我女儿对我说："你今天不是去探讨母爱和亲子的话题吗？那我把我和你之间最美好的亲子关系展现在你的脸上。"

梦晓 这非常有意思。珊珊的女儿和我的孩子差不多是同龄的，但是男生和女生完全不同，尤其是母女之间的这种贴合度。在这，我非常开心地看到了珊珊自己在孩子成长过程中的变化。我对珊珊了解比较多一点，珊珊从小就是"别人家的孩子"，学习成绩非常好，长得漂亮，长大后还很优秀，所以她在不知不觉中就成为了一个对孩子高标准、严要求的妈妈。她对女儿是那种"你应该考好,因为你妈原来考得就很好,你应该在这个地方很优秀,因为你妈原来就很优秀"的态度。

蒯珊珊 潜意识里会有。

梦晓 但是我今天看到了一个完全不一样的你,你可以允许女儿如此"不务正业",允许女儿给你折腾,我要为你点赞。

蒯珊珊 谢谢,我觉得这是青春期孩子妈妈必修的课程——助力孩子完成自己的梦想。

梦晓 或者我们可以这样说,母爱如水,"如水"有时候意味着尊重孩子、信任孩子。你觉得女儿在你转变之后有发生变化吗?

蒯珊珊 有变化,比如刚才直播之前她说的这句话,就让我觉得特别感动。之前和菡琳谈论孩子的成长过程时,我感觉到小朋友在小时候总是有很多不尽如人意的地方,比如我女儿刚入幼儿园的时候,我对她非常不满意。为什么呢? 因为她说她特别羡慕身边同学的家长是全职妈妈或自由职业。

梦晓 因为有更多的时间陪伴她。

蒯珊珊 对,其实我心里有一丝愧疚,但是因为很多原因我没有办法做到,所以就努力做好自己。我也希望在做好自己的过程中能够用我的品质去引领她。但是,其实一直都只是停留在"我觉得""我希望"的层面上,孩子没有任何回应。惊喜的是,前段时间我女儿给我打了个电话,告诉我她特别崇拜我,希望长大以后也能像我一样,然后匆匆把电话挂了。其实到今天为止我还是不知道她当时为什么说这句话,但是我觉得已经不重要了,重要的是在这个过程中我们有了角色的互换,她开始阅读我并且读懂我,给了我继续前行的动力。

梦晓 从珊珊这段话中我能够感受到,有时候做爸爸妈妈不要着急,可能你希望小朋友呈现的样子,需要十年、十二年甚至二十年的跋涉才能来到你的面前。

蒯珊珊 没错。

梦晓 我知道菡琳的宝宝比较小。

许菡琳 是,马上 4 岁。

梦晓 作为一名情商老师，你是如何理解我们所说的"母爱如水"的？在小朋友小的时候，"水"怎么样才能浸润宝宝又不淹死他？具体的操作是怎样的？有没有可以和我们分享的？

许菡琳 母爱如水对应父爱如山，这意味着母爱和父爱在家庭中的作用是不一样的，给孩子的感觉也不一样。大家刷微信时可能会看到一些特别流行的说法，比如丧偶式育儿，我想说有时候这其实可能是一些误解。很多时候，妈妈觉得自己操碎了心，爸爸什么都不管，希望爸爸能像自己一样去对待孩子，可是事与愿违。爸爸和妈妈其实是非常不同的，爸爸是解决问题的能手，一出马孩子的所有问题都能解决，但是他可能对孩子没有那么多温柔的情绪和情感的回应。而对于妈妈来讲，这是一个天然优势，妈妈能够非常敏锐地觉察到孩子的情绪和情感变化，能高效地回应孩子。比如，在宝宝小的时候带他出去玩，他可能会说妈妈我害羞，妈妈就会很敏锐地说："宝宝，害羞是很正常的，妈妈会在你的身边。"这是对孩子的情感回应。但是，大部分父亲在遇到这种场景时，可能都会说："有什么可害羞的？大方一点，上！"所以，我觉得在孩子小的时候，母亲的一个非常大的作用就是对孩子作出情绪和情感的回应，但是对于爸爸来讲这其实很难做到。如果一个爸爸说："宝宝你哭吧，哭是很正常的。"这并不符合中国人基本的表达方式，特别是男孩子，我们觉得男孩子是不能哭的。而且爸爸也不太会对孩子说"爸爸爱你"，但是妈妈却可以在这个过程中充当孩子和爸爸之间情感的一个纽带。比如，妈妈可以告诉孩子："爸爸让你骑在他的身上，这就是爸爸爱你的方式，爸爸给你买这个东西是因为他爱你。"妈妈在家庭中的这种情感纽带的作用，我觉得是妈妈"如水"的表现。

梦晓 男性和女性的表达方式不一样，男性可能相对不屑于用语言表达，觉得自己做就好了。我们常常会听到成年人之间的抱怨，女人抱怨男人："既然这么爱我为什么不说呢？"男人会很骄傲地说："说有什么用？你看我做不就好了！"事实上，从心理角度来说，不同性别的背后其实承载着很多过往，凝结着历史文化问题。刚才菡菡说到特别重要的一个点，就是妈妈可以调节爸爸和孩子之间的关系，可以变成黏着力，为孩子解读爸爸很多看似高傲的、粗暴的温柔处。这让我想到这个世界既是公平的也是不公平的。公平的是我们现在提倡男女平等，女生有了工作和创造自己事业的权利。

不公平的是,比如在育儿问题上,学校里小朋友出现问题了,除非特别标注,老师联系的基本都是妈妈。同时在工作岗位上,领导不会因为你是女性就多发一份工资,也不会因为你是女性就降低标准。所以其实对于现代女性来说,承载的至少是双份的压力和责任。那这时候,如果要求女性在白天像女汉子一样打拼,晚上回到家后又马上转换一个样子,对孩子柔情似水,帮忙解读"熊爸爸们"的那些行为,我觉得这个标准特别高。那有没有具体的做法或者小技巧能够帮助妈妈达到事半功倍的效果呢?

许菡琳 其实技巧很简单,就一个字"夸",也就是心理学上讲到的正向强化,即通过一些积极的行为和语言强化行为。在家庭中,为什么爸爸会缺位?因为他觉得在家庭中他可有可无,比如洗个碗会被抱怨洗得不好,做一顿饭会被抱怨难吃,所以爸爸们渐渐失去了动力,因为他感觉自己做的事情没有价值。所以"夸"就显得特别重要,比如我们可以说:"老公,这个饭特别好吃,你是怎么做的?"因为男性有个特点,希望被认可成就,这种认可除了口头表扬之外,还可以在朋友圈发一些他和孩子互动的视频,发一些温馨的照片,然后特意将评论区的留言拿给他看,这对他而言是莫大的鼓舞。因为我觉得男性和女性不一样,女性对孩子有一种天然的爱,而爸爸与孩子的这种连接其实要慢慢培养。

梦晓 因为妈妈和孩子有10个月的相处,慢慢从幼小到一点点成长,再到他呱呱坠地,而爸爸只是在概念层面发生了转变——我成为爸爸了。

许菡琳 所以,爸爸和孩子的感情需要在后天的互动中获得。而且由于原生家庭的问题,我觉得爸爸们其实也没有享受过他们和父亲在一起的愉快时光。

梦晓 我不能说绝对,还是有的。

许菡琳 所以,爸爸在和小朋友互动的时候,可能有一颗想和孩子玩的心,但是在技巧上却不知道该怎么陪孩子玩,所以,这就需要妈妈多给一些支持,给爸爸一些好的反馈。比如,我经常会告诉老公,宝宝就是他的迷妹。

梦晓 菡菡提到了一个特别重要的问题,就是在我们成为母亲的同时也兼顾了好几个角色,比如我如何能够成为一个更有互动性的妻子,我如何能成就一个更好的自己,等等。此外,在一段亲密的夫妻关系中,"夸"特别重要。当你觉得几乎一个人承担了养育孩子、教育孩子的全部职责时,不妨换一个角度考虑。菡琳在家庭生活亲密关系中谈到的点，我觉得对很多家庭都适用。

蒯珊珊 没错，刚才我非常认真地聆听了菡琳的分享。我觉得母亲和父亲的角色是分阶段的，在孩子小的时候，其实他们更能接受妈妈的那种温柔的陪伴；但是当青春期来临，孩子到了叛逆期，孩子和妈妈之间的矛盾就会升级，而这恰恰是父亲出场的时机，因为他们的思维比较理性，能够站在孩子的角度帮孩子解决问题，所以我觉得家庭内部爸爸妈妈的出场顺序有讲究，而且父母在不同阶段的出场顺序相辅相成，缺一不可，双方都要一直处于"在线"的状态。

梦晓 当然，每个孩子都是特定的个体，由手工精致打磨，而非批量生产。所以不同家庭孩子的个性也会有所不同，但是也确实存在一些共性。所以，我们今天更多探讨的是一些共性的东西。每个家庭都会为孩子提供一些定制的内容，爸爸妈妈的角色也会有所不同，出场顺序通俗而言可以概括为"谁唱红脸谁唱白脸"的问题。每个家庭都在慢慢摸着石头过河，至少在孩子3岁左右得达成一个父母角色分配的基本限定。但是，每个人成长期不同，成熟度也不一样。如果遇到了一个成熟度不够高，自己还是一个大孩子的伴侣该怎么办？刚才菡琳说到了一个方式——夸，珊珊也说到了一个方式——让他一直"在线"。关于"在线"，我个人有一个小建议可以给到爸爸妈妈，就是你得让你的另一半觉得自己在家庭中有用。"有用"意味着要让爸爸觉得自己做的每一件事情都是有效的，这个时候就需要妈妈的指挥了。我不赞同明明老公把饭做得特难吃，然后你却夸他做得太好吃了，结果他自己一尝，露馅。所以，我想说的一个小技巧是，当你要去夸赞家里那个你爱着的人，无论是你的伴侣还是你的孩子，如果你要让他觉得他所做的是有价值的，你就得真的找到那个优点，而那个优点也能够愉悦我们。但如果你明明知道他做得很糟糕，却硬要说"你好棒啊"，也只会传播一种负能量，因为你要撒谎，而撒谎本身会让你觉得很累。可见，每件事都是福祸相倚、良莠并存的。

许菡琳 确实，我们一定不能虚假地夸。但是我们可以夸什么呢？夸特点和特质。比如，我不说他饭做得特别好吃，但是我可以说他这一次比上一次烧得好，或者说我觉得他很努力，这就是夸特质。

梦晓 所谓特质意味着真的存在,这特别重要,能让他相信你说的。对孩子而言也是,别让他觉得你说的都是假话。透过这一点,我们再来思考一下"如水"是什么。从玉石的角度来说,最好的和田玉是个大的玉系,而和田玉里边最好的是羊脂白玉。那羊脂白玉出自哪里?出自河流里,是玉石从山上滚落到河流以后,由水流冲刷浸润形成。其实,我觉得母爱中非常重要的一点就是浸润。

我们发现,很多女性看起来娇娇柔柔的,说话声音也都娇滴滴的,但是她们身上却有情绪反差特别大的地方。某一天,她可能会突然河东狮吼或者出现歇斯底里的状态,这是我认为女性一定要关注到且一定要努力想办法克服的一个方面。因为情绪不够稳定,其实对你的亲密伴侣来说,会是一件挺让人觉得遗憾或者说害怕的事情。我们会发现,很多爸爸妈妈都有一句口头禅"我是为你好",但小孩子却不领情,并不认为你是为他们好,甚至心里产生阻抗情绪。

蒯珊珊 我受过这样的刺激,和女儿吵架,然后她就说:"你出去吧,你给我的都不是我想要的。"

梦晓 这话对妈妈而言是戳心的,但也会让你痛定思痛。

蒯珊珊 对,我听完后很难受,但还是及时去止损了。我觉得我要考虑一下自己是不是有问题,是不是说了什么不合适的话,在亲子关系中我的情绪是不是没有控制好。关于这些问题,我进行了很长时间的思考,但我认为不是坏事。

梦晓 在珊珊刚才的话里,我注意到了一个点:控制。很多家长会有这种感觉:我意识到我的情绪是有波动的,我要控制自己的情绪。但无论是从母亲的角度还是从专业的角度来说,我都特别不建议这么做。因为控制就像一个火山的盖子,当你终于捂不住时,就会爆发。所以隐忍是无法解决问题的,这种做法只是把问题暂时用一个"盖子"盖起来了。我们回到"母爱如水"的话题上。我觉得,当我们成为母亲的时候,首先要做的第一个功课就是要梳理自己的情绪。我们可能带着自己小时候的印记、长大以后的印记,但当面对孩子的时候,我们又变成了特别想要从孩子那里获得礼物的那个人。举个例子,我是一个大龄妈妈,在我准备要做妈妈的时候,我告诉自己要做一个"笑面虎"妈妈,并且也认为自己一直做的都还算 OK,至少可以打个 60 分以上。但当我的宝贝大概四五岁的时候，有一天他不舒服没去幼儿园，而那天我要去工作，临出门时突然发现一个很重要的文件没有拿，找的时候也找不着了，我就在到处找那个文件。但当我一回头，却看见儿子很惊恐地看着我，我就愣了，我说："宝宝你怎么了？"他说："妈妈你好凶啊。"那一刻，我带着那个状态冲进了卫生间，看着镜子里的自己，把老师教给我的书本上的知识活学活用到了生活中。在那一刻我突然意识到，我对自己情绪的把握还不够，修炼得还不够好。然后，我就出来和儿子说，宝贝，妈妈刚才是着急。他说，但是妈妈和平常不一样。我说，是的，妈妈意识到了这一点。然后他又看着我说，现在一样了。我说，因为每个人的表情都有变化。这件事情对于当时的我来说，是一个挺大的转折点。那一刻我突然开始思考究竟什么样的家庭氛围、彼此之间的交互模式是能让双方都感觉舒服的。有的时候，我们和孩子之间的交互模式会让孩子觉得紧张、害怕，我们会发现，敏感的孩子背后一定有比较容易紧张和焦虑的父母。所以，"母爱如水"体现了一种情绪，是一个人的状态，是她和亲密关系者的交互模式，是一种温柔与坚定。

许菡琳 很多家长特别疑惑，坚定和温柔似乎是冲突的。有时候，妈妈会面临一个问题，就是孩子犯了错误该不该骂。我认为，孩子犯了错误当然应该批评，告诉他这是不对的。妈妈可能会回应："可是我的孩子特别敏感，我说完他就哭，而且你们不是说敏感的孩子需要呵护吗？"相信很多家长都会有这样的困惑，所以在现实中出现了两个比较常见的应对现象：第一类是比较敏感的家长，他们知道应该指出孩子的错误，可是为了呵护孩子又不敢说；还有一类家长由于规训了孩子，内心很忐忑，担心孩子和自己不再亲近。

梦晓 其实，骂、批评和指出是完全不同的表达方法，珊珊有这方面的感受吗？

蒯珊珊 这些问题都很尖锐。我想用现在比较流行的一个词来回应该不该骂的这个问题，即读懂。我觉得阅读对方其实很容易，就是欣赏、了解对方，但是要读懂对方，就必须涉及理解和宽容的过程。近两年，我们做了很多亲子活动，一直非常强调换位思考。举个例子，我们曾经让孩子自己写诗，让父母来朗读孩子写的诗歌。因为如果要在舞台上非常完美地诠释和朗诵孩子的诗歌，家长首先要读懂孩子，知道他写的是什么，他为什么这么写,他当时的心境是什么,他要表达什么。然而,在整个赛事过程中出现了这样一幕:一个孩子认为没有拿到理想的成绩是因为妈妈给读砸了。其实,很多时候这话往往是父母对孩子说的,指责孩子考砸了。但换位思考一下,如果在做项目的时候,孩子也把你和其他家长比或者指责你,你又会有怎样的感想? 可见,如果你读懂了、了解了孩子,就可以更好地去指出他的问题,哪怕是批评,孩子也能很好地接受。读懂的前提是彼此之间互相理解,互相知道内心,相互考虑对方的境地与状况,这一点我觉得很重要。

梦晓 从二位关于"温柔而坚定"的表述中,我想到了四个词。首先,两个"有",即有底线、有原则。换句话说,爸爸妈妈不能因为孩子比较敏感或者身体不够好就投鼠忌器,必须要有原则、有底线。其次,两个"给",即给弹性、给空间。我认为这四个词能够诠释我们刚才所说的"温柔而坚定",就是说,当我们有了原则和底线,就要牢牢守住这个底线;而空间和弹性则提醒家长,不要着急,因为每个小朋友的成长步伐都不一样。我们在孩子身上投入了大量精力,难免会互相比较,这是人之常态与天性,比如我们每个月花了很多钱送孩子上各种学校,但最后却发现孩子啥都不行,这时候有的父母就特别着急,而且会理直气壮地把这种状态和情绪宣泄到孩子身上。但是,你怎么知道你的孩子只是一个"短跑运动员"呢? 也许今天你给到他的东西,可能在他未来 12 岁、20 岁的那一天突然呈现出来。所以,有底线、有原则、给弹性、给空间其实是能够诠释"温柔而坚定"的"母爱如水"的非常好的操作方向。

晓春 有一位家长问,她在家也想给自己的孩子制定规则,当孩子和爸爸妈妈在一起时很容易做到,但是和爷爷奶奶或者外公外婆在一起时却很难实现,请问该怎么办?

梦晓 这里有一个隔代问题,我们常说的隔辈亲。

许菡琳 现在养育方式的现状是,我们觉得孩子还小,什么都不懂,就让他们随便玩,可是事实上这是一个可能会带来麻烦的养育方式。我们给小朋友制定的规则就像一个漏斗,漏斗的底端是孩子的自由度,也就是他获得的权力。父母应该从小给孩子制定规则,这样随着孩子慢慢长大,他就能够从一个自控的孩子成长为一个独立的孩子。我们建议,2 岁是给孩子制定规则的黄金时期。

梦晓 但是刚才晓春提到的妈妈也认同这一点，也在做了。问题是孩子和她在一起的时候做到了，一旦放到爷爷奶奶、外公外婆那儿就没规则了。我们又不能老是抱怨自己的爸妈，他们有时候理性上明白，但感性上受不了。举个例子，有的小孩子喜欢吃糖，每天想吃很多，爸爸妈妈说不可以，每天最多吃两粒，但到了爷爷奶奶那儿，冲着他们说"奶奶，我还想吃"，奶奶想不就一粒糖嘛，多吃一粒也没关系，就这样坏了规矩。晓春的意思应该是，怎样恒定划一地将规则秩序执行下去？

许菌琳 在我宝宝 2 岁的时候，我就开始训练他的自控力。我一直觉得，我们对孩子做的某些行为或者制定的某些规则会影响他们的发展轨迹，即你希望你的孩子成长为一个什么样的孩子。对我而言，我知道 2 岁是训练规则的黄金期，而且我很关注我的孩子未来能不能成为一个自控自律的人。

梦晓 那如何能够让孩子的爷爷奶奶、外公外婆和我们一样对孩子拥有同一制定规则的标准呢？

许菌琳 大多数家庭的问题其实都是不能同一。对于祖辈来讲，他们对孩子的这种溺爱或者妥协，其实都是爱的表现，只是这种爱的方式和我们不一样。所以，我们要做到的就是让孩子自己去坚守规则，要向他解读，比如告诉孩子，妈妈不让他吃糖，奶奶让他吃糖都是爱他的表现。

蒯珊珊 其实我觉得这位妈妈不用太着急。规则的建立重在坚持，规则是灌输的，即使没有爷爷奶奶，还有叔叔阿姨邻居等各式各样的人出现，这也可能会成为破坏规则的因素。其实前两天我也碰到过这个问题：回家后我看到了妹妹的孩子，然后我和她说"你和姐姐一起去吃个冰淇淋"，她说"阿姨我不能吃了，今天已经吃过一个了"，我说那一个是早上吃的，现在是晚上不要紧，她说"我妈妈说的，冰淇淋吃多了对身体不好，一天只能吃一个"。其实，在她妈妈不在的环境下，这个孩子已经形成了按规则行事的习惯。

许菌琳 我觉得制定规则的时候，重要的不是这个糖吃不吃，还是说吃多少的问题，而是我们能不能带着孩子去认知、去成为一个可以自控的人，这样他就可以自己去判断。

梦晓 在帮孩子建立规则的时候，不要让他觉得这是你给他制定的硬性限制，而是要告诉他不能这么做的道理，哪怕他还很小。除此以外，我们和孩子的爷爷奶奶、外公外婆一定得达成共识,因为有的时候老人会觉得有些规则并不重要,这时候我们就需要多给这些和我们共同养育孩子的人一些耐心,用他们能够接受的语气告诉他们不让孩子这么做的背后的原因。

晓春 一位家长问,梦晓老师是如何平衡陪伴孩子和自己工作之间的关系的?

梦晓 在我的心中,工作和孩子都很重要,只是看如何划分。比如,从我宝宝出生到现在,无论再忙,我的每个双休日一定有一天是和老人、孩子一起度过的,这是"刚需"。当你认为一件事是"刚需"的时候,你就一定可以协调出时间。有时候确实会顾此失彼,那这个时候我们一定要舍得。在我的选择里,在孩子小的时候,我放弃的一定不是他,而可能是我工作的一部分,或者可能是我自己,比如我的睡眠、我的休息等。可见,所有的理解都可能带有每个人自己的动能。

晓春 我也是一位妈妈,我觉得这个问题很具有代表性。那作为一名比较容易激动的妈妈,该如何更好地进行心理调整呢?每次发完火之后,我会特别后悔,但是下次孩子犯错的时候又会继续对孩子发火,那应该怎样改掉这些毛病或者调整好自己的情绪呢?

梦晓 当我们发火的时候,可能会带来两种伤害:一种是动手,一种是尖刻的言语,两者杀伤力都很强。这也意味着爸爸妈妈要学会做预案,这位妈妈显然已经意识到了这个情况,而之所以会一而再再而三地出现,是因为这已经变成了她宣泄情绪的一个行为习惯。那怎么样做预案呢?如果你容易动手,我建议当你想要一个巴掌呼出去的时候,学会伸出双手把你的孩子抱住,你可以很用力地抱紧他,然后你可以咬牙切齿地对他说:"我现在真的想打你,但是我知道我不可以打你。"你会发现在这个过程中,你的孩子体会到了你的生气,但没有受到你的伤害,而你的拥抱会让他感受到你的爱和你的克制,对孩子来说,这些都会产生正向的影响。如果你是一个容易语言尖酸刻薄的家长,那这一定和你从小长大的环境、你的过往有关。其实,不单单是对孩子,可能这种言语的刻薄也影响了你身边很多亲密的人。最简单的方式就是给自己设立一个预案,当你想要说尖刻的话的时候,咬牙捱住离开,七秒冷静期非常重要。

许菡琳 我自己也会用这种方式,我觉得离开现场是最好的方式,因为这样能够保证我们不伤害别人。但我觉得这可能需要一些底子，因为情绪是有强度的，情绪爆发的那一刻，我们可能很难忍得住。

梦晓　其实，情绪管理是长期的学习过程，是终身的教育。

蒯珊珊　对于这个问题，我的处理方式比较简单。生完气了，我和孩子都很难受，关键是也没有达到各自想要的结果，所以我就会在下次尝试倒过来做或者控制住自己的情绪。如果尝试后，效果很好，那么以后我会继续这么做。所以，改变之后在很多方面都会实现你意想不到的效果。

梦晓　最后想请我们今天邀请的两位家长妈妈说一句代表不同年龄阶段的妈妈的心里话。

许菡琳　我女儿这个年龄阶段没有学业压力，所以亲子关系特别简单。其实，我个人有个梦想，就是在我女儿30岁的时候，当她想起妈妈时，还能觉得妈妈是自己很爱的人，还愿意和她聊天。这就是我的梦想，希望和我同样有小宝宝的家长，能保护好这个时期。

蒯珊珊　在参加这两年的亲子活动以及自己陪伴孩子成长的过程中，我获得了一些感悟，总结而言包括三句话：鼓励并助力自己的孩子去做他愿意做的事，让孩子主动和你分享他感兴趣的事，关注孩子每个时间段喜欢的人和事。

梦晓　其实从人类情感的角度来说，所有的亲密关系都是从分离奔向聚合、从陌生走向熟悉，而唯独只有父母和孩子之间的爱是从一开始就意味着分离的。因为终有一天孩子会独立成长为属于他的另外一个世界的主体，所以我们要做好准备，这意味着要为孩子树立好榜样，成为一个更好的自己。在和孩子一起生活的时候，帮助他培养出好的学习习惯、情绪习惯、生活习惯等，这好过那些所谓的分数。因为只有走过了这个阶段，我们才知道未来在生命中最美好的那些东西可能真的和分数并不相关。最后，祝福所有爸爸妈妈们能够变成更美好的自己，也期盼所有的小宝贝们在成长的过程中都能遇到有学习能力的爸爸妈妈。

第十篇　助力返校,呵护成长
——复学期间亲子关系处理

张晓冬　　上海市建平中学正高级心理教师
上海市浦东新区心理学科带头人
国家二级心理咨询师
上海学校心理咨询师

瑞士心理学家荣格曾说过："原生家庭对家里子女的影响越深刻，子女长大之后就越倾向于按照幼年时小小的世界观来观察和感受成年人的大世界。"这里说的原生家庭指一个人出生和成长的家庭。中国家庭教育专家朱永新先生也认为"家庭教育的重要性超出了学校教育。在一定程度上，有什么样的家庭就有什么样的孩子，有什么样的家庭教育就有什么样的儿童"。2018年，北京师范大学中国基础教育质量监测协同创新中心发布的《全国家庭教育状况调查报告（2018）》显示，对孩子来说，"有温暖的家"是他们人生中最重要的事情。而"温暖的家"中，亲子关系非常关键。对家长来说，亲子关系是教养关系；但对孩子来说，亲子关系是他们来到世间的第一个关系，是他们感受温暖、关爱、呵护、陪伴和成长的源泉，也是今后各种人际关系的学习场所，更是长大以后为人父母的模板，所以亲子关系对孩子一生的发展至关重要。

下面，我将从"返校复课面面观""冲突矛盾日益显""呵护助力巧支招"三方面探讨复学期间孩子和家长可能面临的困惑及亲子关系的维护。

一、返校复课面面观——了解复学期孩子身心发展现状

返校复课期间，孩子们的身心发展现状如何？ 对此，我们可以通过四个案例来了解一下复学前后孩子和家长的困扰。

小A是小学二年级学生，之前家长管得严，不给他用手机。网课期间，由于学习需要，家长为他配置了手机、台式电脑和iPad。但是，家长发现小A迷上了一款网络游戏，晚上不肯睡觉，甚至在上网课时，趁家长不注意也会偷偷用手机玩游戏。

小B是初二女生，小时候乖巧可爱，可是从初一年级开始不服父母管

教,脾气特别大,非常叛逆。疫情期间,情绪更不稳定,经常无缘无故发脾气,不希望父母管自己,有时甚至几天都不和父母说一句话。父母对她的学业很操心。

小 C 是高三学生,网课期间学习很认真,但总觉得自己不如在校时的学习状态好。返校复课前,他特别担心自己不能适应高三的学习节奏,担心自己听不懂老师的讲课内容,担心自己比其他同学落后。真的返校了,他才发现有更多事情需要操心,比如很多事情不确定,同学之间关系非常微妙,需要模拟填报志愿,期盼已久的毕业典礼不知能不能如期举行……小 C 觉得很烦躁。

家长 D 最近很焦虑,既希望家里的"神兽"早日归笼,让自己能安心上班,又为孩子的返校担心。

根据我本人的调查,我校高中生在疫情蔓延期最多见的情绪是担忧,一方面担忧疫情蔓延,另一方面担忧自己的学习效率。返校复课在即,同学们的情绪更是复杂,既激动、紧张、开心,同时又有很多担忧。高一学生罗列了返校复课的十大担忧:学习效率低;害怕考试;新班级人际不适应;作息规律不习惯;睡不了懒觉;身体吃不消;缺乏自觉性;学业压力大;跟不上别人;怕父母不满意。

各位家长,您和孩子有这些担忧吗?

二、冲突矛盾日益显——理解孩子言行背后的心理需求

家长可以通过五组冲突矛盾关系理解孩子言行背后的心理需求。

第一组矛盾:学业成就与身心健康

2018 年底,对上海大中小幼家长的调查显示,**家长对孩子成长最关心的问题主要有两方面:学业问题和身体健康问题**,这二者在孩子成长的不同年龄段与学段各有侧重。在小学和初中阶段,家长关心孩子学业的程度远高于其他学段,也高于对孩子身体健康的担忧;在幼儿园和大学阶段,家长更担心孩子的身体健康问题;而在高中阶段,家长对孩子学业和身体健康的关心基本持平。其实,除家长最关心的学业问题和身体健康问题外,人际交往、情绪管理、生活自理、休闲娱乐、生涯发展等问题对孩子的身心发展与终身发展同样重要。

对孩子而言，他们对自身成长最重要问题的看法有着明显的个体差异。有的孩子注重学业成就。例如，我的一名学生曾在上课时把他生命中重要的事情画成了一张图：他把对情绪产生积极影响的事情朝上画，产生消极影响的朝下画，并用线段的长度表示影响时间的长短，用线段的粗细表示影响的大小。对这位同学而言，学业成就既会成为他积极情绪的来源，也可能会成为困扰他的点，所以他在学业上可能遭受的影响就会特别大。当然，也有的孩子更在乎人际关系。生活中很多事情会受到人际关系的影响，如果一个孩子遇到一个好老师时情绪特别不错，或者很害怕被同学嘲笑、被老师怀疑，自我感觉没有周围人优秀，甚至忧虑将来被七大姑、八大姨逼婚，那么这个孩子更在乎的就是人际关系。

此外，孩子还能通过家长说的话敏锐地察觉到家长更在乎自己的学业还是身心健康。有的家长在吃饭或者接送孩子时会问"最近考试了吗"，看到孩子玩的时候会问"作业完成了吗"，如果孩子没有完成，会说"玩什么，赶快去做作业"，如果孩子完成了，又会说"完成了，妈妈再给你布置一点"。这就是小学生作业磨蹭的原因，因为只要学校布置的作业还没有完成，家长就不会再给他布置其他作业了。还有的家长会说"现在学业这么忙，兴趣爱好都放弃吧"，于是，孩子放弃了，专心搞学业，但也不见得能在学业上取得相应的进展。还有的家长在孩子做家务时会说"别刷碗了，学习才是你的主业，要心无旁骛"，但若是这样，孩子一旦学业上出现一点落差，就很难有退路；而那些又做家务又有兴趣爱好的孩子，在学业上出现落差时，可能会认为是这些事情分散了他的注意力才导致学业上不够努力，因而在今后会更加用心。

上述事例其实体现了归因对孩子的影响。**在归因中，有多角度归因，这就意味着学业压力反而不一定发挥很大的作用。**其实，孩子的学业和身心健康是相互关联、相互影响的，二者并不矛盾，所以家长需要从多角度重视孩子的成长。而且，我们发现爱干家务的人能够促进家庭和谐，而这种和谐的家庭氛围也会对我们产生终身的影响。

此外，家长还需要特别关注孩子的考试季。每到考试季，孩子的心理困惑就会大幅度增加。据统计，11月份、1月份的考试季，以及春节是心理问题的多发季，所以家长需要特别注意。返校在即，各个学校也会给孩子两周的适应期。请各位家长对自己的孩子多点耐心,开学千万条,健康安全第一条。家长应该先让孩子适应学校生活,再在适应的基础上追求学习效率。

第二组矛盾：高期待值与低成就感

家长认为,现在社会的竞争压力大,孩子只有拥有了竞争力才能在社会上立足。而家长的这种高期望可能会导致孩子对自己的高期望。我罗列一些例子,有的孩子希望自己二模考到 580 分,再加上体育分,就可以考进某某名校；有的孩子内心深处希望被所有人喜欢,当发现有同学对他不友好时就难以承受,这种落差和失落感可能导致过激的行为。再比如,有个高三的孩子对考试得到等级 A 的结果不满意(全市前 5% 能得到 A+,5%—10% 能得到 A),觉得心塞,回家以后烧笔记,把门反锁。

心理学家戴维·麦克利兰教授的"情绪激发理论"认为,个体记忆中存在着与成就相联系的愉快经验,当情境能引起这些愉快经验时,就能激发人的成就动机。成就动机强的人对工作学习非常积极,善于控制自己,能够使自己尽量不受外界环境的影响并发挥潜能。家长可以回顾一下,是不是在孩子小时候会说话、会笑、会对自己有回应、会走路的时候,你会四处宣扬并鼓励孩子,这时孩子的积极性会特别高。但是,在孩子上小学后,你会发现他能得到的赞许越来越少了,因为你认为这些都是他应该做到的。

其实,和大人一样,孩子也需要表扬。设想一下,假如你是孩子,听到爸爸妈妈说这些高期望的话时,你会感觉如何？是不是能感受到家长的消极态度呢？有的家长说："爸爸妈妈都是名校毕业,你也不能差!"所以,有时候我们会发现,越优秀的家庭,孩子父母的学历越高,孩子的压力就会越大。有的家长说："我们不要求你考第一,考前十总可以了吧?"其实是不容易的,尤其是当孩子经过层层选拔,进入更高一级的好学校时。有的家长说："同样学习,怎么人家隔壁小王那么优秀?"这种所谓的"别人家的孩子"也会对孩子产生影响。其实,在家长羡慕别人家的孩子时,孩子也在羡慕别人的家长,甚至会拿出小本本记录你曾经对他说过的、做过的,成为一本小黑帐。有的家长说："只要你返校复学了,你的状态一定会好的!"实际上不一定,你给孩子画了一个大饼,有可能到学校后,孩子需要很长一段的适应期。有的家长说："只要你状态好了,就一定能考进某某学校。"这会导致孩子非常关注自己的状态,稍微感觉有点不舒服,孩子就会觉得肯定考不进某某学校了,就会打退堂鼓。有的家长说:"坚持下去,考进某某高中就好了!"但高中的孩子告诉你,这是假的、骗人的,高中的学业难度、强度大得多,学业压力可能并不是我们想象中的那么轻松。有的家长说:"那个孩子只考进某某大学,太可悲了!"孩子就会认为自己就是这样的人,难道自己的人生在父母眼里就这么可悲吗? 还有的家长试图阻止孩子的感情发展,认为"那个男孩配不上你",但家长并不了解他的孩子恰恰处于青春期,对容貌不自信,孩子们在一起不一定是真的爱情,可能只不过是彼此的认同与欣赏。所以,家长如果能欣赏自己的孩子,让孩子有自信,情况会很不一样。

总之,**当孩子感受到父母的期望值,却又做不到时,要么丧失信心,要么放弃尝试**。比如,我们接触后发现,很多在别人眼里很不错的孩子,突然有一天不想上学了,其实这与父母的期望值非常相关。

第三组矛盾:被动接受与自我规划

电视剧《小欢喜》中,主角英子其实非常优秀,但是在她妈妈对她严格的灌输、教育下,她崩溃并患上抑郁症。她离家出走被父母找到时的那一段哭诉让人很痛心,"对不起,是我没有做好你们的女儿,是我没有变成你们心里想要的样子",实际上越优秀的孩子往往越容易自责,而孩子的这种自责有时候在父母眼里却变成了懂事的表现。以往我们做危机干预时,会特别关注有抑郁倾向的人,而现在也需要特别关注有自责倾向的人,他们往往会对内惩罚自己或者采取极端的行为,这是我们不愿意看到的。

当然,我们也要看到,现在的孩子从小到大不是在补课就是在补课的路上,时间都被父母填满了。我每年都会对高一学生做调查。调查发现,孩子学习的策略性非常好,学习目标最差,且学习目标的评分逐年递减。其实,孩子如果没有目标,就不会对未来产生期盼,规划就会比较弱,时间管理就会不够好。所以,当家长让孩子好好学习时,孩子就会质疑好好学习的意义在哪里,而这正是我们需要去关注的问题。

家长也会发现,孩子越小越能够拿捏他,越能够安排他的生活。但是,**当家长给孩子安排了很多事情,让孩子失去自由时,孩子的自主性和思想就很难得到发展,慢慢就会失去主见,进而变得唯唯诺诺、没有想法**。而且,当一个家庭出现互相冲突的教育理念与教育方法时,孩子会被夹在当中,要么无所适从,要么特别会钻空子,这也是需要家长特别注意的地方。现在小升初的摇号,关于报家门口的公办学校,还是报民办学校,家长有没有和孩子商量呢?有没有让孩子实地去考察那些学校呢?有没有去了解这些学校的教育理念对你的孩子是否合适呢?这两天初中升高中的自主招生也在网上报名,家长特别纠结,因为很多学校考试时间冲突,因此选择哪一所学校就显得特别重要。但家长需要思考的是,这里边孩子的决定权与参与度到底有多少?实际上,很多家长连孩子的大学也会包办起来。当孩子不适应国内的教育模式时,家长就想着把孩子送到国外去读书,却没有考虑孩子能不能适应国外的生存方式与学业模式。

给大家分享一个刚刚毕业的高三学生的故事。在高一时,这位同学在目标管理和人生规划中就制定了一个三年目标,考入麦基尔大学或伊利诺伊大学香槟分校,当然他也有一生的目标。这位同学为了实现大目标又给自己定了一些小目标,比如托福要考 100 分以上,面试时要表现哪些综合能力,等等,并将自己的目标具体化到每一天,希望每一天能多学习一些词汇,多一些综合能力和人际交往方面的训练,所以他的生活特别有趣味。到了高三,他在准备中国的高考时,也收到了国外很多学校的录取通知,因此他选择的余地就很多。这样的学生就是有规划的,他会为了目标心甘情愿地去付出,为了实现规划,他可能会从多方面对自己的综合素养提出要求,从而有计划地去成为他想成为的那个样子。**其实,对现在的学生而言,更重要的不是催促他要怎么努力,而是要激发他内在的动力,促使他确立目标。**

而孩子的自我独立需要家长渐进式地引导与信任。例如,就引导孩子一个人睡觉这件事而言,在孩子小的时候,家长需要先和孩子谈谈,告诉孩子,大了要一个人睡觉,你会为他在这个房间买一张漂亮的小床,会陪着他在这个房间,给他讲故事,然后等他睡着后才离开;否则一下子把灯关掉,孩子会害怕、会恐惧,以后就不愿意一个人睡。久而久之,孩子慢慢适应了,可能一开始只能晚上开着门睡觉,再到后来能关上门睡觉,渐渐地他能够自己阅读、自己关灯、自己睡觉。我也接触过一些孩子,甚至高中时还是妈妈在陪睡。很多家长认为,不需要去训练,等到孩子 18 岁成年了就什么都会了。其实这是不可能的,家长一定要一步一步地带着孩子训练。

第四组矛盾:社会规范与个性发展

相对而言,我们这一代的家长对社会规范的遵从度比较高,希望孩子能按步就班地走求学之路。而这个年代的孩子个性比较张扬，更喜欢走不同寻常的路。在疫情期间，复课以后需要面对的日常行为规范比过去更为复杂，有各种防疫规范，比如进校门的时候需要出示健康码，每天需要多次测量体温并在学校给的吊牌上登记体温，上课的规范、行走的线路、吃饭的规范、生病的申报流程等。这些并非是个人之事，而是涉及所有人。但是，在这种规范下，很多孩子可能会感到不习惯，有的家长也会觉得烦琐。其实，社会中的约束非常多，在求学和就业的过程中也屡见不鲜。但因为孩子有丰富多彩的个性特征、有各种兴趣爱好、有很多理想，所以很多时候我们会发现求学之路、未来成长之路很有趣。因为这些事情可以让我们的生活更加丰富多彩，让我们在规范之下把自己个性的各个方面都发展得非常棒。

当然，规范与个性之间也存在着矛盾。例如，一位高一住宿生的烦恼：一是和父母待了4个月以后离开家去住宿，会想家；二是防疫措施太严格，生活上照顾不好自己；三是和寝室同学关系处理不好，彼此之间相互嫌弃；四是晚上来不及做完作业；五是手机使用方面自制力差；六是零用钱不够用；七是学习成绩落后，再也找不到以前的优越感；八是觉得周围同学都很厉害、兴趣广、能力强。这位同学的烦恼虽然看起来很多，但有烦恼其实是好事，会带来内在改变的动力。他有可能会自己想办法解决，有可能会找他人倾诉，也有可能会找专业的心理咨询师帮助他一起锻炼与提升这些能力。所以，这位同学虽然有很多困扰，但一旦解决了，他就会产生很强的成就感，而且为解决这些问题所进行的执着与坚定的自我规划，也会使他这段时间过得非常有趣。可见，有追求的人生富有意义。

第五组矛盾：盲目焦虑与无助绝望

2018年，智课教育和新浪教育联合发布的《中国家长教育焦虑指数调查报告》显示，68%的家长对子女教育感到"比较焦虑"或"非常焦虑"。同年，我也在课题中发现，超过七成的家庭由母亲承担家庭教育的主要责任，父亲参与得不多，当然其中也不乏祖辈的参与。我们发现，**承担家庭教育责任越多的那个人可能越会感到焦虑。**此外，现在的通信工具特别发达，各种家长群层出不穷，因此有时候免不了被他人感染和影响。比如有人和你说哪里有个好老师、孩子明天要考试，你会不由自主地把心提起来。

还有一些家长为孩子付出大把精力，却丢失了自己的生活。很多家长希望付出能得到成效,因此在没有达到预期成效时也免不了一顿焦虑。而且,当付出得不到其他家庭成员的支持时,也会经历不好的心理体验。举个例子,疫情居家期间,一位妻子每天骂完丈夫骂孩子,她为什么这么做呢?因为家务都是她做的,但她还有很多其他的事情,比如管孩子等,她找不到其他更好的办法,只有通过骂的方式试图引起丈夫或者孩子的注意,但事与愿违,所以她更加着急与焦虑。网上有人说"缺位的爸爸 + 焦虑的妈妈 = 失控的孩子",其实有些爸爸也在付出,有些爸爸也很焦虑。作为家长,当我们明显地感觉到自己的焦虑时,请注意,要么尝试让自己从各种信息中脱离出来,降低焦虑;要么提升能力,想办法改进现有做法,因为有办法就不会焦虑了。

家长可以对照看一下上述五组冲突矛盾关系,看看自己有没有处理好亲子关系。如果没有处理好,那么我们又该如何呵护孩子并助力他们的健康成长呢?

三、呵护助力巧支招——呵护并助力孩子终身健康成长

下面我将从六个方面为家长们呵护并助力孩子终身健康成长巧支小妙招。

支招一:与时俱进理念新

做好家长,必须与时俱进,更新观念。教育理念非常多,我很推崇全人教育理念。南京师范大学教育学博士孙军认为,全人教育是以儿童为核心,以学校为主导、家庭共同参与实施的整体的、系统性的教育。该教育面向全体儿童,通过课程建设、师资培训、课堂教学、综合实践活动、家长学校等方式致力于儿童心智、体魄的全面、和谐、持续发展。全人教育强调三点:第一,每一个家庭成员都有责任参与进来;第二,关注家庭中的所有儿童;第三,促进孩子的全面和谐发展,如果只关心孩子的学业或只关心健康,而其他方面的个性都不关注,那也是不够的。

全人教育理念关注生命的意义和人生的幸福。比如生涯教育,并非是就业导向,而是注重一个孩子曾经历过的成长轨迹:怎么长大的?出生前,家庭是不是对他充满期待?有什么样的期待?怎么去养育他的?在养育的过程中,他个性的各方面又是怎么慢慢形成的?家长需要梳理或者协助孩

子梳理他的兴趣，帮助孩子认识自己是什么样的人。可见，全人教育的生涯教育理念更关注孩子将来想要过什么样的生活、做什么样的人，而这一点可能和家长的观念相冲突。

支招二：亲子互动同成长

家庭教育，就是父母和孩子共同成长的过程。我们先思考一个问题，到底什么是陪伴？孩子读书，你也在他身边读书，这是陪伴。当然，也有家长说："我也在陪伴，孩子读书时我就坐在旁边盯着他。"我说："你拿着什么？"他说："我拿着手机玩游戏。"这种行为对孩子而言是残忍的，在考验他的忍耐力与意志力。再举个例子，每天爸爸一到家就"葛优躺"，拿着手机玩，却要求孩子坐端正、不能玩手机，那这个要求的权威性就大打折扣。所以，我说的陪伴是积极的陪伴。可见，**对孩子的身教重于言教**。比如在自己参与学习方面，在对待其他家庭成员方面，家长们与其说不如做给孩子看。

很多孩子也认为家长需要与时俱进地学习，需要接受心理辅导，所以各位家长，接受心理辅导、参加培训班不仅不丢人，还能让孩子感知到你的变化。我在调查中发现，孩子们欣赏的家长不唠叨、善指导、重鼓励、民主、包容、开放、冷静、通情达理、心态年轻、会交流、价值观相同、思想前卫、管理适度、尊重个性、表里如一、幽默风趣。如果家长已经具备了上述很多特质，那么恭喜这位家长，你拥有了会被孩子欣赏的特质，相信你的亲子关系一定不错。但也有家长会发现几乎不具备上述特质，那么也恭喜这位家长，你找到了今后改进和努力的方向。因为**我们不一定能做一个完美的家长，但我们可以做一个不断进步的家长**。

支招三：学会倾听解心语

曾经有一个孩子对我说："老师，这个世上，只有你在乎我。"我吓了一跳，第一担忧的是家长在哪里？朋友在哪里？因为实际上，我只是每周花一个中午的时间听她诉说心事而已。这个孩子告诉我，当她和父母说起活着没有意思的时候，他们一点也不放在心上，还开玩笑说要生二胎，她觉得自己就是一个多余的人，没有人在乎，活着没意思，所以她坚定地想要采取极端行为。在这个孩子的危机干预中，家长和我们共同参与了家庭治疗。我们发现，家长之所以开这样的玩笑有多方面的原因。第一，觉得孩子大了，不适合再对孩子说很肉麻的话。第二，"生二胎"的玩笑是想让孩子珍惜当下的生活。需要特别提醒的是,生二胎的家长要关注孩子和他的兄弟姐妹之间的关系,要更多地去鼓励、表扬大的孩子有哥哥或姐姐的风范,并让小的孩子去学习,营造温馨的家庭氛围。第三,家长对孩子厌世的态度很担心,但不知道怎么和孩子谈论死亡的话题。需要注意的是,孩子之所以这样说,是向家长发出了求救信号,希望家长愿意和他一起面对当下的困境,所以**有时候家长真的需要设身处地地从孩子的角度出发看待问题。**

同时,家长还需要和孩子有充分且正确的情感互动,认真倾听孩子的心声。曾经有家长告诉我,孩子对他们抱怨他们不懂他。那家长该如何做呢?当孩子说话时不要先反对他、质疑他,也不要急于分析、给出建议,这样做反而会让孩子觉得你不了解他,只是在对他说大道理。对此,家长要学会倾听,让孩子愿意和你说。类似于"当我听到你和我说……,我感到特别担心""我很好奇""我不太清楚""我很想知道你什么时候开始有这个想法的""那时候你一定感觉很糟糕""你愿不愿意告诉我"这样一些句式,就容易引导孩子说出他们的心声。而如果家长用提问、反对、质疑、分析的方式面对孩子,孩子就会觉得你是超理性的,感受不到你的"同理心",也就不会愿意把他的想法说出来。

支招四:温和理性巧沟通

给家长提示一些适合和孩子谈论的话题。比如在节假日,家长可以借助一部电影、一篇新闻报道和孩子谈谈,一起坐下来看看孩子对某件事情的看法,而且越随着孩子年龄的增长,家长越应该把孩子当成朋友,而非低估孩子的理解能力。此外,家长还可以和孩子谈谈对生活的理解,比如运动、健身、旅游、对未来的期待等方面都可以成为话题,而非仅仅局限于学业。否则,很多孩子不愿意讲,因为感觉自己太被动了。

当然,家长在和孩子沟通时也要注意采用温和理性的表达方式。比如"当初就不应该生你""你这辈子就这样了""再哭就不喜欢你了""你离家出走好了""虽然你考了 90 分,但是你排名中下"之类的话,会让孩子感觉特别糟糕。其实,家长可以学习一些沟通表达技巧,从孩子生活中的点滴做法与进步出发,一点一点地激励孩子向前进。比如,打针的时候,对孩子说"你很勇敢、很坚强"而非"打针很疼";鼓励孩子学习的时候,并非只对孩子说一句"好好学习"的空话,而是告诉他怎么学习,比如对孩子说"如果你放学之后先做完作业再去吃饭就好了",这样孩子回到书桌前效率就更高了,要不然他不知道该干什么;还有诸如"如果你上课时把重点记在书上就好了""如果你下次睡觉之前先把书包整理好就好了"等沟通表达方式都是家长们可以借鉴的。

支招五:管理情绪有技巧

每个人每天都有各种各样的情绪体验,这种情绪体验在疫情期间更为明显。如果在边抗疫边工作、边抗疫边学习的特殊时期出现了一些控制不住、崩溃的情绪,我们其实可以通过一些技巧进行管理。

第一个技巧是将生活正常化。就是在符合防疫要求的前提下,该干什么干什么。比如,你很想念亲友,那你们可以在网上聊聊天;体重增加了,其实你也可以在家里锻炼。对于孩子来说,该干的家务还是要干,该做的事还是要做,这样可以让孩子在家里的存在感越来越强,帮助他在生活中慢慢增强自我掌控感、提升自我效能感,从而保持平和稳定的心态。

第二个技巧是换个角度看问题。比如戴口罩可以防晒、防粉尘、防粉笔灰;对于那些对自己容貌不自信的孩子而言,口罩还可以增强他们的安全感。再比如孩子的青春期。青春期的孩子激素水平变化大,所以每天的情绪波动也大,容易和家长顶嘴,但这也说明孩子有想法、有主见、敢于挑战权威,有参加学校辩论队、与专家对话的潜质。可见,换个角度看问题,可能豁然开朗,拥有不一样的体验。

第三个技巧是找人聊一聊。家长也需要有朋友圈,需要几个谈得来的朋友去理解自己。其实,能够理解自己的人并不一定是优等生的家长,而是情况和你差不多的人,只有这样,才能促进彼此之间的相互理解。孩子也是如此。所以,家长有必要了解一下孩子的好朋友是谁,这样就可以通过组织家庭聚会的方式,促进孩子之间的互动与交流。

情绪管理还有其他一些技巧,比如**适当宣泄**。孩子有时候大哭大闹并不是坏事,哭完其实就好多了。此外,**寻找"例外"**也是一个好方法。哪一时刻你能掌控自己的情绪?是运动的时候还是听音乐、画画的时候?是收礼物的时候还是和其他人交流的时候?孩子也是如此,例如有些孩子在洗澡时特别喜欢哼歌、唱歌,而且很忘我,那对这些孩子而言,这其实就是很好的放松方式。

家长需要注意的是，**生活有时候也需要一些仪式感**。比如在孩子生日或者节日的时候，家长不妨创造一点乐趣、一点气氛出来。其实对孩子来说，礼物不是必需的，但陪伴却能让他感受到你在乎他，能让他对生活多一些期待，而不再仅仅拘泥于关注他当下解决不了的问题。

当然，**家长有时候也需要了解孩子情绪背后的真正需求**，这样就能避免一些矛盾的发生。给大家分享一个例子。之前有个孩子联系我，一开始我以为他是因为返校而感到焦虑，结果他否认了。他告诉我，为了上学，家长在外面租了房子，但是房子光线特别暗，这让他很焦虑。然后，我就开始问他有没有尝试过改变，比如有没有换一些颜色鲜艳的窗帘。他说不能换，因为是租的房子。我继续将话题引导下去，问他是不是想找一个人倾诉一下，他说是的，和我说完感觉心里舒服多了。我对他说，其实他可以对家长提要求，那我们要不要一起想想怎么和家长提呢？通常到这一步再来向孩子提建议，孩子就会更容易接受。因为这个时候，孩子和你处于情绪互相感染的状态，孩子感觉大人能理解他了。

支招六：挫折教育在日常

挫折在人生中不可避免，提高耐挫力尤为必要。因此，挫折教育在近几年受到极大的重视。斯坦福大学的卡罗尔·德伟克教授提出成长型思维模式，认为拥有成长型思维的孩子不会畏惧困难与挑战。这些孩子不会因为在学业上没有取得好成绩而气馁，而是会分析自己是否存在尚未掌握的知识点，以寻求自我改进。但**人并非孤岛，支持在人们面对挫折时非常重要**。正如家长需要社交圈，孩子也一样。通过研究，我们发现孩子的支持系统越紧密、支持的人越多、年龄跨度越大，孩子能得到的帮助就越多，耐挫力可能就越强。所以，如果孩子想要参与各种社区活动，家长真的需要给予鼓励。需要注意的是，特殊时期孩子可能会面临更大的挫折，例如心理问题。对此，寻求专业支持是正常的，这有助于我们有效地解决问题。

当然，**最根本的还是要提升能力，而这些能力需要在日常中训练**。调查显示，上海中小学生发生频率最高的挫折事件分别是：被人误会、学习负担重、当众丢面子、与家人闹矛盾、受人歧视或被冷淡对待、遭父母打骂、生活状况变坏等。可以发现，其中不乏与父母相关的问题。其实，我们的家庭关系、家庭活动都是影响孩子外在保护性因子的重要因素；而内在保护性因子中，合作、交流、共情、问题解决能力、有目标和对生活的渴望也对提升孩子的耐挫力非常重要。对此，家长不妨先从改进亲子关系做起，关心孩子，让孩子参与有意义的家庭或社会活动，引导孩子分担家务、参与家庭决策、照顾彼此、自我负责、调节情绪，让孩子一步步学会怎么做，逐步提升他的自我效能感。这之后，孩子的眼界会更开阔、能力会更高、耐挫力会更强。

可见，**提高孩子的自我效能感是循序渐进的过程**，家长要注意激发孩子从"不会做"到"不想做"，再从"不想做"到"想试一试"的认知上的转变。因为思想转变后，孩子就会思考自己该怎么做，并通过各种途径去学习与尝试。可能一开始会一塌糊涂，但没有关系，让孩子去做，并在他做成后鼓励他、激励他，必要时帮帮忙。这时，孩子会发现他会做、他能做，而且在今后想要做得更好。

上述探讨的四个返校复课案例、五组冲突矛盾、六个助力支招，有助于我们了解孩子返校面临的困惑、亲子问题发生的原因，以及亲子矛盾的协调方法，以更好地助力孩子成长。因为**家长只有了解孩子、理解孩子，才能接纳孩子，并陪伴孩子健康成长**。让我们一起努力，给自己和孩子一些时间和鼓励，和孩子共同成长为更好的自己！

第十一篇　复学后家长如何引导孩子合理使用电子产品？

陈　珊　上海体育学院副教授、硕士生导师
上海市终身教育研究会家庭教育专业委员会核心会员
青少年媒介素养研究团队"媒在玩"负责人

一、现状和问题

我有一个和大家一样的身份——孩子的家长。我作为一个 17 岁孩子的母亲，我们家里有一个非常特殊的情况，孩子的父亲是做 IC 行业的，孩子在 4 岁的时候就有了第一台游戏机，这个产品让孩子 4 岁就有了第一次的触屏经历，到了小学五年级的时候，他有了一部诺基亚手机，到了初中预备班，拥有了一台智能手机。

在孩子 17 年的成长过程中，从 4 岁触屏、触网，到现在孩子可以自由地使用，甚至教我如何使用电子产品。在孩子使用电子产品的过程中，我和所有的家长一样焦虑，担心孩子沉迷于电子产品该怎么办，影响学习该怎么办。但是在这样一个过程中，我也在逐渐地学习、成长和思考，并把它和我的专业结合起来，去了解我的孩子是怎么使用电子产品的，又该如何去引导孩子正确使用电子产品，这也造就了我的第二个身份，就是我们的青少年媒介素养研究团队"媒在玩"的负责人。"媒在玩"的成立就是因为一方面，有我们这样焦虑的家长，另一方面，还有随着电子产品成长起来的"90 后"们，他们在使用的过程中也受到家长各式各样的质疑。"媒在玩"这个名字来源于我们团队成员中有一个孩子说："我每次拿着手机，我爸爸就会说'你又在玩'，我的回答就是'我没在玩'。"有的时候孩子确实没在玩，所以我们就取了这样一个名字，希望共同去沟通、研究如何让孩子合理地使用电子产品，这也是我们成立这个团队的初衷。

复学后家长如何引导孩子合理使用电子产品？在疫情期间有"停课不停学"的在线学习，根据教育部关于疫情期间的中小学线上教学工作情况报道，截至 2020 年 5 月 11 日，国家中小学网络云平台浏览量已经达到 20.73 亿次，访问人数也达到了 17.11 亿，大规模的在线教育最大程度地验证了我国在线教育的优越性和可行性,在线学习可能会成为未来的一种常态。

另外在复学以后,出现了多起因为孩子玩电子产品而发生的事件。网上有一个非常火的帖子,是一位父亲发的,这个父亲有两个孩子,他的儿子非常喜欢玩游戏,孩子在游戏里造了一个很大的城堡。儿子前几天还非常骄傲地向父亲炫耀了这个城堡,但是儿子疫情期间养成了一个爱睡懒觉的习惯。父亲警告孩子如果再睡懒觉就会有很严重的后果产生。儿子受到威胁以后有几个星期没有再睡懒觉,但是突然前几天孩子又出现了这个情况。父亲一怒之下把孩子游戏里的城堡全部销毁,而这个成果花了孩子一年的时间。销毁以后孩子在家里又哭又闹、不吃不喝。父亲非常焦虑,自己也很内疚,在网上发了一个帖子说"我是个混账吗",很多跟帖,实际上在下面跟帖的网友们说"你让我想起了我的父亲""你让我想起了我的家长",也有很多孩子在后面跟帖。案例中的游戏是一款创造性的游戏,很多人在里面通过自己的创造力不断地建造或者说挖一个城堡,有一个人花了三年的时间在里面建造了一个故宫,这是很耗费时间的,而父亲只花了一秒钟点了个按钮,孩子一年所有的成果就全都没有了,给孩子造成非常大的心理阴影,所以复学后由于孩子玩电子产品而产生的冲突事件很多。

二、困扰和矛盾

之前我们对家长的困扰进行过调研,有些家长说孩子上学,接触不到电子产品,不能玩,就没有困扰了。这背后反映出家长对孩子玩电子产品的态度:最好不要玩。但是这样真的可以阻止孩子吗? 不让他玩,或者说不让他碰到就可以不玩了吗? 那下一个家长会说,孩子会不会偷偷地玩呢? 还有家长担心孩子浏览的内容影响他的身心健康,孩子因为玩游戏缺乏和父母的沟通和交流,影响孩子良好的生活习惯的养成,等等。

这些困扰我们可以归纳为三个方面。(1)玩手机到底是不是不务正业呢?(2)孩子在网上遇到不良信息我们该怎么办?(3)如何把握对孩子使用电子产品的管控度?

1. 孩子的网络使用行为的变化

对困扰的分析首先看孩子到底在使用网络、电子产品做什么? 中国互联网络信息中心和共青团中央维护青少年权益部在 2018、2019 年分别发布了未成年人互联网使用情况研究报告，我们可以从中总结出三个特点、两个趋势、一个问题。

首先是三个特点。未成年人在使用网络的时候，有三个非常普遍的特点。第一个是互联网的普及率，在 2019 年达到了 93.1％，这和国际上的普及率比较相似，联合国儿童基金会发布的《2017 年世界儿童状况：数字时代的儿童》也指出全球每天新增 17.5 万多名儿童网民，平均半秒就会增加一名未成年网民。第二个是日均上网时长 2 小时，这个时长是比较正常的，根据网络游戏防沉迷系统开发标准，孩子 3 个小时以内的游戏时间被称为健康的游戏时间，3 个小时以后到第 5 个小时的范围内是疲劳时间，超过 5 个小时就是不健康的游戏时间（注：根据《关于进一步严格管理切实防止未成年人沉迷网络游戏的通知》，网络游戏企业仅可在周五、周六、周日和法定节假日每日 20 时至 21 时向未成年人提供网络游戏服务，本讲座举办时，该通知尚未发布）。最后一个是手机的占比最高，达到 63.6％，大家最常用的上网工具就是手机。

我们在鞍山实验中学开展过网络拓展课程，在网络拓展课程里为孩子特别做了一期网络暴力事件的课，让孩子们围绕"网络暴力事件是不是不好？怎么不好？"进行论辩。在论辩的过程中发现，其实很多的未成年人并不懂得什么叫网络暴力。如果他在现实生活中和同学发生了冲突，认为自己在朋友圈里发泄一下情绪和不满，没有什么问题。但是他不知道当他在朋友圈发出一些不好的言论后，会不会对另外一个孩子产生什么影响，甚至对自己会不会产生一些影响。所以这也是我们要进行教育的一个方面。

2. 网络行为中的亲子关系普遍存在的问题及原因

上文提到全国未成年人互联网络行为调研结果中呈现出来的孩子们的一些互联网行为和我们想象的并不是完全一样。孩子碰到了不良的内容和信息，我们该怎么办？家长通常会有两方面的担心，一是孩子遇到了不告诉家长，怎么办？二是孩子告诉家长了，家长该如何去处理？所以要做正向的引导和干预，很难让他绝对碰不到，家长要做提前干预。这里还涉及一个问题：父母和孩子的关系如何？《中国未成年人互联网运用和阅读实践报告》里指出，青少年遇到暴力辱骂信息的时候，大多数选择的是不理会它，而当选择告诉别人的时候，也大部分是选择告诉自己的同学和朋友，告诉父母和老师的比例是非常低的。只有不足一成的孩子选择告诉父母,这也说明孩子对父母的依恋关系可能发生了问题。另外一个就是父母对电子产品的态度,如果父母不愿意孩子使用电子产品,那么孩子觉得告诉父母只会挨骂,如果要挨骂为何还要告诉父母? 由此可以看到亲子关系对电子产品的使用行为是有影响的。

三、策略和方法

家长对电子产品要有充分的了解。现在新媒体技术飞快地发展,形成狂欢式的新媒体环境,其主要特征就是信息网络化,信息传播的渠道更多,传播面更广,传播速度更快,内容也有真有假。同时还具有双向性,区别于传统的记者、媒体、机构等单向传播,现在每一个人都可以参与其中,充当生产者和"把关人"。这和巴赫金(前苏联文艺理论家)提出的"狂欢理论"如出一辙。

"狂欢理论"还提到节庆性,即信息的自由和共享。这种情况下就会产生一些不良信息,也就是里尔波兹曼提出的泛娱乐化——一切公众的话语都以娱乐的方式出现。如果人人都为了寻找感官刺激而发布作品,整个社会就会变得更加泛娱乐化,导致我们的孩子极有可能接触到低俗作品。

如今的网络虽然要求实名注册,但实际在网络交往过程中还是匿名,让我们产生周围没有人的错觉。这就如同戈夫曼提出的"拟剧理论",他把人生比作舞台,每个人都有前台和后台,前台就是我们的社会身份,比如说我是一名老师、老板等,但回到家后我也是一位母亲、一位妻子,这就是后台。一般我们不会把后台展示给别人看,但是在新媒体时代中,前后台的界限被弱化,很多私人信息就会不知不觉地流露出来,从而被一些不法分子利用。

信息传播还具有公开性,我们发布的东西所有人都能够看到。现在很多招生和招聘也会关注你的社交媒体,侧面了解你在实际生活中的行为品质。哈佛大学就曾经以在社交媒体发布不良言论为由开除过一些学生。

1. 网络时代的数字教养

网络素养包含 5 个能力:第一个是上网注意力管理能力,即清晰的网络认知和对网络使用过程中行为和情感的控制;第二个是网络信息搜索与整合能力,包括网络信息的搜索、分辨、利用和评价等;第三个是信息辨析能力，甚至是批判式的辨析；第四个是网络印象管理能力，例如在社交媒体维护自己的形象，进行自我宣传以及伤害控制；第五个是自我信息控制能力，即对自我信息和他人信息的保护，对网络信息规范的了解。

2017年青少年网络素养调查报告显示家庭对孩子网络素养的培养有五个影响因素。第一是和父母共同居住的孩子，自我信息控制能力提高得比较快；第二是家庭中上网的设备数量，一般以5个为宜，在此数量的设备覆盖下，孩子的网络搜索、信息分析评价、网络印象管理的能力都比较强；第三是和父母讨论网络行为的频率，频率越高，孩子的网络素养也就越高；第四是父母的学历，报告显示父母学历对孩子的网络信息分析评价和搜索能力有正向的影响；第五是和父母的亲密程度，它与培养孩子的网络素养关系显著。另外，家长对网络知识的了解程度也会影响孩子的网络素养。

现在很多家长还会问到"如何管控孩子玩游戏"。首先我们了解一下游戏的起源。根据历史记录，3 000年以前一些地区出现灾祸，没有粮食吃，于是人们发明了游戏，通过玩游戏产生的愉悦感掩盖饥饿感。这里的游戏并不单纯指电子游戏，我们小时候玩过的跳房子、跳皮筋等都是游戏。如今人们玩游戏，"饥饿感"还是起着一个重要的作用，但美国的游戏专家麦格里格尔指出，现在的"饥饿感"有三个方面：第一是没有满意的工作，第二是没有族群感，第三是人生没有意义。正是这样的"饥饿感"促使很多人玩游戏。

在此基础上麦格里格尔又提出玩游戏的几种动机：获取幸福感、获取技能、参与创造、获取紧密的社会关系。所有动机都是为了提高自我效能感，所以游戏设计师常常会通过这些动机来探寻玩家喜欢的游戏类型。另一位著名的游戏设计师巴特尔就依据游戏动机将玩家分为四类，一是成就型的玩家，二是探索型的玩家，三是社交型的玩家，四是杀手型的玩家。成就型玩家在游戏玩耍过程中不断地挑战自我，对游戏的任务要求非常高；探索型玩家更多地是探索游戏经历和社会体验，所以喜欢收集；社交型玩家在游戏中是为了和其他玩家进行紧密的联系，寻找群体认同感；而杀手型玩家喜欢破坏和竞争，因此也是最不受其他玩家待见的。当然一个孩子玩游戏的类型并不是就一种，也可能是交叉类型的。

显然，在上述四种类型中，我们还是希望孩子能够倾向于前三种，在游戏中真正地提升自我、挑战自我，实现成长，提高自我效能感，甚至把自信心带到现实生活中。

2. 做"智慧父母"

第一,S——sufficient instructor,指父母对孩子的态度。我们在了解孩子上网和玩游戏的动机以后,就要进行干预,因为在信息爆炸的环境中如何辨别信息的真伪很重要,哪怕是客观事实,在陈述的过程中也可能存在问题。新冠肺炎疫情期间整个网络就是一个辨别真假信息的大炼场,可以锻炼孩子的批判性思维。因为当一场灾害发生时,谣言的传播甚至比穿鞋的速度都快,而根据国外的一个研究,尤以科学类和政治类的谣言为最。

新冠肺炎疫情初期在博客上有这样一条引起广泛关注的推文,推文标题是美国总统特朗普为中国专供特效药,这个药是美国吉利德公司研发的瑞德西韦,消息在博客上发布后获得了很高的点击量,很多网友还为美国叫好。但是有个记者产生了一些疑问,于是到彭博社的网站上搜寻信息源,但是彭博社的网站上并没有任何特效药的消息,并且吉利德的官方网站上也只有两条和特朗普毫不相关的信息,就是 4 月 27 日吉利德和中日友好医院的曹彬教授联合做的药物临床试验,并且因为临床病人不够,仅公布了药物分子式。

显然这条博客推文就是一条假消息,但当中 4 月 27 日在中国做药物临床试验和公布药物分子式又是真实的。这种消息就是杂糅一些真实信息进去,再换个表述方式来迷惑大众。所以要让我们的孩子学会怎么样去辨别这种假新闻,在一些虚假的新闻语言中寻找一种真。

第二,M——media instructor,指父母对电子产品的认识、态度和了解程度。父母要给孩子正确的网络礼仪和行为的引导,要有道德的底线。同样在疫情期间还有两个案例,一个是韩国的"N 号房"事件,该案主犯高中成绩非常优异,却利用自己的专业技术进行犯罪。另外一个是美国 17 岁男孩做的新冠肺炎疫情网站,他拒绝了一个 800 万美元的广告提议,说自己做的这件事就是想让大家知道新冠肺炎疫情的情况,并不是为了钱,他如果把这些广告放在上面反而会分散别人的注意力。这两个案例中的孩子都是学霸,可是行为却截然相反,就是因为在最初的引导中存在差别。

第三,A——aesthetic instructor,指父母的审美观以及对孩子审美观的培养在网络时代的重要性。上文提到了"狂欢理论"和泛娱乐化现象,导致网上有很多不良信息，其中有两类比较典型，第一类是为了寻求感官刺激的低俗视频，短视频行业快速发展导致这些低俗内容快速传播；第二类是负面的报道和消息，现在有一个概念叫"公民记者"，当发生一起新闻事件时有很多人在场，会拍摄视频直接传到网上，给看的人带来一种负面影响。例如前几年在某某小学出现的恶性杀人事件，事发时很多家长在现场，立刻拍了视频传到网上，后来又有一个 16 岁孩子与母亲在桥上发生冲突的事件，很多新闻就把前面的视频直接嵌到这个报道中，对孩子也好、对家长也好，都带来一种非常不好的影响。所以我们要加强对孩子在网络中审美能力的引导，要培养孩子的真善美，尤其在新媒体的环境下，这种能力和品质格外重要。

第四，R——Rules instructor，指父母对孩子使用电子产品的管理方法。这是电子产品高度普及的今天家长们必须面对的问题，现实中也不乏各种千奇百怪的管理案例，当然有好有坏。例如有一位妈妈每天更改一次手机密码，然后给孩子留一个条说，今天你把家务做完就能在我这里换到密码，这种方式挺有创意的，并且孩子在接下来的一个星期确确实实不再那么依恋网络了。再例如另外一个马上中考的初三孩子，成绩不是特别好，天天玩手机，母亲感觉很焦虑，于是直接没收了孩子的手机，这个孩子就说"等中考完我就结束了"，这个"结束"其实令父母非常恐慌。所以我们需要考虑一下直接没收手机这个强制性的行为可不可取，而且越是强制不给孩子玩，孩子越会偷偷摸摸地玩。

在一次调查中，我们发现其实大部分家长对电子产品的使用是持中立态度的。根据研究我们把管控分成五种：一是积极的网络使用干预，与孩子讨论和分享网络的使用；二是积极的网络安全干预，给孩子提前进行安全教育；三是限制干预，限制孩子玩的时间和内容；四是技术管控，在网络信号、路由器或是网卡等设备上设置密码等；五是监控，翻看孩子的聊天记录和上网记录。这五种管控方式现在也可以归为两种类型：前两种属于授权型干预，后三种属于限制型干预。根据欧洲的调查，孩子非常喜欢第一类授权型干预。但是根据我个人的经验，在孩子比较小的时候还是需要进行一定的限制型干预，将这两种干预类型结合起来使用。前期可以限制型干预多一点，随着孩子逐渐长大，就要开始多一点授权型干预，多和孩子沟通和交流，甚至向孩子学习。

第五，T——Thinking instructor，指父母的家庭思政教育在网络时代的重要性。上文已经介绍完各种管控方法和技巧，并且通过国家的调研我们了解到，如果孩子遇到了不良信息需要家长运用我们自身对网络的了解，包括我们的知识认知能力，帮助孩子分辨什么是不良信息。

以上这五点内容可以归到这样一个概念中，Digital Smart Parents，"数字智慧家长"。

3. 做"三精父母"

"三精"指精细观察、精准施策、精心养育。

首先是精细观察。要非常认真地观察孩子，不要孩子一拿手机就说"你在玩"，不要孩子一上网就说"你要干什么"，不要随意对孩子进行评判。经过观察，会发现有时候孩子玩游戏会突然很疯狂，特别是在考试之前，因为这个时候他的学习压力非常大，那这时就可以放任他去玩一下，甚至在他玩游戏时去观察他和谁玩，玩什么类型的游戏，以及游戏中他扮演什么角色。

其次是精准施策。有一个案例非常好，一位母亲发现她的孩子有一段时间和老师发生了很多冲突，然后沉迷《魔兽世界》这款游戏，母亲就坐在她身后观察，发现孩子玩的是治疗队友的角色。母亲观察以后就询问孩子为什么选择这个角色，孩子说怕自己打不过别人会影响团队。可以看出这个孩子没什么自信心。就像麦克卢汉说的，游戏是现实社会的延伸。孩子在没自信心的时候玩游戏，角色也会反映出孩子在真实社会里的情况。这位母亲询问过后就接纳了孩子的情绪，在学习上也对孩子更包容，这就是一种精准施策。

最后是精心养育。"养"就是要给予孩子对家庭的归属感，对父母的归属感，以及他对家庭角色的认同感，上文案例中这位母亲就给了孩子非常好的认同感，她并没有批评孩子，甚至鼓励她继续玩，有时候还会询问孩子这个游戏是怎么回事，和孩子探讨自己不了解的事情。

巴西一位教育学家提出了解放教育理念，我们养育孩子其实就是在教育人、培养人。惠特曼有一首诗写到"这个孩子看到什么、听到什么，最后这个孩子就变成了什么"，所以家庭的影响甚至高于学校的影响。解放的理念就是培养孩子的批判性思维，让孩子学会学习、学会思考，最后得到解放。像上文提到的那位删掉孩子成果后问"我是混账吗？"的家长，他气愤的并不是孩子玩游戏,而是气愤自己没有掌控这个孩子,他要掌控孩子、驯化孩子,让孩子成为家长想让他成为的那个人,而不是这个孩子自己想成为的人。

另外家庭氛围对孩子的影响也是非常大的,想要培养归属感,就要多组织一些亲子活动。曾经有位家长在家里设置了一个"养机场",就是在家里暂停使用手机一个小时,手机都放在一个地方,把这个地方取名叫"养机场",这是个非常好的点子。还有篇关于一位父亲的报道,他的孩子考上了清华,父亲在交流经验时说到,他们家有一个固定的聊天时间,就是在洗脚的时候,大家聊聊今天的工作、今天的学习,这也是非常好的做法。亲子关系越好孩子越不会沉迷手机和网络。

和孩子共同学习也很重要,共同学习使用电子产品,多向孩子请教使用电子产品过程中的问题。有次一位学生给我发信息询问成绩,我回了他一个"捂脸"的表情包,儿子看到以后当时就和我说,妈妈你不能这样回复,这个表情说明你非常不认真,是在开玩笑的。这说明孩子也可以教育我们,教我们如何在信息时代与年轻人沟通。当然大人也可以教育孩子,有一次我的孩子给老师发文件的时候,只发了文件,没有留下任何字,老师批评了他。他回来很委屈地对我说:"不就是发文件,我发了老师却批评我。"我问老师批评他什么,他说:"老师说,我发了以后应该和老师说一声。"我说:"对呀,这是起码的礼仪,人与人之间的礼仪,你要尊重老师,不仅和老师、同学,和其他人都应该这样,你发完以后应该先说一段话再把材料发出去。"这就是我们和孩子共同成长,同时在这个共同成长的过程中,也可以更多地去了解孩子。

一个好的对话方式可以充分培养孩子的自足感和成就感。解放教育理论提到,对话首先要平等,要站在尊重孩子的角度,要充满爱和真诚;其次是信任和谦恭,允许孩子质疑我们,不能抱有"我是家长,我一定对"的态度。另外,提问也是一个很好的对话方式,在教育学里特别讲到苏格拉底提问法,就是让回答者通过自己的回答去找到答案,而不是老师或家长直接告诉孩子答案。而我们在对话的时候,第一是要了解孩子是什么样,第二是通过对话让孩子了解,他想要什么。

前文提到如今低俗视频泛滥,作为家长就要起模范带头作用,提高自身素养,做好媒介的选择,例如经常看一些美的东西,在网络平台上看一些美的短视频，或者订阅一些学习型的内容，给孩子树立良好的媒介使用典范。在这个过程中孩子看到了父母好的使用行为，自己也会逐渐向好的使用方向发展。

通过电子产品的使用也可以发现孩子的特长，鼓励孩子发现自己的兴趣。例如《王者荣耀》这个游戏是很多家长不喜欢孩子玩的，但是有一位家长非常有智慧，他发现《王者荣耀》是基于历史故事来设计的，但是和真实历史还是有很大的出入，于是父亲让孩子去找一下真实的历史故事，然后对比看有什么不同，后来孩子爱上了历史，自然而然对游戏也就没有兴趣了。所以可以通过发展孩子的兴趣来提高孩子的效能感，逐渐用其他的爱好来替代游戏。

最后可以使用新媒体进行思想教育和审美能力的培养。现在国家非常重视短视频的设计和传播，例如官方颁布的一个《大美中国》短视频，拍摄了很多我们国家美丽的景色，可以和家里人一起观看，也能培养孩子的一种民族认同感，在这种民族认同感里面找到他的人生目标，找到学习的动力。所以要充分利用新媒体进行家庭的思政教育，不要只关注孩子的学习。

希望每一位家长都能做好麦田的守望者，当孩子跑向悬崖的时候，我们可以及时地拦住他们。在网络时代绝对禁止孩子使用电子产品是不可能的，只有理智、科学地对待和使用电子产品，建立良好的亲子关系，培养孩子良好的网络素养，才能让我们的孩子拥有更美好的网络环境。

第十二篇　尊重、理解、接纳

——让儿童更快乐

韩　旭
（主持人）　上海广播电视台主持人

董丽敏　　上海开放大学学前教育专业教授

孙传远　　上海市终身教育研究会家庭教育专业委员会副主任

韩旭 让孩子快乐是一个重要的家庭话题,许多父亲、母亲还有爷爷奶奶们也在不断地寻求一个家庭教育的真传。今天我们以尊重、理解和接纳这样三个点来开始我们今天的话题。两位老师,你们觉得尊重、理解、接纳这三个词哪个最重要,哪个最应该放在前面?

孙传远 这三个关键词都非常重要,如果说先后次序,我觉得首先家长应该理解孩子,因为理解孩子意味着了解孩子的身心发展特点和规律,对于孩子的一些特点包括缺点、优点,都要接纳。在此基础上,对孩子进行教育时,一定要尊重孩子。

董丽敏 我觉得中心词应该是尊重,但是要先理解孩子、接纳孩子,再达到尊重孩子,这是一个比较高的层次;同时可能一开始你就要有尊重的态度,然后你才能去了解孩子、接纳孩子;有时候感觉是一个循环,看你重心放在哪里。

韩旭 我们说理解、尊重、接纳是家庭爱的源泉,它们也都是爱的源泉的表现。家庭中只有将心比心,才能形成良好的朋友关系,而朋友是可以互相沟通的。今年"六一"儿童节还在疫情当中,很多孩子在上网课,家长朋友们有很多烦恼和苦衷。有家长说,"你看我们孩子在家里一会儿到这儿,一会儿到那儿,对网课一点不专心,我必须跟在后面,真是操碎了心";还有家长说,"现在孩子上网课、写作业我们必须在后面盯着,要逼着他"。两位老师怎样看待这种情况?

孙传远 我觉得今年春天是一个非常特殊的时期,孩子在家学习,家长和孩子之间沟通、交流的机会增多,但在孩子上网课、家长指导孩子的过程中,家长过多地接触孩子,也可能与孩子产生一些摩擦,甚至矛盾或冲突。这种情况下,其实更需要家长从孩子的角度来看问题,尤其是要了解孩子的心理,孩子的学习压力,怎样有效缓解他的情绪,并且给予有效的指导和帮助。

韩旭 怎样有效指导？您给各位家长支支招,我们具体该怎么做?

孙传远 首先我觉得要以构建亲子良好和谐的关系为基础,刚才韩老师也提到了,以爱为核心或者以爱为基础的关系才是我们家庭中最核心的关系。

韩旭 比如说不要逼着孩子,"上课了你要赶紧坐好",在后面像监工一样,这种监工状态我们是特别不提倡的。

孙传远 对,家长千万不要把这件事情看得是至高无上的,什么事情都要盯着。

董丽敏 在疫情期间孩子上网课是前所未有的,家长也没有经验,而且家长一下子成了辅导员、班主任等很多角色的一个综合体,既要安排孩子的吃、住,还要给孩子安排学习。监督学习、检查作业、交作业等事情都压在家长身上。这时,家长应该试着调整好自己的心态,要理性,在保障亲子关系和谐的基础上再做一些事情。心中要有爱,你所做的一切都应当是自愿的,家长需要适当地调整自己的心态。

韩旭 总而言之一句话,不要去逼,不要去怒斥,不要时时刻刻盯得太紧。

董丽敏 不要把自己的焦虑传给孩子。

韩旭 有些家长说:"我说话孩子都不听,我该怎么办,我只能在后面盯得再紧一点,孩子很调皮的。"有些孩子有他的特点,比如调皮、多动,不听父母说的话。我觉得有些是家长过度监管,太严厉了,导致孩子采取逃避的方式,你来怼我,我就离你远点。在理解、接纳和尊重中,我觉得理解是非常重要的,在各种学业重压之下,不能再逼着孩子。家庭应该永远是各个成员的避风港和休闲湾。

董丽敏 家里现在孩子少了,家长可能会盯着孩子,其实作为孩子一直被盯着,感觉是很不好的。还有我们家长往往会觉得孩子小,需要去保护他,要时时刻刻帮他想好外面的风险在哪里,给他安排好,其实是多虑了。

韩旭 可是有些家长说:"不盯不行,我一不盯,他一分钟之后就变得自己不知道在干什么了。"

董丽敏 其实比方说陪孩子写作业什么的,我觉得陪是为了不陪。小的时候他自控力不太好的时候你陪陪他,让他养成好的习惯,慢慢长大了就不用陪了。

韩旭 6月2日小学开学了,到6月底要放假。很多家长说这一个月真的太辛苦了,后面两个月恐怕还有暑假作业,还有一些网课要上。再给家长支支招,假期叠加网课怎么应对?我觉得还是要鼓励孩子、相信孩子,就是理解这两个字,我相信你、理解你,你应该做得好。

孙传远 我觉得从家长这个角度来看,理解孩子,怎么做家长是最重要的。家长有榜样示范作用,父母都知道怎么去做好这个榜样也很重要。而做好榜样,首先还是需要理解孩子,还要去和孩子进行有效的沟通,同时在行为上给他做有效的指导,比如说学习行为、生活习惯这样一些方面。

韩旭 现在的孩子会有几怕,比如说第一怕发卷子,第二怕公布分数,第三怕返校,第四怕开家长会,尤其是开家长会之后家长就会说,你们老师说了,你们怎么怎么样,尤其是你,哪些地方缺点一大堆,好像是老师的"帮凶"一样回到家里。面对这样的情况,家长该怎样改变?

董丽敏 我看过一个案例,有一个孩子他有多动症,到幼儿园第一次开家长会,老师告诉家长说孩子有多动症,其实孩子猜测到老师会说什么,但回家后问妈妈,妈妈镇定了一下说老师说你很好,现在都能坐到3分钟了。这样一点点鼓励,把这个孩子一直鼓励到高中毕业。高中毕业后孩子拿到大学录取通知书的时候哭了,他和妈妈说他知道自己很不优秀,但妈妈一直鼓励着他走向优秀。

韩旭 就是将心比心地去完成教育的使命,我们今天给大家第一个金句就是:教育孩子必须把他当成一个独立的人来对待,而不是把他当成一个弱小的人来征服,尤其小孩子在心智上还是很不成熟的。下面我们讨论一下第二类案例,就是孩子学习很辛苦,爸爸妈妈其实是非常理解他的,但是现在的社会竞争压力太大,父母就要求孩子现在必须要学上加学,努力再努力。一些父母认为孩子以后必须上外国语学校,必须上双语学校出国才能出人头地,孙老师您遇到过这样的案例吗?

孙传远 这样的案例还是很多的,经常我们和一些家长朋友交流的时候,他们可能都会讲到孩子的学习情况,比如说尽管孩子已经很努力了,但是家长还是很着急、很焦虑。家长其实对孩子的期望还是比较高的,有的时候这种焦虑可能会转嫁到孩子身上，孩子就会感到很紧张。其实孩子一旦在情绪上出问题，多多少少又影响到他的心理状态和学习了。

韩旭　家庭关系搞得很糟糕，以后 20 岁、30 岁、结婚、工作、生子，还有面对其他一些家庭事务的时候，没有好的亲子关系打底，怎么可能让家庭幸福呢？我们这里再给大家一些我们讨论、总结出来的比较经典的一些教育理念。第一个，不要期望孩子对我们俯首帖耳，因为他们有个人的建议、个人的意见，但愿他们能够尊重我们。当我们正确地认识和接纳他们，他们自然会尊重我们。

董丽敏　不要期望孩子获得多大的成就，但愿他们善于学习，因为我们一生都在不断学习，学会学习的人才是一生都成功的。

孙传远　不要期望孩子一定获得成功，但愿他们度过有意义的人生。

韩旭　是的，今天获得了成功，也许未来还会有低谷，人生就是这样起起伏伏，没有人一帆风顺到底，所以过有意义的人生，创造另外一个有意义的起点和顶点，对一个孩子来讲，比面对失败和挫折更有意义。第四句，不要期望孩子做我们的傀儡，但愿他们能够成为我们的精神伙伴。其实每一个孩子都不是一张白纸，我们常常想去做他的设计师，我认为这是一个最大的误区，他有他的独特性，他有他的特点，我们一定要按照他的特点去尊重、理解、接纳他。

孙传远　不要期望孩子不遭遇任何失败，但愿他们有勇气从头再来。

韩旭　我觉得这句话说得正当其时，现在疫情期间，各行各业都经历了关键期，甚至成为重灾区，很多行业重新洗牌，我相信很多家长这个时候也求助过你们，也会说接下来这个孩子工作有问题，事业遭遇瓶颈了。

董丽敏　对，确实有很多这样的情况，包括家长自己在干什么，可能给孩子带来的影响，家长也许可以让孩子了解这些，但是不要把压力转嫁到孩子身上。

韩旭　有的家庭成员身处不同行业，这样一个环境下，其实这个时候更能看到一个好的家庭亲子关系，一个和谐的家庭关系是非常重要的，大家这个时候就要抱团取暖了。所以我们说家庭关系真的是留得青山在，不怕没柴烧。其实这些年我们对儿童的权利有了更细分的认识，已经更好地厘清了家长的话语权和孩子的话语权，家长也越来越多地愿意倾听孩子，但我们也收集了一些家长对孩子们说过的比较刻薄、严厉的一些话语。比如有些家长会说，"就你这样的孩子，长大了也没出息"，"怎么养了你这么个孩子，你看看别人家的孩子，再看看你自己"，有做作业的时候家长经常说的一句"又错了"。董老师，你们听到的关于做作业的比较刻薄、严厉的话是什么？

董丽敏　比如："讲过多少遍了，怎么还不会？你长耳朵了吗？长脑袋了吗？"类似这样的。

韩旭　有些家长说做作业之前家庭是歌舞升平，做作业的时候是鸡飞狗跳，恨不得鸡毛掸子打碎了。董老师，我们来解析一下这些话对孩子的伤害。

董丽敏　其实这是非爱行为。你对孩子的爱应该是无条件的，因为他是你的孩子，这个孩子你不能退货、不能丢掉，就是你的孩子，你必须无条件爱他。但是你对他说"你不听话我就不爱你了"，这是给了他爱的条件，如果他下次犯了什么错，他会担心妈妈不爱自己了，他遇到问题不敢和妈妈沟通，亲子关系就会疏离。

孙传远　这些爱都是附加条件的爱，父母对孩子的爱首先应该是无条件的爱，这种爱是一种本能，关键是不要附加某些条件，不能说如果达不到就不爱了。

韩旭　这也是接纳的问题，孩子总归要犯一些错误，他们的学业总会有些疙瘩解不开。我相信很多家长会问，我们不这么说该怎么说呢？比如看见这样不听话的孩子怎么说？

董丽敏　应该说："你这样的行为妈妈真的有点伤心，如果我们能够把这件事情做好了，我们都会很开心。"站在孩子的角度，"你刚才不听话也许有你的原因，或者你和我说一说"，这样理解他、接纳他。比如孩子哭闹，你要先接纳他的情绪再分析其中的原因。

孙传远　孩子犯错误是非常正常的，家长千万不要抓住孩子的错误骂他、批评他，应该说"犯了错误不要紧，我们再来一次"，要鼓励他。很多家长会有一种纠错思想，他似乎看不见孩子其实一直表现都很好，孩子一旦犯了错误，比如做错一道题，马上就给他指出来。

韩旭　还有，如果孩子在哭，一直不断哭，家长也很焦虑。

董丽敏　可以说："如果你确实很难过，你想哭就哭一会儿吧，我就在边上,你需要帮助就来找我。"

韩旭　"什么时候你哭好了,什么时候你愿意说出你哭的原因——真正的原因,再告诉我。"还有那句家长常说的"又错了",孙老师您来说。

孙传远　其实犯错误很正常,又错了可能是孩子不太专心,他自己本来应该能做好的,家长也认为他能做好,但是他又犯错了,说明孩子可能有点注意力不太集中。

韩旭　还有可能是家长在后面催促,也许我们可以说"错了没关系,我们放一会儿,你去想一想,我给你时间,想好了咱们再说,如果你觉得实在做不出来,我们就放着,过一会儿再说",我觉得这样的话都可以说。最揪心的话就是"你看看别人家的孩子,再看看你自己"。

董丽敏　这是父母想通过别人家的孩子激励自己的孩子,但是没想到伤害了自己的孩子。比如夸赞别人小提琴拉得很好,打击自己孩子,其实可以问问那个孩子学多长时间了,每天练多久。然后告诉孩子"如果你花这么多时间拉小提琴,几年以后你也可以拉得很好",告诉他通过努力他也能获得成功,这样就激励了自己的孩子。

孙传远　如果要换一种说法,我认为其实首先是发现孩子的优点,而不是总抓着他的缺点不放,还有很多家长可能拿自己孩子的缺点同别的孩子的优点比较,这样比较肯定不行。

韩旭　"是金子肯定会发光的,你就是没有发光的金子。你可能还需要等待,30岁、40岁,总会有成功的一天的。"孙老师,你还记得别人给你最大的鼓励是哪句话吗?

孙传远　我记得比较清楚的是我小时候,我妈妈对我的教育一直是鼓励的办法,我刚上小学,七八岁的时候就开始做家务了,比如刷锅、洗碗,我做得并不好,但是妈妈总是夸我做得真好,我现在仍然记忆犹新。其实,对孩子一定要从正面去积极地引导和表扬,而不是盯着孩子的缺点、不足不放。

韩旭　《儿童权利公约》中提出了生存权、发展权、受保护权和参与权等儿童权利。随着我们国家不断发展进步,生存权对于孩子来说已经是一个基本的权利了。发展权,近年来随着教育理念、科技水平不断发展,在各方面给孩子发展权。受保护权,这点不知道两位老师怎么理解?

孙传远 从人的发展来看儿童是弱小的,他本身就应该受到成人的保护,我觉得首先受保护权要做好。不只是孩子的身体健康和生命受到保护,他的情绪包括他的各方面发展过程中的一些不足和缺点也应该受到保护,成人应该用全面的观点来看待孩子,促进孩子的发展。我们刚才讲了学习压力也好,家长给他施加一些情绪也好,其实都没有关注到孩子和谐的、全面的发展。

董丽敏 我觉得有些孩子在家里最基本的人身安全可能也受到了影响,我觉得这个也是他的受保护权最基本的一点。孩子的人身安全、心理、身体,各方面都需要家长还有社会来共同保护。

韩旭 现在有些家长过度保护,孙老师你觉得过度保护主要表现在哪些方面?

孙传远 首先讲过度保护是因为家长不太相信或不太信任孩子有这方面的能力。刚才董老师也讲了,其实保护孩子是为了不保护他,是为了让他独立自主。在他幼小的时候是需要成人的保护的,受保护权其实是包括很多方面的,可能很多家长还没有关注到这个问题。

韩旭 我们怎么理解儿童的参与权,孩子应该在哪些方面参与?

董丽敏 在孩子的成长过程中,他可以参与决定自己的一些事情,比如说学什么,以后要成长为什么样,要做什么事情。还有比如家庭成员共同的活动,他应该是有参与权的。

韩旭 比如说准备一顿家宴,参与包一顿饺子。

董丽敏 这也是促进亲子关系和谐发展的活动,一家人其乐融融地做一件事情,提高孩子的动手能力,又促进了大家的关系。

孙传远 中国在1990年签署了这个由联合国颁布的《儿童权利公约》。其实在公约中有几十种儿童权利,我们最后归纳了这样四大类,此外还有如隐私权,家长是不是侵犯了孩子的隐私权,也需要家长关注和反思。我觉得我们可以提出倡议,家长应该要全面了解儿童的这些权利。

韩旭 比如说在儿童节这一天,让孩子自己决定怎么过这个"六一"儿童节。有的家长说:"我们就带他们去游乐园玩一下,中午吃个饭,下午买个礼物玩具就可以了。"其实到头来孩子会说:"还不是让我陪他一天。"

董丽敏 到底谁陪谁?

韩旭　孩子会说:"有时候星期六、星期天不是也这样过的么。"怎么过一个特别的"六一"儿童节,有的家长说:"我们已经七八个家长说好了,我们去郊游,在特定范围内让他们自己玩,我们在旁边守着就行了,让孩子充分认识他们的朋友。"这种做法其实挺好的。

董丽敏　或者大一点的孩子也可以自己约同伴玩。

韩旭　我们小时候有很多事是很开心的,孙老师您小时候怎么玩最开心?

孙传远　童年时代我们生活在农村,给我留下最深印象的主要是每年暑假到河里游泳。那个时候可能因为家里面兄弟姐妹比较多,大人也顾不上我们那么多,我们觉得太自由了。现在回想还是有点害怕,家长没有考虑到我们的安全问题,现在家长首先要关注一下这个方面。

韩旭　董老师您最开心快乐的童年时光是什么?

董丽敏　我们家在河边,最开心的是中午大人都休息了,就到河边玩,抓小鱼、小虾。

韩旭　我们回忆里快乐的童年时光都是和小伙伴在一起的,现在的家长把孩子保护得过于严密,孩子间交流的机会减少了很多,其实很多孩子真的更愿意与伙伴而不是家长在一起。但是有的家长望子成龙,对孩子期望过高,周末、假期都要求去补课,还有的家长急功近利,把自己的意愿强加给孩子,等等,两位老师还遇到过什么例子?

董丽敏　"我自己书读得不好,你一定要给我考什么大学。"一只鸡下了一个蛋,希望小鸡刚孵出来就能飞,就是这样的感觉。

韩旭　还有家长过度保护,终身服务。

孙传远　家长对孩子过度保护的情况是比较严重的,其实应该从小培养孩子的独立性,到他能做的时候一定要让他自己去做,比如幼儿园期间,三四岁应该学会拿筷子、扣纽扣、系鞋带、穿脱衣服等。

董丽敏　我觉得过度保护就是把一个孩子的一切都包办了,剥夺了孩子成长的过程,比如有的孩子考上了大学后因为不适应退学,或者要妈妈一直在身边陪读,这就是过度保护的结果。

韩旭　一位教育专家讲过,你要"用"孩子,5岁以后可以让他完成家庭的一些任务,比如订外卖,自己洗一些衣物。

董丽敏　其实孩子更小的时候就可以开始培养他独立行动了,比如说一两岁,会走路的时候,让他把自己的尿不湿丢掉,这也会使他很专注地做一件事情,他会很有成就感。

韩旭　学龄前的儿童上小学一年级之前,应该让孩子学会做什么?

董丽敏　学龄前的儿童要掌握生活技能,比如会自己吃饭、穿脱外套,能够自己解决大小便。

韩旭　我曾经看到一位爸爸,他用一个小桶在小区门口自动饮水机灌水,水量应该不太多,他让女儿从一楼提到三楼,这样慢慢培养孩子的力量。有教育家说过,孩子只要有肌肉了就有自信、有胆量了。

董丽敏　有能力做这些事情她就觉得自信了。

韩旭　孙老师,在你看到的现代的案例中,有没有家庭对孩子过度保护的,到了成年还没有放手的?

孙传远　过度保护现象是比较多的,尤其是独生子女,现在已经长大成人了,十几岁甚至二十几岁了,他们在家里家务事做得很少。但如果家长从小培养他们的话,我相信他现在完全可以和父母长辈一样,做任何家务事都没问题。

韩旭　我们这儿说的过度保护其实是过度代办,把他很多事情包办掉了。我在买家具的地方观察到,挑家具都是爸爸妈妈,孩子自己不会挑。

董丽敏　还有一种家长管得多,家长一直管着不愿意退出,也导致孩子不会做这些事情。其实家长带孩子是抱在手上慢慢地放开这样一个过程,到了该放手的时候还要保护着他,就影响了他的发展。

韩旭　我们经常看到有些老人住院了,或者在养老院里,孩子在那里却什么都不会干,不会照顾人,大体因为他们年轻的时候给孩子代办太多了。

董丽敏　孩子习惯被他照顾了,反而不习惯去照顾他了。

孙传远　其实家庭教育的影响是终身的,所以我们一定要从小注意培养孩子,包括他的各方面的生活习惯,比如说睡眠、饮食、刷牙洗脸、运动这些习惯。你想让一个孩子健康全面成长,就得从小培养他。

韩旭　我们接下来再说说家长的压力,疫情当中我们发现了照顾一个在家里上网课的调皮孩子有很多的问题。很多家长会把自己在外面得到的一些情绪带到家庭中来。家长要如何管理好自己的情绪,董老师您在这方面有什么建议?

董丽敏 我们和家长说要管理好自己的情绪,家长可能会说太难了。确实是难,有时孩子的问题超出了我们的想象,难免情绪会失控。这时可能真的要做个深呼吸,或者是转身喝口水,看一会儿窗外,回过头来再和孩子交流。

韩旭 或者告诉自己我现在已经到家了,我要把外面所有得到的东西放在门外面,等关了门我要换成自己父亲、母亲的角色,不能说因为看见家里乱七八糟了,就对孩子撒气。我们接到的案例中很多的家庭争吵,都是因为一点点小的情绪,引爆了整个家庭的不和谐。所以家长要管理好自己的情绪,家长不快乐,孩子肯定不快乐。家长也要了解孩子的情绪,及时地帮助孩子疏导他的不良情绪,这就是一种看见。要做一个敏感的家长,该怎么样观察?

董丽敏 多观察孩子的表情、言行举止,不良情绪其实是会表露出来的。其实越小的孩子,可能表露得越多。比如孩子从学校回来,原本都是吵闹着说"我饿了,我要吃什么",今天却蔫蔫地不说话进房间去了,可能就是遇到烦恼或者发生问题了,这时候敲门问一下:"需要和爸妈说说吗?"如果他觉得你烦,那就给他点时间。"你可以想一会儿,等下你觉得需要告诉我再来告诉我。"

韩旭 孙老师,遇到情绪不良的孩子,我们怎么运用心理学或者观察法的方式接触孩子?

孙传远 家长和孩子之间的情绪是相互影响的,家长需要全方面看待自身的家庭教育能力、教养能力。比如说家长至少要有三个方面的能力,第一是认知能力,第二是情绪能力,第三是行为能力,这三个方面是相辅相成的,情绪在中间起调控作用,是关键性的纽带。家长控制好、管理好自己的情绪对于建立良好的亲子关系非常重要。

韩旭 认知能力是要看到自己的孩子,知道孩子日常的表现,他亢奋、低落、最佳状态等情绪和状态是什么样的。行为能力是我们通过一些行为去影响亲子关系、教育孩子,包括我们吃饭之后亲子一起先出去走走路、化化食,这些其实都是很好的交流方式。

孙传远 家长的榜样作用很重要,能帮助规范孩子的行为。我们讲三岁看大七岁看老,3—6 岁是发展的关键期,这个时期是建立孩子规则规范的时期。比如说玩游戏需要遵守一些规则,游戏过程中孩子自然而然地学会扮演角色、交流对话、分享与合作。

韩旭 3—6 岁这个阶段应该关注孩子什么样的情绪?

董丽敏 一个是认识自己的情绪。孩子能够表达出自己的情绪,孩子还能感觉到他人的情绪,慢慢让他学会调控自己的情绪,也就是家庭的情商教育。

韩旭 比如有的孩子说他最近不喜欢吃饭,或者是在外面和别的小朋友玩得特别高兴,要和外面的小朋友玩。我们该怎么认识这个状态?

董丽敏 他要和小朋友玩这是他的社会性发展到这个阶段了,他要求有同伴交往,这个时候其实应该鼓励他出去玩。

孙传远 有些孩子贪玩,家长可能认为这个孩子怎么这么不听话,本来讲好了比如说 6 点钟就回到家里写作业,但是他可能忘记时间了,也可能有其他原因。这些情况家长也应该站在孩子的角度想一想,比如说家长有的时候也出去健身打球,正开心的时候他也不愿意停止。其实也可以适当给他放宽一些时间,尽量让他的天性释放出来。

韩旭 接下来请董老师和孙老师来给我们解释一下"快乐的情绪防疫瓶"。

孙传远 这个内容是我们最近看到上海静安区一位中学心理老师设计出来的,我觉得这个设计非常巧妙,很有价值。

韩旭 这个瓶子像我们喝水的瓶子这么高吗?

孙传远 差不多吧,它主要让孩子通过绘画来展示,比如问他开心的活动有哪些,然后让他把这些都想出来,描述出来。这个过程本身对孩子而言也是愉快的。

韩旭 这个实验针对的孩子是多少岁?

董丽敏 中小学生。

韩旭 大概十一二岁这个样子,这个瓶子上面都写了些什么,画了些什么?

孙传远 孩子最喜欢从事的一些活动,比如他喜欢吃、喜欢玩。

董丽敏 孩子偏爱的,比方说把玩毛绒玩具,或者画一张完整的水彩画,或者是自己坐在那里发发呆,或者吃喜欢吃的东西,这是女孩子喜欢的。男孩可能比较直接,要打球、要骑车、要蹦极,还有的孩子其实也体现出亲子依恋关系,想和爸爸妈妈看看电视或者看看小的时候的照片,还有孩子用两个瓶子装爸爸做的饭,他强调想吃爸爸做的饭。还有的孩子除了打游戏就是吃喝玩乐,这种情况,老师可以有意识地引导一下。

孙传远 刚才董老师也讲到了有一些性别的差异,其实我们更多看到的是不同孩子的个性差异,每个孩子是不一样的。

韩旭 我看有些瓶子是黑色的,有些瓶子是空的。空瓶子是没内容还是幸福感已经到了一定的水平了?

孙传远 空的瓶子可能是孩子暂时还没想起来他喜欢或者说已经开展了哪些有趣的活动,总体来看展示了每个孩子色彩斑斓的内心世界。

董丽敏 我的理解它是可以不断补充的,孩子会有更多的想法补充进去。

孙传远 其实还有个对空瓶子的解释——每个孩子都是正在形成或者正在发展中的人,每个孩子都有缺陷,都有缺点,要用长远的眼光来看他,未来他会发展好的,我们家长应该有信心,给予孩子更多的支持和帮助。

韩旭 我听过很多家长说没有信心,问孩子未来想干什么,孩子说不知道。这个"不知道"的含义,一种可能是"我不想回答你这个问题,我有也不和你说"。另一种可能是他确实没想好,他认为目前能看得见的都不是自己喜欢的,他还有更好的,但是现在没找到。还有一种可能是他真的没有好好想过这个问题。

孙传远 每个孩子的理想、目标可能都在不断变化,因为随着他的世界观的变化或者说眼界的开阔,他可能会逐渐转变。或者说某一时期他的某一兴趣让家长接受不了,这都不要紧。他可以有多种理想,对家长而言主要是鼓励孩子为了实现目标而付出努力。

韩旭 您听到比较奇葩的或者是比较特别的,孩子未来想做的事情和想从事的职业有哪些?

董丽敏 现在的孩子比较关注自己的兴趣,一个 10 岁的小女孩和我说她想种一片植物园,研制怎么做香水。还有一个孩子和我说,他想做一名烘焙师,就是烘焙面包、蛋糕什么的,每天做出各种形状的点心,满足不同人。

其实用心做一件事情都是很美好的。而且孩子的理想会变,你不要一开始就很严肃地说"你不能做这件事情"。

    韩旭 就是说我们要接纳儿童的特点,他有他自己的想法,我们要问问他们,多理解他们。

    孙传远 一定要以发展的眼光看孩子,这对于让孩子在快乐中学习、快乐中成长是最重要的。

    韩旭 董老师,现在我们也看到很多家长,他们在不断地唠叨,在孩子没有做之前他就开始唠叨。

    董丽敏 这也是家长对孩子的一种不信任,他不放心就不停地唠叨,孩子其实最反感这种唠叨。教育有个超限效应,超过一定频率会起反作用,孩子以后可能就充耳不闻。你在唠叨的时候,孩子早就神游到别的地方去了。

    韩旭 其实人肯定是要犯错的,而且这个犯错有的时候是一次两次,有的人不撞南墙不回头,有人是倔强的性格,他一定要真正认识到错误他才肯纠错,有些孩子没做之前你就帮他纠错,不要这样,不要那样,他肯定要对你反感。

    董丽敏 家长在孩子做事之前说不要这样做,不要那样做,孩子是理解不了的,孩子一定要在他试错的过程中不断地成长,所以我们要让孩子去试错。有些事情家长知道他会错,但是你讲他不听,你让他试一下他就知道了,这样做原来是错的。

第十三篇　家有考生，如何助力？

姚玉红　同济大学心理健康教育与咨询中心副教授

姜企华　崇明区教育学院高级心理教师

姚玉红 考试是学生时代离不开的话题,在这样大考、小考各种考当中,各位家长和同学的心理压力真不小,今天的主题是"家有考生,如何助力"。姜老师,你做高中老师有 20 年了,能和家长朋友们先谈谈老师、学生、家长会有哪些焦虑反应吗?

姜企华 我做高中老师过程中就经常发现,不管是期末考试、月考、等级考还是高考,每到考试来临,学生就会觉得紧张、担心,会承受比以往更多的压力。其实这就是我们所说的焦虑,焦虑对于很多孩子、老师、家长来说其实都是一种非常正常的现象。考试来临时,首先孩子会感到焦虑,很多同学对我说,"老师,临近高考了,我就觉得烦,每天都在刷差不多的题目,不刷又不放心","我觉得手忙脚乱,不知道该做什么,当我背语文的时候我突然发现我的数学题还没刷,当我去刷数学卷子的时候,发现我的英文还没有背好,总是手忙脚乱",也有孩子觉得"我很担心,我很害怕,虽然我不停地告诉自己我要相信自己,我可以在考试中考好,但是我的心底总有一种声音告诉我,完了,这次我可能会考砸"。通过这些我们可以读到孩子们内心的焦虑。

姚玉红 作为初三孩子的家长,这个描写太真实了。

姜企华 除了孩子在焦虑,老师也是焦虑的。尤其今年的高考因为疫情延期了,很多老师觉得一延期,原来计划好的给孩子们复习的节奏就被打乱了,还担心学生的学习效果下降,跟不上节奏。有些老师会在上课时不停地告诉学生不要紧张,其实背后我们看到的是老师的焦虑。另外,家长的焦虑程度很可能超过了孩子和老师。在家长和孩子平时的互动中,有唠叨型、温柔型、回忆型、攀比型。临近中考、高考等重要考试时,家长们都在不由自主做以下事情:陪读、陪做作业,不敢大声接电话,不敢大声讲话,看电视都要轻轻看,各种食补、药补,小点心、夜宵、水果换着法的来,每次吃饭一坐下来就开始反复叮嘱,总担心孩子这个忘了,那个忘了。这些都反映了父母浓浓的爱和深深的焦虑。有很多时候不焦虑也是一种焦虑。曾经我遇到一位家长，她对我说："老师，我对我们家孩子的考试已经完全放弃了，每次我辛辛苦苦一会儿弄个牛奶，一会儿弄个水果端进去给孩子吃，可他不是在看手机就是在看漫画，这样还能读得好吗？我心里就难受，想骂、想说但是又不敢说，怕影响他的情绪。"所以她感到很为难。关键问题是我把孩子叫来了，问孩子具体什么情况，这个孩子却说："老师你知道吗？在我多年和妈妈的斗智斗勇过程中，我已经能够做到我妈妈的脚步再轻我都能知道她要来了。每次她要进我房间之前，我就把手机拿出来，我就把漫画书压在作业上面。"我觉得奇怪，这和我们平时感受到我们的孩子经常在看小说，妈妈来了把作业放上去反过来了。我问他为什么这样做呢？他说："如果我妈妈看到我做得那么辛苦，那么认真，但是我考试还是没考好，她会非常非常失望，她会觉得我脑子不好，会觉得我能力不强，会更加为我的将来担忧。但是现在这样如果万一我考试考不好，我妈妈会想我人是聪明的，就是不用功，未来潜力还很大，所以我不想让我的妈妈为我的未来担心。"这个事件的背后，我要提醒家长，我完全能够理解你们对孩子的那份爱，但是我不建议在孩子考试或者复习阶段过分关注他，其实你平时准备一些水果、夜宵放在外面客厅就行了，孩子饿了或者休息的时候自然会出来动一动，吃点东西放松一下。送进去其实反而打断了孩子的思路。另外，我还要提醒家长，我们每一个做爸爸妈妈的要能读懂孩子的焦虑反应。并不是每一个孩子的焦虑反应都是一样的。有一些孩子的焦虑是外在显著的，表现为紧张、害怕、担心、吃不下、睡不着，但是有一部分孩子的焦虑反应是不外显的，看上去好像云淡风轻不在意一样，甚至还会玩玩游戏，看看电视，等等。这时家长就切忌对孩子说"随便你怎么样吧，我对你没有要求，你爱考多少就考多少，我毫不在意了"之类的话。这些话对孩子是一种深深的伤害甚至是侮辱。试想如果单位领导给我们交代工作的时候说"随便你，我不提要求，你做成什么样都行"，我们感受到的不是轻松而是轻视。所以爸爸妈妈千万要读懂孩子的一些表现。当然如果你的孩子恰好是外显的焦虑的话，也没有关系，大可不必非常紧张，其实过分的减压也是一种聚焦，也是焦虑。另外一方面，其实焦虑很正常，它也有它的一些好处。一些家长正因为焦虑所以才会不断地学习，所以你才会关注你和孩子之间的互动。而孩子也是一样，因为焦虑所以他会聚焦眼前正在做的事情,比如复习会保持学习的警觉性,调动身体的能量,保持大脑的兴奋,让复习的效果更好。而过分焦虑也会杀死海马组织内的脑细胞,影响复习效果,不利于现有水平的发挥,还会在某种程度上降低免疫力,感冒、咳嗽等都会来了。不管是家长还是孩子,听懂内心的焦虑,学会和焦虑共处是非常重要的。讲到这里,姚老师是这方面的专家,姚老师请给我们支支招,我们怎么样才能和焦虑共处,觉察自己的内心?

姚玉红 听姜老师讲的过程中,各位家长可能和我一样心有戚戚焉。我非常同意你的说法,保持适度的焦虑水平是最好的,到底怎么叫适度呢?多少分?有没有一个量化的指标?我和大家谈谈家长怎么帮助孩子保持适度的焦虑水平。第一,家长要想想考试是为了什么?孩子在学习、考试等压力之下很可能会来问我们:"老妈、老爸你说说看,到底学那么多内容、考那么多试为了啥?"你怎么回答呢?直击灵魂的拷问。今天的小孩子接触的事物和科技很多,思考力很强,你还给他老一套的回答,并不能增强孩子的学习动机。之前家长学校的小调研中就有很多家长问同一个问题:"孩子怎么就不爱学习呢?"

姜企华 学习的主动性怎么激发?

姚玉红 "怎样才有学习的兴趣,条件都这么好为什么他不能好好学习?我当年是想学都没得学,很难想得通。"我想用这样一个问题引出,其实要保持适度的焦虑水平,爸爸妈妈要先想通一些终极的问题。比如说学习考试到底为了什么?你还是老一套像爸妈和我们说的,找个好工作,将来有尊严,将来有钱买想吃想喝的。结果孩子一句话怼回去:"我现在就有,我的零花钱用不完,爸爸妈妈、爷爷奶奶给我很多零花钱,我现在挺有尊严的。我现在不学习就挺快乐了。"你说你怎么回答?还有人说:"孩子,学习为了改变命运。"孩子说:"千万别改,我命运挺好的。"到底怎么回答?其实我也在思考这个问题,最后我想考试就是锻炼我们的品性,要着眼于长远。我对我的孩子说:"不是妈妈每次看你学习到深夜我就开心了,而是我希望你作为一个将来独立能干的人,你需要接受社会给你的一关关考验,每一次考试都在考验我们的抗挫力、专注力,考验我们能不能坚持。这些品性是需要通过一些实际的事情慢慢锻炼出来的。"我们还可以给孩子打比方,比如孙悟空:"你看孙猴子多厉害?一个跟头十万八千里,干嘛还要陪着唐僧一关关慢慢走去取经啊,他翻个跟头把经取回来不就行了吗? 就是这一关关,慢慢磨炼了他的品性。我们通过考试训练冷静和坚持,拿到考试卷你很慌,但是仍然能够慢慢去写。肯定有不会的题,但是与此同时你对自己说肯定有我会的题,这种乐观也是靠试卷锻炼出来的。"靠挫折、考试、学习和学校生活的对接让我们的孩子慢慢成为可以融入社会的人,可以成为在社会中立于不败之地,赢得幸福和有尊严生活的人。考试是孩子们在学校最好的锻炼机会。

姜企华 一关关考试考过去的时候,就是一次次成长蜕变的过程。

姚玉红 考好了说明获得了知识能力,会更自信,还有成功的一些喜悦,失败了你可以看到你哪一个地方有问题,是之前紧张还是怎么样? 现在回过来怎么看? 其他同学怎么回事? 你现在心情怎么样? 和别人怎么说? 未来有什么想法? 你难过,难过在哪里,将来可以在哪里改正? 这个过程中你的心情怎么去调节? 胜了输了都可以学习,这是一个反思的过程。我再说下直线因果和复杂因果的问题。以前总是想考得好就是好初中—好高中,好高中—好大学,好大学—好人生,说实话世间没有那么简单顺利的体系,没有一竿子买卖或者一锤定音的事情,哪怕你这次进了一所好高中,不一定就能保证你进入一所好大学,不能决定你有一个幸福、有价值、有尊严的人生。

姜企华 不是这次考试在你后面,似乎我永远在你后面,其实不是这样的。

姚玉红 有些家长很真诚地说:"其实我对我孩子没有特别出人头地的指望,我们也不想给他很大的压力,我只是希望他像普通同学一样将来有一个普通人的幸福生活,不要最后生活得没有尊严甚至被人欺负。"能否和普通人一样有价值、有尊严也是由很多因素共同决定的,也不只是考试好了,就能够达到普通人的幸福的。孩子问考试为了什么? 其实考试看你能不能跟上其他人的节奏,只要能经受住这一次次考验,成功或失败并不要紧,但是你能经历这次考验,每一次身上都会留下烙印。在这个过程中父母可以给孩子最好的礼物就是着眼于长远的素质培养,不是这一次考试考完了就怎样。这一次考试希望孩子不落队,经受住普通人经受的考验,跟上队伍。打个比方,孩子要远行,父母要给孩子收拾行李,行李里放什么? 放钱吗?

会用光的。放吃的吗？会吃完的。放什么？放自信，放他经历一关关的体验，经历的那种财富，他知道考差了也不要紧，考好了也不决定所有，每一次事情他都会跟着父母的指引去分析问题，去思考问题，那种思考力、抗力等力量是真正从考试中获得的成长。我经常听到家长讲孩子的一句话："他都懂就是做不到。为什么都懂做不到呢？他一定是不用心，他一定是不上进，一定是不努力。"都懂为什么都做不到？家长也扪心自问一下，咱们有没有都懂而做不到的时候？懂是一回事，而做到是另外一回事，因为它需要不断练习，懂了就能做到就不用那么多考试了。从懂到做需要一次次练习，允许挫败，允许反复。家长一定要思考得复杂一点，实际上这些都是很多因素共同作用的结果。再来一个问题，孩子问："无论我怎么努力都比不上别人，我为什么还要努力？"还有孩子会问："我就是一个学渣，怎么努力都比不上别人，为什么还要努力，干脆不努力算了。"我觉得那个孩子好苦，他努力了再不成，这个打击其实更大，还不如不努力。

姜企华　就是内在本质原因造成的失败，带来的焦虑感会特别强。

姚玉红　比如孩子对父母说"我不管怎么努力就是渣、就是弱"，家长就气得要死，想着孩子怎么那么不争气。那一刻他真的会有一种"为了啥呢？还有希望，还有动力吗？"的想法。我说一句话送给大家，父母要学习复杂思考，保持冷静。怎么样保持情绪的平和呢？大家也要关心自己。家长也不是神，并不是说咱们生了孩子一下就变成神了，咱们也需要一关关过，也有咱们的九九八十一关，不要对自己要求太多。懂得道理要复杂思考，但是复杂思考懂了之后，要去做那又是知易行难，要关心一下自己的负面情绪，家长在做的过程中也会遇到挫折，大家要关心一下自己的心情，你心情不好的时候请不要在家说话，特别是快要考试了，你到外面转一圈，因为心情不好讲话根本没有好话。你要知道你自己什么时候心情不好，心烦、心塞、心痛、心碎，这是四部曲。在心烦、心塞初级阶段的时候，家长最好有自我觉察的能力，不要发展到心痛、心碎的地步。心痛的时候就已经自身难保、失去控制了。

姜企华　你说出来的话都是不理性的。

姚玉红　心碎时都有一点病理性了，最好在心烦和心塞时就有所觉察。什么叫烦？刚才姜老师也说到，中国人经常说好烦，孩子也烦，老师说"我还烦呢"。"烦"是什么意思？其实就是我很在意但是我没有办法，当我说我很烦我爸妈的时候，其实正说明爸爸妈妈是我很重要的家人。我看到我孩子觉得好烦，事实上我很在意他。

姜企华　关心则乱。

姚玉红　关键在于不要心塞，到心塞已经有点堵了，再堵下去就要引起痛苦了。我们要观察自己在耐挫方面是怎么反应的，特别是在接二连三的打击之下。第一看会不会"夸大"，夸大就是有点小题大作，你已经很着急了，疏导情绪的需要已经大过理性开导和帮助别人，开始自己怎么痛快怎么瞎讲。"你这样下去肯定没救了"，这就是夸大型，"你这样一辈子完蛋了，你有意思吗？"缩小型的人就是刚才你说到的"无所谓，随便"。孩子聪明得不得了，他们看你的眼神其实很敏锐的，你自己不知道，你自己觉得你很平和、无所谓，小孩一看你的眼神就知道你有所谓。

姜企华　看了那么多年了。

姚玉红　还有一种叫改装型，明明心里生气，但是在那里不吱声，说自己不要紧，或者说明明很难过，在那里骂人，情绪倒转，指桑骂槐，化伤心失望为发火，这些行为的共同特点是父母有点不关心自己的心情，顾左右而言他，让孩子不知道你怎么回事，你也处理不好你的心情，就算暂时处理好了也是治标不治本。我建议大家要了解自己的心情，让心情子弹飞一会儿。比如你一推开门进去，看到孩子在打游戏、看漫画书，这时你的心情肯定会波动，马上会怀疑这个孩子怎么不好好学习呢？这时候你是失望着急的，你再等一会儿，只要稍微等一会儿，你会发现心情会生出两个分支，一支是你真正的……

姜企华　真正的内在情绪和声音。

姚玉红　是你平和、理性的自我劝抚。当你搞清楚，你会和孩子讲得很清楚。孩子问："妈你在不在意我的成绩，我没及格你在不在意？我高考考不上学校你在不在意？"如果你大声说话，孩子可能会觉得父母对他要求太高；说无所谓孩子考上什么学校吧，孩子又会觉得你放弃他了。到底该说有希望还是没有希望？在这个时候你要仔细问问自己的心情，我建议可以说："讲真话妈妈也不是一点都不在意，因为成绩这个指标实在太明显了，一眼就能看见，好像成绩就能表明现在的学习状态，一点都不在意，这妈妈有点难做到，有一点在意，这个还是有点俗，没有办法，但是同时妈妈坚信成绩绝对不是你的全部，我的孩子身上有很多特点，成绩只是一部分，我知道你很真诚。妈妈不会失望，如果需要经受住考试这关的考验，我们也可以试试到底能得几分，得几分算几分，这个成绩可以算是重要的一部分，但是绝对不是你的全部。"家长自己把自己的心情说清楚了。一方面人在现实社会中生存肯定被现实所限制，但是另外一方面你作为家长肯定有支持、理解和鼓励孩子的善良本意，这两点合在一起比较好。

姜企华 既表达了自己的感受——失望和在意，同时也让孩子看到了未来的希望和可能性。

姚玉红 我说这么多，就是想说家长不容易，要保持适当的焦虑水平。刚才姜老师讲，焦虑是好东西，我的女儿很焦虑，我对她说："你一定会紧张，焦虑说明你很在意这场考试。"

姜企华 因为在意才会焦虑。

姚玉红 家长可以说："说明这个考试对你很重要，说明你很有上进心，但是拿上卷子你就不会再紧张了，一旦开始考试你就好了。考试大家都会紧张，越有上进心的孩子越紧张，你很有上进心所以你紧张，但是你要一遍遍暗示自己考卷一发下来你就好了，因为你认真准备了。"如此等等。关于自我调节，有哪些具体的方法或者技巧呢？我把这部分留给经验丰富的姜老师。

姜企华 通过姚老师幽默且真实的讲解，我们非常能感受现在家长的难处。同时看到家长也要关注好自己，因为只有关注好自己才能更好地关注孩子还有关注他人。姚老师刚才也讲到一个问题，家长的焦虑一方面是因为家长有这个学习的意识，"我要懂一些孩子，懂一些自己，怎么样更好帮助孩子通过未来人生道路上各种各样的考验"。今天的主题是"家有考生，如何助力"，我们绕不开准备考试这个问题。当我们按照姚老师刚刚讲到的方法，关注好自己，调节好自己情绪的时候，不妨再做一件事，就是帮助孩子学习一些顺利考试的小方法和适应的小技巧。我们经常会在考试后听到周围朋友说谁谁家的孩子考运特好，超常发挥，谁谁家的孩子本来一直挺好的，考运不好，所以就考得比较差。这里考运的问题我认为基本都是心态调节的问题，还有一个词叫超常发挥，但是我认为毕竟还是小概率事件。大部分情况下正常发挥就已经是超常发挥了。大多数影响孩子考试正常发挥的因素一般是内在实力、应考的技巧、答题的技巧和心理调节。这里分享一些我自己和我的学生都在用的小技巧。第一个方法是正向聚焦。您不妨先回忆一个场景，当送孩子去参加考试的时候，您会和孩子怎么说？很多家长会千万遍去说"不要紧张，千万不要粗心"，其实这是一种负向的聚焦。人潜意识不会关注话语是正向的还是负向的，而只是把生理、心理包括情感上的注意力都聚焦在这个目标上。最后的结果是"千万不要紧张，千万不要紧张"等于紧张，"千万不要粗心，千万不要粗心"等于粗心。因此我们不妨换成正向聚焦的方式，你想告诉他千万不要紧张，你可以换成"没事的，放松点"。不要粗心，可以说"仔细答题就好，一道道仔仔细细往下做就可以了"。第二个小贴士，准备一些积极情绪的小锦囊。考前几天，请引导孩子们准备一两个情绪小锦囊，里面用一两句话描述下让你感觉舒服的、愉悦的、轻松的场景。比如说当你感觉心跳越来越快了，呼吸越来越急促了，没事，放松下来，眼睛稍微闭一闭，想想回到家我家里的猫，毛茸茸的，雪白雪白没有一点杂色，撸几下那种感觉；想想妈妈昨天买的鲜花我特别喜欢，是紫色的睡莲，让我感觉特别舒心，它依然吐露芬芳，等等，怎么舒服、怎么放松怎么来。花一两分钟想一下这个场景，慢慢呼吸就会平缓下来，心跳也会放慢，心思又会回到考场里继续答题。第三个小贴士是情景联系法。不知道家长有没有注意过，我们的孩子平时在考试时候用的笔袋和文具都是新的，新的 2B 铅笔、新的圆规，家长会说因为考试什么都是新的给你很好的感觉。我不太主张家长临到孩子考试时的仪式感，其实其他的仪式感我们可以要，但是考试的仪式感还真的不要，你这个考试的仪式感是为了让孩子感受什么？紧张，今天是高考，今天是中考，越想越紧张。所以不用准备这些，只要写得出就行，用得顺手就行，旧的一直陪着他的是最好的。我们的大脑在存储一些东西的时候，也伴随着情景里面的一些物品，它们如果在考场里面出现，能够帮助他唤起记忆。因此我们利用一个情景联系法，学进和考出相互联系的方法，在考场规则允许的范围内，让孩子把平时复习过程中一直使用的物品带进考场，感觉和平时一样。第四个小贴士，要利用好记忆的规律。记忆的规律有很多，这里我主要介绍下记忆的前摄抑制和后摄抑制，简单来说就是前面学的东西对后面有影响，后面学的东西会干扰前面的东西。这启发我们，需要孩子背诵和记忆的学习内容放在清晨和晚上复习。早上头脑特别清醒,没有前摄抑制,而晚上复习后睡觉没有了后摄抑制,就更容易记忆。第五个小贴士是尽量让孩子睡满7—8个小时。有的家长说看着孩子实在来不及,这时就要有一个排序和选择,家长和孩子共同决定到临考前多做一张卷子还是多睡半个小时。一个好方法是在孩子临上床睡觉前洗一个热水澡。另外,如果万一真的考试前一天晚上没有睡好,告诉他没关系,因为人是有应激反应的,睡得好当然很好,但是如果一两天睡不好,不是长时间的失眠没有关系。另外这种情况也不要给孩子吃安眠药,否则孩子可能第二天考试的时候想睡觉。孩子说:"妈妈我到12点还没有睡着怎么办?"你可以告诉孩子,睡不着时可以把窗打开一点,温度稍微降低一点点,自然而然就睡着了。另外在考试前面两天也不要太早上床,很多孩子往往平时夜猫子,为了应对考试9点上床了,但是由于原来的生物钟加上紧张,一般也睡不着,睡不着在那边干什么? 就想,越想越紧张,越紧张越睡不着。因此一般比平时睡眠时间早半个小时到一个小时就差不多了,就可以保障身体机能的正常发挥。第六,建议您陪着孩子在小区里面散散步,做些体育运动,控制好强度和时间,作为一种调剂。这里说的体育运动,不是为了强身健体,而是为了帮助人体降低血压,促进内循环,增强心肌功能,帮助我们更好应对焦虑带来的不良生理反应。最后还有一个绝招,就是笑。心理学研究表明人的内在情绪体验会影响外显的行为。因为开心、放松、愉悦所以人们会笑,反过来外在的行为表现也会影响到我们的情绪,如果你烦了或者孩子考试紧张焦虑了,没有关系,告诉孩子笑笑。没有什么好笑的怎么办,傻笑笑,有时候傻笑笑就自然笑了。这些是我想和大家分享的一些小贴士,当然这些小贴士对于不同孩子、不同家庭可能有不同的运用方法,围绕记忆、围绕放松怎么好用怎么来。姚老师,我讲的这些都是和考试有关的,但如你刚才的一句话,考试很重要但不是全部,更重要的或许就是孩子在成长过程中,家长日常的陪伴。家长日常生活中和孩子交流对话的时候要注意些什么呢?

姚玉红 其实我经常问家长们他们平常在家里说话吗? 如果平常不怎么说话,突然在考试期间和人家说话了,考试期间给人换了一个新笔袋,这其实是一个很紧张的暗示。平常就尽量找时间和孩子多聊一聊。有的人说我们家孩子不怎么说话，那可以找一个共同的活动，撸猫也算，深情看着他也行，嫌弃你就旁边坐一会儿，看手机或者看书不影响他，让他习惯于你的存在，这样父母和孩子平常有一些情感的连接，到关键时刻你讲话人家听。

姜企华 基础打好。

姚玉红 如果平常都不讲话，那就好比在大门口遇到一个人跑过来对你说"我给你讲讲考试技巧"，很奇怪。如果平常我经常和你说话，你可能还会过来问我考试有什么技巧。我愿意听你说，我听得进去，这就是平常的功夫。所以第一点鼓励更多亲子对话，首先要挑孩子愿意说话的时间。家长要放下身段，你别觉得自己可忙了，在外面是老总。错！在家里就是家长。孩子在很开心地打游戏你非跑过来说我们来聊聊人生，孩子刚和同学约好出去玩或者睡觉的时候，你说"妈妈好久没有见你了，咱俩聊聊最近发生啥"，孩子会很烦。看孩子现在心情很好而且没在做事你就赶紧和他说话。这需要你的眼睛能发现，还有你要养成一个机制，比如晚餐时间的亲子交流。一家人吃饭的时候不用讲重大的话题，就重在亲情，把亲情维护好，关键时刻就能发挥作用。第二，如果家里遇到争论或者意见不一致的时候，父母说话要秉承四个字——败而不死。特别是青春期孩子的家长，你可以败，因为青春期孩子需要打败父母才可以建立自我。父母是垫脚石，这个时候你要允许他长，别说"不得了翅膀硬了"，人家就是翅膀硬了，你还要鼓励翅膀硬了呢，或者说"你真的比妈妈懂得多，你的题我现在都不会做了，我落后了"。不死是什么意思？虽然我败了，但是我不会离开你，我依然在旁边关注着你，我看得出来你的心情不好，脸色不对。败而不死，父母要放低一点，我可以被你打败，但是我不离不弃，我始终做你的大后方，这个感觉是很让人感动的，孩子也会成长很多。还有，把肯定句翻译成疑问句，特别是难听的肯定句。比如他说"我恨你"，翻译成疑问句："这两天有点不高兴？看来对我有点意见啊？"把天聊下去，别聊死了。"恨我，为什么今天讲这个话呢？昨天怎么不恨我，前天怎么不恨我，为什么今天恨我？"肯定句是一个结论，疑问句是一个过程。陪孩子走思维过程，平常讲话多问疑问句，疑问句可以帮助孩子继续走思维、思考、探索的过程。比如"我不想去上学了"，这句话听上去多吓人，但是你不要激动。如果在孩子心烦的阶段，改疑问句"怎么会不想上学了呢？一定是发生什么事才不想上学了"，天就聊下去了。如果还无法继续对话,就说:"那你不想上学了准备做点什么? 接下来干什么呢?"这也是陪他探索的过程。他突然来句不想上学了,其实他在纠结,小孩觉得终于得出一个结论了,抛给你听听,看你支不支持、什么态度。但这并不是一个真正的结论,父母不要把这个当成不可更改的事实,我们要陪他继续聊下去。不要他跳一尺你跳一丈,怎么陪孩子成长,怎么引导孩子有更深层次的思考呢? 把天聊下去。下一个是,惊慌时刻问三问,第一问:这几天孩子有一点偷懒了吗? 有一点但是不多,偷懒总归要偷,只要不多就可以了,可能要调整一下,可能要谈一谈,不多就可以。第二问:孩子这几天有一点努力吗? 有,真好,我要抽空表扬他、鼓励他。第三问:这几天孩子有一点收获吗? 有,他昨天和我说他学了英语,英语怎么怎么懂了,这两天认识一个新同学,他和他同桌最近好像关系越来越好了,最近好像觉得老师有什么东西教会他了,有收获的时候你心里就踏实很多,有一点点偷懒也很正常。这三个问题还可以教孩子问。有些孩子自我要求很高,很有上进心,到晚上睡觉的时候,最焦虑的时候,也可以问一下这三个问题。最后,我要问家庭关系到底有什么功能? 两个选项,A 答案是一个妈妈说,她经常批评孩子,我说这样批评他有用吗? 她说没有用,我说没有用为什么还要批评? 她说:"我和孩子这么亲,如果我不说真话提醒他谁来提醒他? 忠言逆耳,天天顺着他说好话的人都在害他,我作为妈妈义不容辞。"

姜企华 哪怕你恨我,我也要说。

姚玉红 "责无旁贷,必须提醒你,虽然我觉得没有用但是未来可能有用,这个话就得说出去。"这是一种说法。

姜企华 很多爸爸妈妈都会这样说。

姚玉红 B 答案是"孩子我和你这么亲,如果连我都不肯定你不多的优点,如果连我都不包容你明显的缺点,这个世界上还指望谁呢?"或者把"不多""明显"调换一下:"我和你这么亲,如果我都不肯定你明显的优点,连我都不包容你不多的缺点,那还能指望谁呢?"

姚玉红 我拿这两个答案去问被妈妈骂的孩子,孩子想了一下后是两个都要,这是孩子的答案。我觉得很值得深思,孩子也知道其实 A 也重要,他并不觉得他应当只听好话,但是他觉得 B 也很重要。

姜企华 尤其在我脆弱受伤的时候我就想要 B,我尾巴翘起来的时候我就想要一个 A。

姚玉红 父母难在家庭关系量身定制，A 和 B 都重要。如果咱家关系已经很差了，就多用一点 B 吧。家庭关系已经很差了，平时都不怎么说话，你上来就是 A，没有用的，你很善意、很关切的提醒都会被听成批评、鄙视、蔑视，很容易产生敌对情绪，最后家长作用越来越小，甚至成了反作用。如果这个家庭关系本来就挺好，A 肯定要的，父母是要管束的，所以亲密关系的建设和实事求是的管束、提醒包括教育都是需要的，所以 A 和 B 加在一起要量身定制。

第十四篇　如何激发孩子的内在学习动力？

刘晔犀　上海交通大学副教授

钮也仿　上海财经大学校聘兼职教授

钮也仿　今天我们要探讨怎样提升孩子的学习内驱力。我想孩子的学习内驱力像是他开始了人生的长跑，我们父母都是陪跑者，他有学习内驱力，那他就是一个自己想跑的人，否则就是家长累个半死，看到别的孩子跑出去很远，自己孩子还在原地踏步。很多媒体经常讨论内驱力的话题，如何激发学习内驱力好像是一道挺难的题，上海有那么多有素质的家长到现在都感觉这道人生的应用题没有做好。刘教授讲讲，这道题难在什么地方？

刘晔萍　先介绍下我自己，我是 17 岁进的大学，学的是自动控制，我花了美好的 4 年青春学懂了一件事情，就是我不喜欢那个专业。当我明白了这个道理以后，后面花了我人生中的 25 年寻找内在驱动力，找我到底喜欢的是什么。我是在 40 岁的时候，才找到了我热爱的事业。我发现我热爱的就是和人说说话，然后看看我能不能支持他，帮助那个生命从低谷走出来。所以，我是在 40 岁的时候才找到我的内驱力。此后到今天，到我生命的最后一天，我的内驱力都会激发我贡献我自己的生命，为这个世界增加一些美好，所以这就是我的内驱力。寻找我的内驱力，并且因我的内驱力的激发去找到我自己的使命，我大概花了 50 年。内驱力为什么这么重要？我们一生，我们拼的是什么？就是内驱力。我们从出生就被鼓励用两只眼睛看外面的世界，我们要看其他人。今天我想邀请你，用你的眼睛来看你自己。用一分钟感谢一下自己，倾听自己内心的声音。父母通常是很集中精力地看孩子，他的学习怎么样，他考试考得好不好，有没有进步？有没有挨批？我邀请你试试看，把你的眼光收回来，来看你自己，闭上眼睛感受自己的情绪，真诚地感谢自己。这就叫认识你自己，看看你心里这个珍贵的世界，你对它有多少认识。所有的智慧的开始，起源于认识你自己。你如果把你的眼睛看向你自己，看看生命有多么美好，看看你这个生命还有多少你不知道的，因为通常只有你知道你自己有多少。你深刻了解了你自己，你才能知道你的孩子到底是怎样的人,当我们没有办法知道自己的时候,我们是很难了解孩子的。成绩只是外面的东西,对孩子来说,他的成绩类似于成年人的收入。如果有一个人天天盯着你,你这个月挣多少钱,你感觉怎么样?

钮也仿 好紧张。

刘晔萍 就在想我这个月钱挣得不够。

钮也仿 对于不够的人太紧张了。

刘晔萍 如果我们天天盯着孩子的成绩,孩子是不是也很紧张,好有压力? 成绩对这个生命来说是他外面的部分,是他的行为,他做到的部分,和内心没有关系。所以我们回到生命的本源,去看那个孩子的生命,但首先我们要看自己。

钮也仿 这块我挺有体会,包括我在内,很多家长每天都被问题困扰着,比如成绩。成绩对于大部分人来说是敲门砖,不管是中国,国外也是一样,标准化考试有相当的门槛,英国牛津、剑桥,就是要你四个 A＋,有一个不是 A＋就不要考。在这样的情况下,我们家长的日常焦虑自然围绕成绩产生,也会越来越深。那么刘教授,怎么样在非常残酷的成绩话语标准下推动小孩子自主学习,有哪些秘笈?

刘晔萍 这是我在咨询时很多家长问的第一个问题。通常好的咨询是不给方法的,我们给的是什么? 我给你很多的问题,因为这些问题给了你,推动你思考,只有当你思考出来那个答案时,你才会去行动。因为我们懂的道理太多了,谁不懂道理? 有家长说"我懂,但我做不到",说明那个道理不是他自己的。内驱力在哪里? 在他的内在,很深的地方,我们来问问,大家知道孩子想要什么吗? 不管多大的孩子。孩子们想要什么? 他们特别想要的是什么?

家长 玩。

刘晔萍 玩意味着什么?

家长 开心。

刘晔萍 他想要快乐,你们见过孩子生下来不快乐的吗? 孩子都是挺快乐的,是我们大人把他们搞得不开心。千万别说我们要让他开心,他本来挺开心的,孩子们是天生带着快乐来的。孩子们要的是什么? 他们想要自由地玩,他们想要那份自由自在。孩子们还想被你们肯定,被你们看见,被你们听见。我们的生命都一样，孩子生命的需要也和我们是一样的。他们想要被欣赏，他们想要被尊重。特别是初中的孩子，他们很想被尊重，有归属感，他要有一个圈子，一个孤单的孩子是要出问题的，孩子还要感受到他是有用的，他要有价值。所有的这些东西，父母需要吗？父母也和孩子一样。他们要多少，我们也要多少。但是我们和孩子有什么不同？所有这些孩子需要的，是需要我们成年人提供的，因为他还不能自给自足。我们在成长，我们要学习自己来提供，我们不能再依靠我们的孩子来供给。可是现实是很多家长在等着孩子来供养，特别是供养我们的什么？幸福。因为我听到太多的家长是这么说的："你看我的孩子如果学习成绩好，他如果考上好的学校，他如果未来有出息，我就很幸福了。"一个孩子要供养两个成年人的幸福，你说这个孩子累不累？为你的幸福负责任是一种内驱力，这样我们开始了生命陪伴生命的成长，这就叫我们回到我们自己，关注自己的幸福。很多家长问我，怎么让自己的孩子爱上学习，我通常问他们，他们自己爱学习吗？有很多家长诚实地告诉我："我不喜欢学习。"我说："你不喜欢学习，凭什么让你的孩子爱学习？你爱拿着手机不放下，你爱打游戏，凭什么你的孩子爱学习？很难。"实际上当父母愿意来为你自己这个生命负责任的时候，你就开始了给孩子做好榜样这个历程，因为你的孩子完全向你学习，你是一个怎么样的人，你呈现的一言一行，孩子都在学。做家长好难，不做家长的时候还可以偷懒，做了家长以后，你就知道有一双眼睛 24 小时在盯着你。

钮也仿 林语堂先生讲过一句话，你如果想忙一整天的话，就邀请朋友到你家里来吃饭，如果你想忙一辈子的话，你就生个孩子。我读这句话很有感触，我对这个"忙"，家长忙一辈子的"忙"，我就陷入一种思考，你忙什么？为什么忙？怎么忙？我又回到今天这个课堂，对家长来说，想要培养孩子的内驱力，家长的目的是什么？你的目的是想让自己偷懒，让自己不那么忙？这个目的可能就不对。你自身越来越努力，越来越强大，我觉得这些对孩子更重要。

刘晔萍 我喜欢你刚才说的。

钮也仿 社会上有很多世家，比如音乐世家、建筑师世家，就是因为父辈甚至祖辈在某一个领域特别强大，不一定是基因的传承，这种基因好像没有科学证明会传承，而是因为父母在这个领域不断变强大以后，他对下一代的影响很厉害(但不是绝对的)。我很早以前对我太太说了,没有小孩的话,可能我们觉得目前的工作状况,我们的人生,其实不努力也能混得过去,但是有了小孩就绝对不能混,要努力。

刘晔萍 努力的时候挺累的,我会用一个词"享受",如果我享受我的生命,我就能享受我做的一切,我的孩子就会跟随,你们同意吗? 当我享受的时候,我心情是很好的。怎么让生命进入那种享受的状态,这也是需要开始研究的。回到孩子,我们怎么推动孩子的内驱力? 通常我们会激发孩子的期望,期望他好好学习。我们会用冰山比喻一个人,你现在看到我在讲课,我们在分享,这是我的行为,可是你知道我的内心世界在发生什么吗? 比如你猜我现在心情怎么样?

钮也仿 肯定比较放松的,因为你在专业上比较拿手,整体上比较轻松。

刘晔萍 除了轻松呢?

钮也仿 同时你觉得自己做了有意义的事情,现场有家长朋友,在线收听、收看的有好多,今天你把自己的专业知识与很多家长分享,你有成就感,当然你确实有很大的成就。

刘晔萍 这是他猜的。有可能符合我,也有可能不符合我。我内心是很复杂的,我感觉我很兴奋、很开心、很愉悦、很享受,因为特别享受每次与大家的分享,这就是我内心情绪的部分。除此之外我还有期待,我期待今天能把很多东西带给大家,期待今天呈现一场很美的盛宴,期待我们两个搭档好。我期待家长们不要记笔记,一记笔记,心思就在笔记里,你就忘了和我连接。我的生命和大家一样,也需要被认可、被尊重,这些都一样。再往下就是我怎么看我这个生命。人就是这么复杂,所以我们要来认识一个人,没那么容易,而且今天我呈现的和明天又可能不一样,我在这呈现的和我在家里又不一样。所以认识一个人,是无比复杂的。我们通常激励孩子,常常陷在行为层面,我们都去推动他的成绩,推动他要上课认真听讲,不要开小差。很多家长抱怨自己孩子开小差,我说你孩子不开小差不太正常,哪有不开小差的? 开小差很正常。之所以开小差一定是因为有不开小差的时候。偷懒是很重要的,这是生命需要暂停一下,它要休息一下,因为我们的生命真的是很丰富,所以我们认识一个生命是不容易的。我现在对自己认识多少我都不知道,我准备用我的余生来认识我自己。我们父母,很多时候,家庭中的"重力"都在推动他的行为,当我们去推动那个行为的时候,你知道会给那个孩子带来什么吗？压力。他会认为你看不到他这个人,你只看到他的成绩,如果他的成绩好你就满脸喜悦,一旦成绩不好就垂头丧气,他会觉得他的成绩比他这个人更重要,所以这样一来家庭中会有很多冲突。大家有没有看到父母激发孩子的方式？如果在激发孩子的行为的时候,用尽所有招数,不管用钱奖励孩子也好,让他出去旅游也好,兑现所有的奖励都在触发他的行为。其实这些做法对这个生命没什么用,或许短期有用,长期有害。真正要激发他哪里？渴望。很多家长说："我还没有激发我自己的渴望,我还等着别人来欣赏我,我哪里有能力欣赏我的孩子？"很好,如果你今天有这样一个感叹,恭喜你,你开始从不知道自己的不知道,变为你知道你的不知道,这是不是一个很大的飞跃？原来我根本不知道,原来我内心需要这么多,和我的孩子是一样的,问题是我负有一份责任,要滋养我的孩子,但是我又要来滋养自己,这就是作为父母特别不容易的地方。

钮也仿　刘教授告诉了我们父母如何激发孩子学习内驱力的冰山模型,这个模型非常专业,确实值得我们对里面每一个关键词进行回味和思考。作为一个父亲,我感觉女儿的内驱力还可以,我主要是安排对的学习环境和选择对的交流方式。具体做法上我比较注重四点,一是父母的身教重于言传,言传身教必不可少。第二,父母要帮助孩子,帮助他,去共同发现他的天赋和热情在什么领域。第三个方面是学习上的重大决策,要让小孩子一起参与讨论,我建议在孩子三年级时进入这样的状态,三年级开始培养他的参与精神。第四,让小孩一定要真诚地和成绩好的同学交朋友。关于身教,以我自己为例,我整个中小学阶段,我家里的电视机都是摆设,通常是我在做作业,我父母在看书。现在我会在工作之余打开学术著作看,我女儿也学习我这种在业余时间学习的做法。如果父母前脚痛骂小孩子不好好学习,骂完去跳广场舞、打麻将或者看电视,这个榜样肯定不行。在言传方面,你不知道你平时讲的什么话会影响到小孩子。千万不要以为你不经意讲一句话他听不见,可能他听在心里面。父母要帮助小孩发现他既有天赋又充满热情的领域,这需要家长去努力,坦率讲也要花时间和金钱,不断地触碰不同的领域。回到前面提到的第三个方面,让小孩子参与学习上的重大决策。小孩子不愿意做的事情,你再怎么逼他,也不一定会就范。他感兴趣的事情,你再怎么劝阻,他可能还是喜欢,甚至你越劝阻,他越喜欢。这个时候,你就必须要把油门交给小孩子自己踩,你只是边上说说,这个地方有一块石头,当心,那个地方有一条岔道。在手法上,家长不能认为自己年纪比他大,力气比他大,嗓门比他大,就采取威逼利诱的方式,结果导致小孩子抑郁。很多时候,小孩子很少参与学习的决策,好像学习的目的都是让爸妈开心。

刘晔萍 他在承担让大人幸福快乐的责任。

钮也仿 我一个邻居的孩子面试,学校问他为什么面试这所学校?他说他妈叫他来的。问他有什么业余爱好?弹钢琴。为什么弹钢琴?妈妈叫他学的。后面这个学校没有录取他。小孩子如果不能独立决策的话,就长不大。家长应该做一个参谋,不是硬压他,有时候顺着他,引导一下,引导到正确的方向,比如我女儿弹钢琴,弹得不行,她喜欢唱歌,我说她歌唱得也不行,不是打击她,每个人有理性客观的标准,她也承认。我提建议,帮她又能保持自己的爱好又能踏上新的层面——自弹自唱,自弹自唱的话,人家不会说她钢琴弹得不好,也不会说她唱得不好。第四点,要与功课好的同学交朋友。一般功课好的,不仅是聪明,而且有内驱力,但是我为什么强调真诚?现在小孩子太功利,尤其成绩好的警惕性都很高。所以和他们交朋友不容易,因此你要真诚地和他们交朋友,让他们感受到你的那颗心,走近以后,也许能从他们身上学到些东西。我觉得每个小朋友的特点是不同的,家长面对具体的问题,具体的小朋友的样子,怎样找到合适的点去激发他们的内在动力,这很复杂。为什么这道应用题这么难? 每个孩子不一样,每个阶段也会出现不同的问题,这是难度大的地方。刘教授你觉得呢?

刘晔萍 适合你的就是好的,每个生命都不一样,适合他不见得适合你的孩子,适合你的孩子不见得适合那个孩子。对你刚才说的部分,做一点点补充。你看我们要去助力那个孩子发现他的天赋,去点燃他内在的那份动力,那是在内心的。前提很重要,你得先点燃你自己。如果我还没有点燃我自己,你会怎么来点燃你自己的内在动力呢? 比如说你有没有想过每天是为了什么而工作? 是为了温饱吗? 还是为了让自己的生命有意义? 我来到这个世界的使命是什么? 天生我材必有用,我真的用到我的天赋吗? 我的天赋是什么？我愿意不愿意用我的生命找我的天赋？寻找答案的过程是特别煎熬的,这意味着你要放下很多。这个过程你愿意不愿意承担,这是选择,选择就有后果。当你可以为你的生命做这份选择,做这份探索的时候,可能那时候你会更明白怎么支持你的孩子,去探索他的生命之路,因为每条生命之路都是独特的,都是独一无二的,都是父母替代不了的。我不会用我所做的来否定我自己,不会说这件事情没做好这个人都不好了。如果我可以这样对待我自己的话,我也可以这样对待我的孩子。我不会因为他考得不好就否定他,而是告诉他,孩子我知道,你只是这次考得不好。很多家长说:"我想和孩子说话,他不搭理我。"如果今天你想改,来得及,从今天开始,去练习和孩子聊天,聊天比什么都重要,聊天比作业重要,聊天比学习重要,聊天使你可以支持你的孩子把他心里的垃圾倒出来。而且聊天一定是让他说,鼓励他说,不要你给他讲道理。我们孩子听了太多的道理,那些道理好烦人,他需要的是被听到,鼓励他来说,你只需要像我一样,我今天带来的都是问题,你只要问他问题,今天怎么样？无限个问题问他,让他说,你只提问、聆听,用你的耳朵听。这样的话你孩子内心的垃圾每天就能倒掉,十五年、二十年下来,你的孩子身心会健康。你怎么点燃你孩子的内驱力？你要成为一个很好的聆听者,要善于和他聊天,但是聊天千万不要聊学习,不聊学习,父慈子孝,一谈学习,鸡飞狗跳。孩子不比我们笨,他们好多地方聪明着呢,智慧着呢,我们要拜他们为师,可以向他们请教,拜他们为师是很好的点燃智慧的方式,点燃他的内驱力。同时,我们还要评估,这个孩子的为人怎么样,如果为人有问题,我鼓励父母在没有能力去影响那个孩子的时候,可以选择稍微离开一点。前提是作为父母,我们怎么来评估这些部分,怎么鼓励,其中还有一点很重要的是,我们要鼓励孩子来做选择。实际上选择从2岁就可以开始了,孩子2岁时就拥有选择的能力,我们每一次都给他三个选项,如果只给他一个命令,那没得选,如果给他两个,那是两难,选择至少给他三个。我们在引导孩子成长的过程中,最重要的是要教他学会为自己的生命做选择题,而不是你替他选择。替他选择,谁负责任？他不用负责任。很多父母很脆弱,不是孩子脆弱,脆弱的孩子背后一定有脆弱的父母。你要让你的内心强大起来,你可以扛风雨,你可以为你的孩子扛起一方天空,他就能快乐地成长。这就是我们父母要关注的,我们怎么让自己的内在成长起来。

钮也仿 刘教授你讲到选择和内心的强大,我觉得社会上有一个比较普遍的现象,出于将来小孩子找饭碗的角度,来为小孩子选专业,比如之前觉得外贸很好,上海外贸学院分数线一下上去了,后来是金融,复旦国际金融系的热度就超过新闻系,最近选计算机、人工智能。怎么选择?如果是基于收入的选择,内心就会很慌。收入最重要,都考虑收入,不考虑人类未来,不考虑小孩子内驱力,这都是父母内心不是那么强大的表现。

刘晔萍 我去过很多这样的场所,看到中国父母,包括上海这样的大城市的父母,都很辛苦,替孩子做很多选择,选择学校,从小学、初中、高中到大学。我陪我孩子念高中,到了寝室发现一个房间三对父母忙着给孩子铺床、打扫卫生,有父母问我们怎么不给孩子铺?这是他的床,谁铺?他铺。为什么这么简单的答案,我们都会搞不清楚,为什么要我铺?他有手有脚为什么不可以自己做?所有的父母,当我们在做这件事情的时候,在你说一言做一行的时候问问自己,我做这件事情为了什么?为了让谁成长?我说的每一句话都要问自己,我说这句话是为什么?是为了谁开心,我做的每件事情的意图又是什么,对我孩子的成长有用吗?还是短期对他有用,但长期有害?举一个最简单的例子,孩子入学了,几乎全中国的家长,都要做一件事情,替孩子检查作业,签字。家长有没有想过,为什么要做这件事?有没有想过,你帮孩子检查作业,真的是为了孩子好吗?我告诉大家,当我们越认真帮孩子检查作业,后果是对这个孩子学会学习非常有害,学会学习里包含检查作业,这项事情全被家长代办了,他考试的时候你在边上帮他检查试卷吗?很多家长没有思考,没有问过自己做这件事情真的是为了我的孩子好吗?为了他的未来,真的对他的成长有帮助吗?所以没有对错,只是你愿意不愿意,这就叫觉察的开始,如果你开始,从今天开始自己做的每件事情,你说的每一句话,你都多问自己一句"我这是为了什么?",我恭喜你,你醒过来了,这就叫生命的觉醒。如果我做事说话全是自动化的,从来不问问题,老师说的都是对的,我爸爸妈妈就是对的,这样行吗?谁告诉你的,哪儿学来的?我从来没有说我说的是对的,我只是说这是我学到的,我懂得,我明白的,如果你喜欢,你拿去,你完全可以质疑。因为对于生命来说,没有对和错,什么适合你,什么不适合你,当你愿意问你自己的时候,你就给你的孩子做了第一个好榜样,就叫开始好奇我自己。如果你愿意好奇你自己,你就开始好奇你的孩子,如果他这次考试成绩不理想,没关系,你可以问问他,发生了什么。我儿子小学一次考试,只对了 5 道题目,38 分,回来问他怎么了。他说:"妈我告诉你,我这天考试的时候被老师逮出去,等老师想起来时,只剩下 10 分钟,10 分钟就做了 5 道题目,5 道题目全对。只有 38 分。"当天他告诉我之后,我就明白原来是这样。从某种意义上说这是 100 分的卷子。所以我们少了很多误会和批评。你愿意不愿意去问你的孩子,不是批评他、指责他,而是好奇那个生命,问他:"你发生了什么?"这就是两座冰山。当我带着我自己的那座冰山,和我孩子的那座冰山相遇的时候,我愿不愿意知道他的每一层在发生什么,比如此时此刻,他的心情怎么样? 有很多时候,我们说不出来,我只是觉得我难受。所以作为父母,你愿意不愿意通过你的学习来对你的心情贴标签?贴标签好难,我们分不清楚,此刻到底感觉怎么样,只有开心或者不开心。实际人生好复杂,我们的情绪可以用 500 个词来描述,你愿不愿意来好奇你的孩子,当你越好奇你的孩子,那就是点燃他的内驱力的开始,因为那个生命被你听见了。那个生命开始被你懂得,那个生命就体验到被你尊重和重视,那就是开始。

钮也仿　了解孩子的冰山也了解自己的冰山,懂得生命,这确实对我们家长而言特别重要。刘教授,最近在学生中出现很多悲剧性的事件,使我们都很紧张。健康的家庭,能够给孩子传递哪些健康的东西(和内驱力也有关系,内驱力就是健康的东西),怎样在家庭环境营造上,能够更加健康,避免悲剧的发生?

刘晔萍　教育的底线是活着。作为家长,你得先活着,你是组建家庭的工程师和设计师,你肩负培育一个健康的家庭的责任。我的老师总结了 13 条健康的家庭特征,我在这里提出几个很重要的点。一是所有家庭成员都在平等的基础上被其他人接纳。不管你是男孩还是女孩,生而平等,不因为性别受歧视。不因为他是小孩他的话就没用。和他的年龄无关,不管年龄多大,他的话都是重要的,他都值得被听到、被重视、被聆听。二是一致的沟通模式。一致是什么?我心里怎么想我口里怎么说,有的时候经常心口不一,心里明明焦虑得不得了,孩子问你是不是很焦虑? 我说没有,我很平静。因为当我可以这样说出我的情绪的时候,意味着我在呈现我的脆弱。你有没有勇气呈现你的脆弱？如果你能有勇气呈现你的脆弱，你的孩子才敢呈现他的脆弱，所以父母得先来学习，示范你怎么呈现你的脆弱，这就是一致性表达很重要的部分。我要练习心口一致，我得知道我内心发生了什么，所以我还是要先了解我自己。三是家庭成员接纳彼此的差异，同时庆祝每个人都有独特的地方，我们每个人都不一样，大家有没有感觉到，自打结婚以后，和配偶洗碗的方式、挤牙膏的方式、放拖鞋的方式、放抹布的方式一样吗？可能都不一样，因为这些不一样，我们大家就打架？还是在差异中成长？这就是你的选择，你怎样在差异中成长？很多人问怎么成长？在这种差异中，我们怎么还能彼此共赢？这就是要你们来学习，我一直在学习，总觉得一生最快乐的就是让自己继续长大，为自己的生命负责任。四是家庭成员共同分担整个家庭的责任，夫妻可以共同承担家务，不是家务一定谁来做，家庭责任要共担，孩子同样要参与，现在有太多的家庭为了孩子的学习，孩子现在只做吃饭、睡觉、洗漱、做作业这些事情，剩下基本家长都想帮他包办。如果你把这些都替他包掉了，对那个生命是非常有害的。因为我们的孩子真正要成长的是生命，学习只是生命成长的一小部分，他要学习成为一个人。一个人要学什么？除了学校的功课要学，还要学习与人交往，学习谈恋爱，如果你现在都不让他学，25 岁的时候还让他结婚，他找谁结婚？你只能去人民广场找。家长能不能站得高一点，站得远一点？你能支持那个生命走多远，取决于你走了多远。你能走多远，你就能陪伴那个生命走多远。你愿不愿意走得远一点，走得深一点，对你的生命有更多更深刻的认识？五是接纳和处理家庭内的各种感受。可以生气吗？可以发脾气吗？孩子可以表达恨吗？孩子可以告诉家长他很害怕吗？孩子能告诉家长他现在好焦虑吗？考试之前听到很多家长对孩子说，不要紧张，不要焦虑，那你能不能接受这个情绪的存在？你要接纳他的情绪，首先你得回到你自己，你可以接受你有这些情绪存在吗？你可以接纳它，你可以同它共生，你可以表达，你可以自己处理吗？这就是成长。六是要鼓励家庭成员冒险，并在错误中成长。我们是怎么面对错误的？可以犯错吗？如果一个孩子不可以犯错，那么这会是成长过程中最要命的一条，太可怕了，因为我们的家庭教育，包括我们传承下来的东西里，我们不太允许人犯错，我们总是害怕犯错。但现在你愿不愿意解放你自己，允许孩子犯错误？错误有它的价值，它不代表你是失败者，这是两个完全不同的概念，没有错误谈不上真正的成长。你能不能允许你自己犯点错误，你允许不允许你的孩子犯点错误？最后是对孩子的期待要符合他们的发展阶段。我曾经去很多幼儿园给家长做培训，让家长们列出对孩子的期待，他们期待孩子掌控自己的情绪，他们期待孩子彬彬有礼，他们期待孩子要有好的习惯，等到我把家长对 5 岁孩子的期待全部列在黑板上的时候，很多家长自己都笑了，自己都没有做到。当你对孩子有期待的时候，你先想想，你做得怎么样？如果你做到了，你就可以对孩子有这个期待，如果你觉得你还没有做到，赶紧你自己先来做到。中国人说，已所不欲，勿施于人，你都没有做到，你有什么资格教导你的孩子？很多家长说考试要考到前三名，你读书的时候你能做到这么好吗？如果没有，那你有什么资格这样要求你的孩子？在学习的时候，我真正体验到幸福在哪里。就在这，在你里面，不在外面，和你住的房子，和你挣的钱，和你的名利没有一点关系。幸福在哪里？在你的内心世界，只有你去看你自己、认识你自己，去懂你自己的时候，你会发现，你会越来越开心，你会越来越放松，你的焦虑就会越来越少，而这件事情，谁也没有办法代你做，只能你自己做。

第十五篇　习惯养成，家长怎么做？

梁　莉　上海市福山证大外国语小学校长

　　习惯，是家长们非常在乎的一个话题，也是一个怎么重视都不为过的话题。对于习惯培养，我的认知经历了三个阶段。最初我认为，是父母帮助孩子养成好习惯。"帮助"这个词，是指从成年人的角度，通过家长的辅导，使孩子养成好习惯。第二阶段我认为，是父母陪伴孩子养成好习惯。看似只有一个词语的不同，其实重点就在这个"陪伴"。要认识到孩子是一个成长中的人，要从感情上来接纳孩子。这就是说，习惯的养成不是一蹴而就的，要允许孩子的缓慢成长，也就是陪伴孩子养成好习惯。第三个阶段，我的认识是，家长和孩子一起来养成好习惯。也就是说我们要提出这样的一个观念：最好的教育，是父母不放弃自己的成长可能性，言传身教，和孩子一起养成好习惯。

一、养成好习惯从自律做起

　　首先我想问大家一个问题：你觉得自己的孩子是不是一个自律的孩子？大部分家长的答案很可能是否定的。

　　那么为什么我们都嫌孩子不够自律？家长常常觉得孩子在上学时，在面对手机、电脑这些电子设备时的自我控制能力很差，所以在读书、学习方面很难做好。我认为，这个过程当中，孩子缺少的是自律能力。当你把自律看作能力的时候，你会发现它也是需要培养的。那这份能力哪里来？我想，它是靠习惯培养的。通过一些谈话，我们发现，自律能力强的孩子都有一些好的习惯。也就是说，从小养成好的习惯，对孩子自律能力的提升是很有帮助的。我们夸奖孩子自律，会给他们带来一种成功、快乐的感觉，他们以后又会更加自律，来获得更多这样的感觉，这对他们的自律能力又会是一个促进。这个循环告诉我们，要想获得自律能力，什么很重要？那就是良好的行为习惯培养。这会帮助孩子获得成功的体验，有了这份成功的体验，那么他又会获得自律的提升。一个孩子的成长过程，其实就是一个孩子自律能力提升的过程，自律的能力会伴随着一个人一生，是一种让他获得幸福的能力。

所以我希望，父母在孩子习惯培养方面，一定要和孩子一起来养成一些好习惯。虽然是成年人，但是有的时候，家长的习惯可能还不如孩子。所以父母不如和孩子一起来养成一些好的习惯。

二、抓住习惯培养的关键期

习惯培养也是有关键期的，3—6 岁的幼儿阶段，是孩子的习惯养成初期，也是习惯养成的最关键时期。这个阶段常常被喻为潮湿的水泥期：水泥在被用于糊墙的时候，有一个潮湿期，工匠们在这个时期可以将它任意塑形。也就是说在这个时期，家长教给孩子什么样的行为和习惯，他可能就会慢慢地被塑造为你所期待的样子。所以在这个最关键的时期，父母希望孩子成为什么样的人，就要尽量地往那些方面去教育、肯定他，并且一定要让孩子觉得，爸爸妈妈的肯定是非常真诚的。比如在这个时候扶着孩子，看着他的眼睛告诉他："我真是喜欢你刚才做的这件事情，我真是喜欢你刚才努力的样子。"这样的赞美，对孩子的习惯养成是非常有益的。

第二个是小学阶段，这是习惯养成的黄金期。也用水泥来比喻的话，可能就是水泥快要干的时候。也就是说，前期对孩子的习惯塑造已经有一个形状，这个时期就是前期习惯的凝结过程。这个时期的关键，是学习习惯的初步养成。因为从这个阶段开始，孩子有学习任务了。幼儿园和小学的重要区别，在于孩子要承担一定的学习任务，这也是孩子成长所必须的能力——学习的能力。

第三个时期是初中阶段，这个阶段孩子的独立意识开始萌生，孩子开始质疑父母的话，质疑父母的能力。这个时期我们需要让孩子强化学习的习惯，之前有一些需要补充和不足的地方，也要在这个时期让孩子产生优化的意识。也就是说在初中阶段，不仅仅是习惯培养，也要主动地去改善一些不足。

高中阶段是一个孩子生理、心理形成的关键时期，基本上在高中阶段，人的整体习惯都已经形成。这个时期的孩子，如果自主学习的意识还没形成，那么一旦到了大学，开始自主生活，就可能产生旷课等问题。所以关键的时期一定要找准关键的路，不要到了初中、高中阶段，还在为孩子小学和幼儿园阶段应该培养却没有培养好的习惯买单。这个时候，孩子的年龄和习惯之间的不匹配，可能就是父母焦虑的根源。有的家长说，他们听过各种专家来讲习惯培养，思想上也很重视，但是总感觉听的时候很有道理，回去尝试一段时间以后发现没有效果。我想说，没有一种方法是对所有的孩子都有用的，但是只要尝试着去做，一定会对孩子关键时期的习惯养成有所帮助。

三、怎么帮助孩子养成好习惯？

第一，在培养习惯时，规则要跟上。一个孩子的习惯一定不会是自然而然地形成的，而是一个从他律到自律的过程。那么这个过程中什么是重要的？规则，也就是我们常说的讲规矩。有的家长说，我们很崇尚孩子的个性，我们要让他自由自在地成长。正确，但是自由自在成长的前提，是要有一定的规则。如果一个孩子没有规则意识，就得不到长期自由的发展，所以规则是一个前提。父母一定要具有前瞻性，要用自己的经验看出孩子成长中出现的问题，然后给予一些前期的引导，也就是提前给出一些规则，而不要怕孩子听不懂。

第二，不要总是通过"不"这样的方式，不要说"不可以这样""不可以那样"。"不"是指当孩子行为出错的时候家长的制止。之前提到，家长要有前瞻性，应当在说出"不"之前，让孩子做一些选择。举个简单的例子，孩子在穿衣服的时候，起了情绪：她一定要穿裙子，但是妈妈不允许。她的妈妈就想了一个办法，问她今天穿红色衣服还是绿色衣服，就这么一句话，让孩子开始选择，而当她开始选择的时候，她的杏仁体不活跃了，就会开始想选哪一个，而不是纠结"一定要穿裙子"了。在这个过程中，孩子就体会到自己遵守约定产生的愉悦感。这些都是生活中的小智慧，会让孩子觉得他既有选择的权利，也能遵守一定的约定。这些智慧看似很小，但在和孩子沟通的过程中非常必要。而经常说"不"的父母在孩子眼中则会显得不亲切，孩子在听你讲话的时候，接受度也会比较低。

第三,给孩子立规则,也要有一些预热的时间。这个预热时间在什么时候是最有效的? 一是在游戏方面。不让孩子玩游戏是不对的,因为游戏对孩子的成长是有作用的。而当我们给孩子游戏时间,他却控制不住的时候,这时候就需要一个预热时间。比如给了孩子半个小时的游戏时间,那么在还剩五分钟的时候就要告诉他,差不多要结束了,我们可以调整一下了,这就叫预热的时间。另外在睡觉之前,快睡觉了,但孩子其实还没有要睡的感觉,也可以给他一个预热的时间。虽然有了预热时间,但孩子还是要承担父母布置的任务,这是他必须完成的一个克制自己的过程。这个预热的时间可以慢慢缩短,根据孩子的具体情况而定。所以我想给孩子定一些规则,是我们习惯培养过程中必不可少的一步。

四、哪些习惯需要尽早培养?

好习惯很多,哪些是我们越早培养越受益的?

第一个是专注力,往往专注力不集中的孩子和他前期,也就是潮湿的水泥期,是有关系的。现在的孩子条件都比较好,比如玩具都比较多,所以他在玩玩具的过程中,一会儿玩这个,一会儿玩那个,那对孩子的专注力的培养,其实是不利的。所以要培养孩子的专注力,第一个是环境要简单、安静、有序,比如说玩玩具有固定的地方,即使所有玩具都拿出来也可以,但是要和孩子一起商量怎样有序地玩,玩完之后要分门别类地收拾好。专注力培养并不是只限于学习方面,更多的时候家长可以给孩子布置一个他可以完成的任务,并在规定的时间内完成,这其实就是专注力的训练。另外,孩子在专注地做一件事的过程中,家长不要随意去打断他,而且最重要的是父母也要以身作则,自己不要三心二意,比如孩子和你说话的时候,不要一边拿着手机一边敷衍了事地回应孩子,孩子都能感受到。

第二个是阅读习惯,会阅读的人,他的语言理解能力、沟通能力、表达能力、自己与世界相处的能力,都会越来越强。越早让孩子喜欢上阅读,就是给了孩子一把成长的钥匙。从 1 岁开始,就可以让孩子去接触一些绘本。3—6 岁可以开始亲子共读,当孩子还不太爱读书的时候,家长可以带着他一起读,通过讲故事情节来吸引他,然后先不告诉孩子故事的结尾,吸引他自己去看。等到再大一点,阅读除了输入,还要输出。输出是什么? 输出就是孩子可以把故事的内容讲出来，还可以对故事进行续编、改编，当孩子能够输出，能够和你交流书上内容的时候，你就会发现孩子的思想发展到什么程度了。但有些孩子可能看得多，却道不出，那么就需要家长去帮助孩子输出，可以在家里搞一个小小的故事会、演讲会，借助这样一个平台，一点点地帮助孩子锻炼、提升表达的能力。

第三谈谈写作业的习惯。爸爸妈妈给孩子辅导作业，总是状况百出。所以我想从老师的角度，剖析作业这个问题。其实作业是有分工的，老师布置作业也是有考量的，一般来说是对课堂知识、教学内容的一个补充和巩固，那么同时，对孩子作业中出现的问题，也会通过作业讲评的形式进行纠错。那么家长做什么？家长不需要代替老师去看孩子作业的对和错，而是在这个过程中，观察孩子完成作业的状态是怎样的，比如孩子握笔的姿势是不是正确，如果不正确，家长可以给一些指导，还有规定的时间内孩子是不是能够完成任务，如果他始终在规定时间内不能完成任务，要有所行动，这些是家长要做的事情。

如何采取行动呢？第一点，智慧地陪伴。低年级的陪伴主要是帮助孩子，给予他一些适当的指导，鼓励他获得努力、勤奋的品质，稍微放一下手，让他感受一下自己是不是有能力去做一些自主的事情。而高年级的孩子其实已经进入自我同一性的探索阶段，这时家长的陪伴更多是倾听、尊重、支持。那么陪伴的过程，我们还要帮助孩子养成怎么样的一些学习习惯？可以参考接下来的"经典三问"。(1)今天作业多不多？这个问题其实是教会孩子对作业有一个整体的把握，对时间有一个把控。(2)各科作业的难点在哪里，为什么觉得它难？引导孩子自己去识别学习上的难点，并主动去想办法解决，而不是所有的问题都等着家长来回答。(3)今天计划从哪一科开始完成作业？孩子经常会从他喜欢的学科开始做作业，从这个问题中家长就可以看到孩子比较喜欢哪一门学科。这个时候，父母还可以给他一个什么建议呢？比如说今天比较累，那么建议先做抄写类的不需要特别动脑筋的作业，如果今天精神状态比较好，那么可以先从脑力作业开始，这就是给他一些成年人的指导建议。

第二点，写作业还是要有一定的顺序，比如先复习，接着完成作业，然后预习。复习就是把想到的学习难点，通过复习的方式去解决一些，预习是带着问题进入明天的课堂,特别是性格内向、不爱举手回答问题的孩子,一定要教会他预习,这样他就能够带着前期的这种自信感投入课堂中,学习的效率会更高一些。

第三点,培养孩子独立做作业的习惯。这种独立是当遇到难题的时候,当他遇到困难的时候,我们怎么样给他一根拐杖,让他自主地去做好。孩子在完成作业的过程中,除非一些特别难的题目需要和爸爸妈妈一起讨论,大部分其实都能通过前期的复习解决掉。对于需要讨论的问题,家长也可以问孩子已经考虑到哪一步了,在哪一步上出现了问题,那么孩子就知道了,前期自己要去动脑筋、去思考,而不是全盘交给爸爸妈妈,让他们帮助自己完成作业。此外,更广泛意义上的独立还包括孩子自己整理学习用品、书包,每天分门别类整理好,这就是在培养孩子系统做事的能力。

在培养习惯的过程中,家长管理好情绪很重要。虽然父母都很忙,工作压力也大,但是当你的情绪管理不好的时候,你所有潜移默化的负面情绪都会影响到孩子,所以高效的陪读需要家长成为情绪管理的高手,要善于鼓励、赞美、微笑,这样,孩子在你积极情绪的影响下,学习也是愉悦的。

家长要在充分地认识到自己孩子有薄弱之处的情况下,特别是在他落后的情况下,给他尽可能多一些的支持和鼓励,言传身教,关注孩子点滴的变化,和孩子共同进步,我们所有的鼓励帮助都是为了让孩子尝到进步的甜头。千万不要和问题站在一起,去打败孩子,而一定要和孩子在一起,去打败问题。孩子成长过程中确实有很多问题,我们最终一定是帮助孩子进步。成功真的没有捷径,但是成功需要一些好的习惯,只有家长和孩子一起养成好的习惯,那么家庭这条亲子的小船或许就能更加和谐幸福地向前进。

第十六篇　父爱如山，坚强而温暖

骆　新

（主持人）　　SMG 著名主持人

高建刚　　　　"能爸逗娃"专栏作者

张轶斌　　　　上海开放大学人文学院副教授

骆新　"父爱如山"这几个字,让我觉得有点"压力山大",好像父亲在家里很"沉"。所以,为了减少父亲不必要的压力,今天主要讨论三个话题:第一,父亲在家庭教育中的地位和作用;第二,父亲如何参与并融入家庭教育;第三,父亲如何兼顾儿女与事业的平衡。先看第一个问题,父亲在家庭教育中的地位。现在有个不合适的说法:丧偶式育儿。家庭里有没有爸爸都无所谓,妈妈很重要,各位对此怎么看呢?

商建刚　我经常在单位女同志的谈话中听到丧偶式育儿。全职女性会抱怨这种育儿状态,认为她们白天要上班,上班时还要关心孩子上哪个辅导班,关心孩子的安全问题,下班后也要早点回家带孩子。但我却很少从男同志的嘴里听到丧偶式育儿。我理解的丧偶式育儿表现为在需要爸爸参与时,因为爸爸的缺位给孩子造成的心理影响。假设今天有个家庭活动,比方说学校开运动会,需要爸爸参加,但是爸爸没有参加,这会让孩子感到有点遗憾。

骆新　开家长会时你们家一般妈妈去还是爸爸去?

商建刚　我们家有两个孩子,老大都是妈妈去的。有一次,我给女儿转了一首古诗,她给我回信说:"爸爸,你知道吗? 我已经读初中了,你给我转的是小学的诗。"这让我印象很深刻。但从 2015 年之后,家长会都是我参加的,我每次都会拿纸笔做记录,以便回家以后做汇报、进行家庭教育辅导。

骆新　张老师孩子的家长会一般是谁去?

张轶斌　我和太太谁有时间谁去。曾经在孩子上幼儿园的时候,我参加过家长会。到了现场后我非常惊讶,爸爸非常少,参加的男性家长不超过三分之一,基本都是妈妈。但是,到了小学和初中以后我发现情况有所改变,男性家长的人数明显增加。关于丧偶式育儿的说法,的确女性谈论得相对比较多一点,但从婚姻市场来看,女性在婚前找配偶的时候,有没有把育儿作为首要的衡量条件？一般我们找配偶的时候，无论男性还是女性主要看重的还是对方的品性、容貌、社会经济地位、资源等方面，而关于未来老公会不会干家务、带小孩的问题则是不重视的。

商建刚　这拐了两道弯：愿不愿意生孩子，愿不愿意带孩子。

张轶斌　没错，所以我要为男性呼吁一下，女性在寻找配偶的时候并没有把这点作为考虑条件。当然，我认为男性应该参加育儿。就婚后来说，我们对婚姻的标准会和之前有所不同。婚姻的标准涉及两性关系、家庭的经济资助、育儿和家务，你会发现育儿和家务事实上是我们婚后大部分矛盾出现的地方。

商建刚　的确，如果说在我们成长的时候，爸爸的任务是出去挣钱养家糊口，妈妈在家里带孩子，就是所谓的"男主外女主内"，那么这种情况下妈妈就不会抱怨丧偶式育儿。而现在女性开始工作，白天挣钱，晚上还要回家带孩子，自然而然就会产生一种抱怨。

骆新　确实，育儿与家务真的是很多争吵的主要原因。但是，如果哪个女生真的在谈恋爱的时候就问男方是否会照顾孩子，那这段恋情往往是不会成功的。

张轶斌　这和社会性别角色有关，我们对男性和女性该做什么形成了刻板印象。比如，幼儿园里玩过家家游戏，有个扮演妈妈的小朋友出去开车了，另一个小朋友就说："妈妈应该做家务，不应该开车。"老师对他说："小朋友，你是扮演妈妈的，怎么开车去了？"其实，在幼儿园里，我们很早就给儿童设定了社会角色。在这种角色中，做家务或者育儿并没有被设定为男性分内的事，这也是后面产生一系列问题的根源。因为我们通常认为，男性就应该是坚强的，父亲该干的事是在外面挣钱；而女性就应该是温柔、善解人意的，特别擅长与孩子沟通。

骆新　有人会质疑，难道社会分工不应该就是这样吗？其实，这样反而可能就没有矛盾了。

商建刚　实际上，现代社会分工并不是这样。现在的问题是，在工作场合提倡男女平等的情况下，育儿环节上男性对于"男女平等"的意识滞后。

张轶斌　这是社会造就的。不光是广告，包括我们的影视作品甚至很多课本里呈现的男性和女性几乎都是这种刻板形象。试想一下，你们脑海中有多少女性传奇人物或者英雄形象？

骆新 只有花木兰，而且还是女扮男装。

张轶斌 花木兰并不是传统意义上的女性角色。

商建刚 花木兰从军之前还在织布。

张轶斌 对，而且她打完仗之后马上恢复原状，没有成为职业军人。

骆新 女性成为职业军人不会被当时的社会所接受。

商建刚 张老师刚才提到，小学希望教育女性更加柔一点，教育男性更加刚一点。按照你的研究，你觉得接下来小学的课本该怎么编？

张轶斌 双性化。比如，一个女孩说以后要当消防员，一个男孩说以后要做护士，想必很多家长听到后会大吃一惊。这意味着，如果家长没有更新自己的观念，那社会角色也很难改变。因为这种思想会渗透生活的方方面面，包括小时候我们为孩子选择玩具的不自觉的偏好。当然，孩子自己有偏好是另一回事。

商建刚 不要给玩具、游戏设定性别假设。

张轶斌 孩子入学以后，我们认为男孩应该数学更好，女生应该语言类更好，但你看现在的大学，法学院或医学院的女生人数已经超过了一半。

骆新 我们之前一想到"领导"两个字，一般大部分想的是男性。但这其实不对，因为在一个团队中女性如果占的比重更大，那这个团队可能会变得更和谐；如果领导是女性，团队可能会变得更好。

张轶斌 我们现在更多把上述这种现象说成是工具性特质或者表现性特质。因为一个真正在社会上取得成功的人士，我们相信他拥有男性积极特质的同时，也拥有女性的积极特质。

骆新 我们可以褒奖男性细腻，也可以褒奖女性刚强。

骆新 今天是父亲节，我们三个都是爸爸，那你们认为父亲在家庭中扮演的角色究竟应该怎样？

张轶斌 事实上，每个父亲都在学习的过程中。对于每个男性而言，从小男孩到男子汉到成家立业，再到后来有了孩子成为父亲，都是一系列角色转变的过程。所以，成为父亲是个学习的过程。

骆新 我认为，关于父亲的角色，经济支柱是一个。那二位认为在家庭中除了经济支柱外，父亲还应该扮演什么角色？

张轶斌　我认为是伙伴。

商建刚　我同意张老师的观点。但我个人认为在现实生活中，伙伴的角色是矛盾的。因为成为孩子教练的想法很可能是根深蒂固的，所以假设我在这段时间读了不少育儿书，读书之前我认为我应该是他的教练，但是嘴上说我希望成为孩子的伙伴，这其实是非常虚伪的。我怎么会成为孩子的伙伴，和孩子一起玩呢？当然，我只是想表达成为孩子的伙伴很难，尤其当我们带着教练的思维和孩子相处时。

张轶斌　我认为父亲扮演孩子伙伴的角色，和母亲是有区别的。母亲的语言沟通能力更强，和孩子更多的是面对面的关系，她给孩子的帮助是面对面和孩子聊天，而父亲和孩子却是肩并肩的关系。肩并肩意味着和孩子共同迎接生活中的挑战，你是孩子坚强的后盾，你能帮助、支持他。关于刚才提到的教练的角色，我举几个例子。自古以来，很多父亲即使不在身边也喜欢给孩子当教练，比如最著名的《傅雷家书》，再古一点的《颜氏家训》《曾国藩家书》，四分之一都是写给儿子的。再比如，李敖给女儿写信，透过书信，可以看出父亲希望除了基因传递外，还能把全部的世界观传递给女儿。而相较于教练，伙伴很不一样。伙伴是一种尊重，希望能够尊重孩子的自我，和孩子一起成长，即相互尊重、相互支持、共同成长的关系。

商建刚　放下成人的傲慢，这实际上是今天想要传递出去的观念。作为父亲，教育孩子是我们的义务，但同时我们也应该尊重孩子。

骆新　成为孩子的玩伴并不容易。因为很多父亲对孩子并不了解，没有和孩子玩到一块去，这也意味着融洽的父子关系并没有成功建立。举个例子，小时候我的数学不好，中学时数学老师总批评我，我最后就养成一个习惯，你想让我学好我就故意学不好，而上高中后数学老师对我特别好，结果我的数学成绩蹭蹭往上升。那家庭关系是不是也如此呢？

张轶斌　其实，教育界是有这种研究的。研究表明，增强孩子的内驱力是促进孩子学习的有效途径。孩子为什么喜欢这门课？有时候是因为喜欢这门课的老师。

商建刚　父亲和孩子要成为伙伴，但也要确保在伙伴的关系之下达成教书育人的初心。要陪孩子玩，但也得负起父亲的责任。

张轶斌　能不能成为玩伴，关键在于父亲是不是真的了解孩子。父亲能不能做好玩伴的第一点是,他是不是了解孩子,是不是愿意了解孩子。父亲应该通过和孩子的接触了解孩子的喜好,而不是把自己的意志强加在孩子身上。比如孩子补课的问题,虽然家长认为是为孩子好,但孩子却觉得没有选择权。需要注意的是,即使孩子在认知方面确实没有成人强,但也并不代表他们就没有自主权。

商建刚 "为了你好"是最霸道的不尊重,这是在告诉孩子:"我帮你决定了。"

张轶斌 是的,这其实是替孩子选择的表现。不仅把孩子可选择的其余选项扔掉了,而且也把孩子锻炼选择能力的机会扔掉了。

骆新 一个人的理性高低和选择机会的多少成正比。如果我们从小让孩子自己做选择,那孩子可能会变得很理性;但如果孩子的所有选择机会都被父母夺走了,那孩子一定会采取非理智的方式,甚至可能采取某种极端的行为与我们进行对抗。

商建刚 孩子要证明你的教育是错的。

骆新 对。那父亲在家庭教育中的地位和作用到底是什么?商法官是这么表述的:作为父亲,能够让孩子不嫌弃就是最高的目标,如果带着教育、教导的目的带娃,父亲面临的结果就是孩子早早对你关上了心门;再现实一点,父亲带娃的最高目标就是孩子愿意和你分享他的快乐与不快乐、开心与不开心,父亲在这个过程中应该放下成人的傲慢并学会尊重孩子。

商建刚 其实,我们一直处于玩伴和教育者角色选择的动态平衡中。就是说,我们内心希望教育孩子、影响孩子,但实际上若是没有注意教育的方式与方法,就很可能立即走向孩子的对立面。通俗地讲,今天你"为他好"帮他做决定,明天你对他的影响力就可能归零甚至为负。

骆新 如果孩子作业没做完,但又确实很想玩电子游戏,一玩就得玩两个小时。在你不能阻止他的情况下,你会采取什么方式?和他一起玩吗?

商建刚 我们家是通过协议的方式达成的。比如,我最近很恼火,孩子放暑假在家一直玩,我们就对他说:"我们对你很有意见,很想没收你的电子产品,但是我们知道这对你不好,你出生在数字年代,你需要利用电子产品来继续学习。"孩子回应道:"我最讨厌你们在我玩的时候打断我。"所以,我们和孩子达成了一个协议,规定一天玩几个小时、什么时间玩。我觉得通过这种方式，我们达到了尊重孩子的目的，同时也把教育要求灌输进去了。因为教育孩子是我们的义务，而且尊重是建立在原则的基础上的。

张轶斌　适当的限制，但是用商讨的方式达成。

骆新　为什么父亲不愿意参与育儿工作？

张轶斌　其实，父亲并不是天生就是父亲，育儿工作实在太难了，所以有些父亲采取逃避的方式。其中有个原因是，在家庭中，妈妈承担了大部分的育儿工作，当她觉得和孩子爸爸意见相左时，就希望爸爸最好不要管，由自己说了算。到后来，爸爸想要加入的时候，却发现他参与得太晚了，孩子不高兴。等到孩子再大一点进入青春期，爸爸会发现对孩子说的话、看的书、交的朋友、听的音乐、穿的服装完全都一无所知。所有这些现象都会构成爸爸参与育儿工作的障碍。

商建刚　父亲参与进去很难。因为刚开始没有带过孩子，等到想要参与育儿工作的时候，就会觉得插不上嘴。举个例子，原来妈妈带孩子的时候孩子成绩很好，但给爸爸带了半学期后孩子的成绩下降了，妈妈指责爸爸不会带孩子，爸爸心理压力很大，就不想带了。

张轶斌　这说明父亲也需要有一点自尊和自我效能感。如果夫妻两人只会互相指责埋怨，那对方的自尊感、自我效能感和自我价值感也会下降。所以，无论是最初的换尿布还是后面的辅导功课，都需要夫妻双方相互支持而非互相指责。

骆新　很多母亲和长辈不愿意让父亲带孩子，认为我们照顾不了孩子的学习，一带孩子，他们的成绩就下来。但我认为，成绩并非评价孩子是否健康和正常的唯一标准。

商建刚　我认为应该在男人带孩子这件事上给他们适当的空间。因为做任何事情都要有试错的时间，如果稍微错一点就开始批评是会带来不良后果的。其次，爸爸要有一种想法：带孩子不是为了孩子，而是因为我需要和孩子在一起。父亲有权利和孩子在一起见证他们的成长，在这个过程中父亲会产生一种喜悦和对人生的期待。

骆新　带孩子也是父亲自己成长的标志。

张轶斌　此外，我们要承认孩子和我们的不同点。孩子的脾气、秉性可能和我们并不匹配，但是我们需要学会如何和他们接触。

骆新 父亲参与并融入家庭教育的根本目的是让自己融入家庭,避免日后孤单。父亲回归家庭教育的实际做法就是陪伴孩子,让孩子接受并且不嫌弃他们的陪伴。

张轶斌 其实,我觉得父亲融入家庭的问题,最关键的还是家庭中的夫妻关系、婚姻关系。因为育儿是两个人的事情,夫妻关系有个简单的秘诀就是欣赏对方、赞扬对方,就是无论丈夫作为父亲来说做得好与不好,妻子都应该支持与鼓励;反过来,当妻子遇到育儿问题焦头烂额时,丈夫也不应袖手旁观或是冷嘲热讽。

骆新 这是不是意味着夫妻双方至少不要当着子女的面表现你们之间的冲突?

张轶斌 不一定。在婚姻关系中,冲突不可避免,关键是你们要能够建设性地解决问题,这对孩子而言也是一个很好的示范。因为孩子除了能够看到父母之间相亲相爱的关系,也能看到他们在意见相左时妥善处理的方式,这对孩子来说是一个很好的借鉴,让孩子知道如何与他人相处,如何在婚姻生活中对待另一半,这对他们以后社会性别的成长很有好处。当然,冲突不能天天闹,偶然性冲突并不可怕。

商建刚 夫妻关系融洽、家庭和谐,对子女的教育显然是有助益的,这是理想的状态。但现实却并非如此,所以考虑夫妻关系不好的情况下,子女怎么健康成长的问题,很有现实意义。因为有些夫妻关系就是搞不好,离婚家庭的子女难道就不能健康成长吗?单亲家庭的子女难道就不能健康成长吗?都是能健康成长的。在任何一种情况下我们都不应该阻止孩子的健康成长,哪怕夫妻间关系不好,但是作为父亲,对孩子的教育与帮助应该一以贯之,而非以和妻子关系的好坏来衡量。

骆新 这个我也同意。那丧偶式育儿到底会不会对孩子产生影响?其实,人类很多伟大的思想家、哲学家,小时候生活的家庭都不是那么和谐美满,有的父母离婚,有的父亲、母亲出走。像中国的孔子,刚出生没多久父亲就过世了,母亲也在他十二三岁的时候去世。所以,并不是只有婚姻美满的家庭才能养育出健康的孩子。

张轶斌 我不否认孩子在单亲家庭和离婚家庭中也能够健康成长,这是现代社会的常态,因为核心家庭数量正在逐渐减少。但是无论在哪种情况下，父亲都应该尊重母亲。作为家长，我们要做的事情就是为了孩子成就自我，成就自我的核心点是让孩子知道什么是与人相处之道。比如以亲密关系为例，我们和配偶的亲密关系就是孩子的榜样，那我们能够给孩子展示什么呢？我认为爱、责任、关心、理解，这些是核心点，如果我们没办法展示这些点，那就没有办法和孩子谈论这个话题。

商建刚　我建议夫妻之间要协商与分工。在我们家，外公外婆负责管孩子吃饭，但是如果孩子到了八九岁，外公外婆还给他喂饭，那我们该怎么办呢？我们当然知道不合适，而且孩子和我们在一起的时候从来不要求喂饭。因为他知道在谁的管辖权范围内就要遵守谁的规则。孩子是聪明的，只要规则明确了，他们就知道和爸爸在一起时要遵守这个规矩，和妈妈在一起时要遵守那个规矩。如果孩子能在每种规矩下应付自如，那么他们就能够健康成长。

骆新　但也怕越俎代庖，就是我们明明没有带孩子却要给孩子立规矩。而且如果我们这样做了，不仅会影响和孩子的关系，也会影响和岳父、岳母、公公、婆婆的关系。那我们怎么参与并融入家庭教育呢？有四条标准：花时间和孩子在一起，了解自己的孩子，时间代表爱，有质量地参与各项活动。其中，我们更关心的可能是，什么是有质量的参与？有或没有质量的区别在哪里？我带孩子看场球赛，听场音乐会，算不算有质量？

商建刚　有一次，我带儿子去虹口足球场看足球比赛，结果他看了一半就要回来，我要求他必须看完，因为我认为这对他有帮助，但他哭得一塌糊涂，就是不想看，他觉得没意思。所以，"有质量"的确是个很难的问题。

张轶斌　第一条标准"花时间和孩子在一起"是站在父亲的视角说的，而第三条标准"时间代表爱"是站在孩子的角度说的。其实，几十年后再回过头来看我们和孩子的相处，会发现最重要的是时间。

骆新　张老师，你觉得到今天为止陪孩子干得特别有收获的一件事是什么？

张轶斌　我每年假期都会陪孩子出去，差不多每年都要去一个省份，到了每个地方一定会陪孩子先去博物馆。所以，我的孩子小时候基本从省会博物馆一直逛到了美国大都会，当然美国大都会有点费劲，因为看不懂英语，所以回来以后孩子就萌发了学英语的愿望。

骆新 很大收获。

张轶斌 我觉得人类所有的知识都在博物馆里,我希望我的孩子能够通过一些亲身体会,体验到探求知识的乐趣。

骆新 那如果孩子妈妈想带他去逛商场,您同意吗?

张轶斌 我觉得都挺好,关键是陪伴。

商建刚 我们家是玩卡牌、玩游戏、玩玩具、玩益智桌游。因为之前晚上回家,我一般会问女儿三句话:"今天在学校开心吗? 有什么需要我帮忙吗? 学校发生一些什么事情?"女儿往往会回答"开心""没有""这和你没关系",我和她之间的聊天就结束了。后来孩子妈妈对她说,爸爸一回来大家就玩牌、玩桌游,她就表现得非常期待,问我什么时候回来,并且希望我能在9点之前到家,陪她玩半个小时。玩了以后,孩子慢慢地发现我的注意力与反应能力都没有她强。

骆新 我今年在静安区做了一个关于市民文化节的项目,叫戏剧大赛。我最初的想法是:第一,疫情期间我们在家里待着都没事干,索性和孩子共同演一台戏;第二,一家人其实就是一台戏,我希望大家能够珍惜和亲人一起共同表演的机会;第三,我认为有爱的家庭一定有创作能力。后来,有人问我是不是要培养大伙儿当演员。我说戏演得好不好并不重要,一旦进入戏剧情境中,我们就会发现家庭中每个人的关系都拉平了,里边不再有父亲、母亲,不再有权威,大家都是玩伴,关系一下就亲近了,彼此之间的理解也增加了。

张轶斌 戏剧不光是表演,更多的是表达,对拉近人与人之间的关系,了解人性非常有好处。

骆新 那父亲如何参与并融入家庭教育呢? 我有五条建议:第一,适当管教;第二,分担母亲的责任;第三,管理好自己的情绪;第四,保持男子气概,即镇定与幽默;第五,让孩子做决定。你们认为哪条最重要?

张轶斌 第四条,保持男子气概。在家庭中,父亲和母亲管教孩子的方式不太一样,尤其是父亲在孩子遇到困难时的处理方式。当孩子遇到困难时,父亲一般会更加镇定,不会大惊小怪,当然,如果父亲有点幽默感会更好。

骆新 在空间和时间上,格局更大一些。

张轶斌 男性不太好的地方就是太粗糙。比如,孩子摔跤了,父亲会觉得不值得大惊小怪,而母亲则会比较着急、比较担心孩子。

商建刚 钝感力。

骆新 钝感力虽然表明父亲在某些方面有些迟钝,但实际上对孩子而言是好事。

张轶斌 对,保持迟钝能给孩子留出成长空间。

骆新 我觉得男性有些特征可能和远古时代他们负责狩猎的基因有关。我曾经读过一本简史,书里提到,男性需要狩猎、长距离跋涉,在森林中捕获猎物,所以在时间和空间的把握上会比女性好一些,据说这是人类基因的传承。所以,在家庭中,我们如果遇到点事就承受不住要和孩子或者妻子吵架,反而会失了男子气概。男人就应该无所谓,因为从长远来看,这些都不是大问题。

商建刚 今天是父亲节,出现了很多歌颂父亲的文章。其中有一篇文章提到父亲一直在骗他,因为当他问父亲怎么样时,父亲都会回应自己没事。这种骗孩子的方式表明,父亲意味着一种承受与担当。

骆新 那父亲如何参与呢? 承担责任。承担责任有三条标准:第一,让孩子成就自己、独立自强;第二,保护与支持;第三,做一个好榜样。

张轶斌 父亲不光是孩子的父亲,也是他自己,"做一个好榜样"意味着父亲要不断成长。因为父亲并非天生就是父亲,他必须学习。所以,父亲需要在家庭环境中和孩子一起成长。

商建刚 在孩子还懵懂且没有接触互联网的时候,父亲可能会成为一个榜样。但是,一旦孩子有了自己认知世界的途径,父亲就往往不再是他的榜样,反而成为了他鄙视的对象。我觉得做父亲重在真实,通过协议缓解焦虑,把各自的焦虑解决掉,最后大家形成一个彼此能够接受、相互尊重的解决方案。

骆新 这是好办法,意见书面化。

商建刚 而且我们会贴在墙上公示,随时随地遵照执行。

骆新 那家务活分配是不是也能这么干? 夫妻二人将约定写下来贴在墙上。但这样做会不会显得家庭里没有爱?

商建刚 我和太太结婚20多年,签了无数协议。比如,关于如何吵架的协议。因为我们二人经常在一起，所以难免会发生口舌之争。而且我们发现，每个人都有自己的敏感词，所以我们作了约定，吵架可以，但是不能说那几个词。

张轶斌 上海不少小学、初中都推广了电子产品使用协议，要求家长和孩子一起商讨。这件事情关键不在协议本身，而在于商讨的过程，通过给孩子自主权，让孩子知道他能对某些事情做出选择，以及做出这种选择后他要承担什么责任。我认为这点很重要，所以商老师的做法非常好。

骆新 下面我们来讨论一下第三个大问题：怎么维持家庭与事业之间的平衡？父亲40岁时，正是孩子世界观、人生观养成以及学习习惯培养的关键时期（孩子10岁左右）。所以，父亲应该多观察孩子、多了解孩子，摸清孩子的特点，努力创造可以影响孩子的环境，小心翼翼地引导，让孩子能够自我发现，静等花开，同时要坚持每周六小时定律。

商建刚 我认为，第一点，要抓住关键时间。孩子10岁之前比较"萌"，应该让他在学习的方方面面自由发展；而10—15岁是孩子人生中比较关键的时刻，他开始懂事与接触世界，慢慢建立起自己的世界观、人生观，如果这时候我们把自己的影响力注入进去，那投资回报率是比较高的；15岁之后，孩子开始上初中、高中，有了自己的朋友，很难再理睬你。所以，我认为孩子的10—15岁是父亲参与家庭教育的黄金时期，时间短、收效快、成果高。第二点，我们不可能像妈妈那样仔细，这就要求我们提供高质量的陪伴。于我而言，我和孩子每天有半个小时的时间一起玩牌，这是我寻求平衡的方法。

骆新 高质量很重要，我们不能一边打牌一边玩手机、一边散步一边打电话。这样看似投入了时间，但质量确实不高。

张轶斌 我的想法有些不同。我的专业是学前教育，所以我更赞成家长尤其是父亲要尽早投入。在这方面，国外甚至有资料提倡父亲应该直接从婚后或者妻子怀孕前开始投入。这意味着，第一，父亲要做好家庭安排，包括家庭经济实力方面的安排；第二，父亲要关心母亲，尤其是要关心孕期的母亲和刚生小孩的母亲，不要给妻子造成麻烦，这些都是可以做到的。需要明确的是，孩子3岁之前，母亲确实是不可替代的，但这并不意味着父亲可以缺位；孩子3岁以后，父亲应该做一些适当的工作，比如管教。有时候即使父亲不在孩子身边，也可以创造出一些"现场感"。比如，父亲要长期出差，没办法在孩子身边,所以他给孩子写了很多小纸条,放在一个很大的玻璃罐里,对孩子说"你什么时候想爸爸就拿出一张来,如果你不识字也可以让妈妈念给你听",这样孩子就会觉得父亲在身边。而且随着电子产品的发展,现在任何情况下都能够让孩子接触到、看到父亲的存在。所以,我赞成父亲尽早介入。因为越往后难度越大,如果 10 岁以后再介入家庭教育,孩子对父亲的亲密感很难建立。

骆新 那有没有可能在孩子 10 岁以后介入呢?

张轶斌 我们可以选择 10 岁前介入还是 10 岁后介入。

商建刚 有难度,需要把投入产出的方方面面进行综合考虑。

骆新 但是现在受新冠肺炎疫情的影响,很多企业经营情况不好。在这种情况下,很多父亲认为自己应该花时间努力挣钱、有所成就,而不是陪孩子。那如果出现这种情况,我们该如何抉择?

张轶斌 保持现场感,千万不要让孩子对你产生陌生与疏离感。事实上,孩子的成长是有阶段性的,父亲在每个阶段都不能缺位。即使我们不在现场,也可以创造出现场感。比如通过书信,或者通过经济资助,支持妻子和孩子,等等。

骆新 其实,男性到了 40 岁,事业方面可以相对放慢一些节奏,不必要的应酬就不要去了,不喜欢的人就不要讨好了,多回家陪陪孩子,和孩子处好朋友关系,这样的投资回报率胜过任何项目。

家长 请问,青春期的男孩是不是会更相信父亲? 而青春期的女孩是不是会疏远父亲? 面对这种情况,父亲应该如何拉近和孩子之间的距离呢?

骆新 这确实是个问题。因为我的孩子是个女孩,所以我的感受比较明显。我们家孩子青春期与小时候相比,确实和我有点疏远,比如我想抱她,她不同意。

商建刚 我们家没有太多所谓的青春期现象,至少两个孩子到现在和我们的沟通都很好。但是,有时候我的女儿也会把我直接赶出去,然后和妈妈分享小秘密。当然,我的儿子也会和我讲他的烦恼,比如前段时间他的一个女同学沉迷游戏,这件事让他很焦虑,于是问我该怎么办? 我说:"你发动你的那些兄弟、哥们上网'监控',如果她上网就提醒她不要上网。"他说:"我发现那个女同学不理睬那些男同学。"我说:"你可以给她写封信,正好把字练好。"在他和我分享这类事情的过程中,我会尽量扮演一个同伴或者同龄人的角色,以这种身份和他商量。

骆新 很多人觉得岁月静好,孩子的成长应该一帆风顺,但其实帮助孩子应对成长的烦恼才是家长存在的意义。

张轶斌 青春期的孩子出现问题是正常的,关键是家长如何应对。一般来说,如果问题没有特别严重,我们可以让孩子自行处理,给他一个处理的机会。如果我们观察到孩子有一些异样的情况,比如自己单独一个人、离群或者虐待小动物等,我们可能就需要和他的同学或者老师进行更密切的接触。一般而言,这些问题都会自然而然地过去,我们现在看到的问题只要能够被恰当处理,以后都不会是问题。

商建刚 很多时候,当孩子碰到一些青春期的问题,想向我们寻求帮助时,我们不能开玩笑,也不能批评孩子。

骆新 没错,像我们尊重成年人一样尊重孩子。中国人有个习惯,当别人和我们说心里话的时候,我们动不动就给他讲人生大道理,分享自己的亲身经历,曾经看过的伟大的书籍、名人名言等,但其实这些都没用。别人愿意和我们说,是希望我们能和他共情,而这点对孩子而言也非常重要。

张轶斌 关键是父母需要采取积极倾听的方式。在孩子倾诉的时候,我们要认真听,不要做其他事情,也不要着急下判断。因为孩子有时候说出来就好了,他自己会拿主意,这时候我们要做的就是帮助他倾诉出来。

商建刚 这也是家长学校的意义。可能家长一个很简单的行为就改变了孩子的命运。

骆新 没错,所以当孩子、太太或者先生和你说话时,哪怕有时候你特别烦,也请你放下手里的活儿,坐下来面对面地倾听。因为这对他们而言,是非常重要的心灵支撑。

孩子 请问,父亲节我送什么礼物给爸爸合适?

骆新 我的女儿给我发了 52 元红包,我问她为什么发 52? 她说:"520。"我说:"那你应该发 520,太抠了。"但我很感动,因为孩子给我发红包体现的是她的一份心意,这很重要。

商建刚 首先,我对这个孩子表示非常认可,能够想着在父亲节给父亲送礼物。其实,孩子送给父亲的任何礼物都会让父亲感动而且铭记终生,哪怕是一封家书或者一个拥抱。

张轶斌 这个孩子很不简单，不知道是男性还是女性？就我自己的亲身经验而言，男性很少有主动送礼物的习惯，如果这个孩子是男孩，就说明他已经拥有了很多很好的特质，他能够观察并体谅他的父母，而这是社会教育中非常重要的一点。很多人会质疑，学前阶段的孩子怎么会体谅父母？这个要求高中生可能都做不到。的确，父母往往认为孩子接受爱是被动的，其实爱是主动的，爱是行动，只要孩子能够想到父母、能够体谅父母，就是最好的礼物。

骆新 今天是父亲节，我们的直播到现在为止就要告一段落了。如果将今天的主题浓缩成一句话，我认为就是如何当好一位父亲。二位对此有何回应？

商建刚 今天在父亲节谈论父亲参与带孩子的问题，首先是想启发大家的意识，希望父亲能努力学习，成为一个拥有带孩子相关知识的人，只有这样，我们才能勇敢自信地踏入参与带孩子的过程中去。

张轶斌 中国古人有一句话能够概括一个人的成长，即"修身、齐家、治国、平天下"。我认为，作为父亲，我们得先从修身、齐家开始做起。

骆新 最后，我建议大家要行胜于言。父亲不能只考虑自己作为父亲的身份，因为在这种思维方式下，我们永远拉近不了和孩子的距离；但这并不意味着我们不用承担作为父亲的责任，我们要对家庭、孩子多一份关爱，对爱人多一份体贴，因为承担责任的过程也是以身作则的过程。其实，我们都希望孩子能够成长为一个更加健康、更加完整的人，所以作为父亲，我们更不能在孩子成长的过程中缺位。

第十七篇　小家传大爱,弘扬好家风

昕　明
（主持人）　上海教育电视台主持人

郑军华　上海第一批援鄂医疗队领队、临时党委书记
　　　　上海市第一人民医院副院长

范小红　上海援鄂医疗队雷神山医院临时党委书记
　　　　上海市第八批援鄂医疗队副总领队
　　　　上海市第六人民医院党委副书记

一、抗疫家庭故事

昕明　说到抗疫家庭故事,舍小家为大家,对于没有经历过战争年代的孩子来说,可能会觉得这个话题离自己有点远,但在 2020 年的春天,很多家庭经历的就是这样一份责任担当,这样一份家国情怀。家是最小国,国是千万家,义无反顾地逆行出征,白衣天使们做了哪些,让我们把时间线拉回2020 年除夕的晚上。作为第一批援鄂医疗队的领队,郑院长对于当天晚上那一幕一定是难以忘怀吧。

郑军华　昕明老师的话把我的心绪带到年三十晚上,来自 52 家单位的135 名医务人员紧急集合,3 小时之内就在虹桥机场集合起来,要求是 9 点半集合,很多队员们有的来不及和家人告别,来不及吃年夜饭就来到虹桥机场,队员中有"90 后""60 后",还有"40 后",最大的 66 岁,最小的只有 21 岁,很多队员家里还有生病的老人、生病的小孩,大家都克服了困难,毅然奔赴了武汉第一线,奔向了没有硝烟的战场。我们到了武汉金银潭医院,在那边和武汉当地的医务人员共同奋斗,我们救治回来不少重症患者,成功率也非常高。这个过程中,我们经历过武汉封城期间的困难。在前线相对来说比较艰苦,我们是大家的"家长",大家的精神领袖,更是一场战斗的指挥者、后勤的保障者和队员的身心安全的监护者。

我们是全国第一支到达武汉的医疗队,也是第一支在武汉开讲党课的医疗队,要把党员建设和组织建设结合起来,为了打一场胜仗,在武汉金银潭医院奋战了 67 天,把适合武汉的上海救治模式带到武汉,建立了科学专业的上海防护,把精益求精的上海精神带到了武汉,同时把超前一步的上海研究带到武汉,更是把一脉相承的上海医学人文带到了武汉。我们全体队员弘扬"一名党员是一面旗帜,一个支部是一座堡垒"的精神,同时聚焦最大化救治的目标,打了一场胜仗,圆满完成了组织交给我们的任务,最后实现了零感染,把大家平平安安带回了上海。

昕明 听到郑院长一边讲,我脑海中浮现了两个情景,第一堂党课,在建党 99 周年前夕,这堂党课格外有意义。另外说到两位的领队身份是大家长,那个感觉就是临时的家庭,但是在这个家庭中,彼此虽然不曾相识,那时候却融汇在了一起,就有了家的感觉。范书记您家里刚好有一个今年初三的孩子,在您出发之前,我相信作为一个母亲内心可能多少有点小煎熬和犹豫,对不对孩子说?会不会对他的中考复习有影响?去了之后对孩子的牵挂肯定使您有几个晚上难以入眠吧。

范小红 昕老师话里隐含好几个问题,有一部分问题我想放在后面回答,借这个机会也把上海援鄂的工作作一个简单的介绍。上海援鄂医疗队一共先后派出了 9 批,军华院长是第一批除夕夜出征的,我是带着上海第六人民医院医疗队随上海第八批援鄂医疗队出征,我们是最后撤离返沪的一支医疗队。上海一共派出 11 支医疗队 1 649 名队员,分布在不同的医院。我和军华院长不一样,他接到指令很短时间就出征了,我在大年初一晚上 11 点 15 分接到电话,让我征求家里人的意见,是否同意作为上海第二或者第三批医疗队的领队出征。那时候我内心还是放不下儿子,我到了儿子的房间,他初三了还在复习功课,我告诉他:"儿子,妈妈接到一个任务,要到武汉去和病魔作斗争,你同意吗?"儿子问我:"大概要多长时间?"我说:"不知道。"他说:"那好吧,你去吧,注意安全。"儿子放下手中的功课,站了起来主动给了我一个拥抱。那一刻,作为母亲,我内心充满了自豪,我觉得我的儿子长大了。我先生和我的儿子在虹桥机场送我出征的时候,我先生对我儿子说:"我们给妈妈一个拥抱吧,给妈妈勇气与力量。"我们三个人紧紧拥抱。后来我们到了雷神山医院,管理了一个 ICU 病区,4 个普通重症病区,我们市六和市五医院医疗队一部分在 ICU 工作,剩下占四分之三的两支医院医疗队员是合编负责了雷神山医院感染三科二病区工作,市六医院医疗队作为最后撤离的一支上海医疗队,负责雷神山 C2 病区的医疗工作,一直到 4 月 9 日下午 2 点 18 分病区关舱,创造了病区住院患者零死亡,出院患者零复阳,医务人员零感染的成果,同时借助六院 AI 智能满意度测评和随访系统,对出院病人进行测评,出院患者对医务人员的满意度是 100%。到了雷神山医院,我们负责的病区严格意义上没有完全弄好,就是一个毛坯房,所有医疗队员在最短的时间快速搬运物资,装备整个病区,执行我们的流程,执行我们的制度。六院队员平均年龄 32 岁,很多队员何尝不是父母掌中之宝。我在武汉雷神山基层党组织,在这一场抗击新冠肺炎的战斗当中发挥战斗堡垒作用,我们党员发挥了先锋模范作用,很多年轻的医疗队员在这场疫情阻击战中受到身边优秀党员的感召,纷纷递交入党申请书,在雷神山医院临时党委前线发展了 44 名党员。最后阶段上海医疗队只有六院医疗队还在武汉,其他队伍都撤离了,整个武汉留下来的外省市医疗队只有 4 支——上海市第六人民医院援鄂医疗队、广东省援鄂医疗队、北京协和医院援鄂医疗队和江苏省援鄂医疗队。其他队都已经撤离了,我们还在坚守,接收从其他病区转过来的重症患者,我由衷地感谢我的队员们,发扬了我们作为医务人员良好的职业精神,我们完成了党和国家交给我们的坚守任务。"风雨过后见彩虹",六院给从 C2 病区出院的每一位病人都送了一封慰问信,上面就有这样一句话,同时我们承诺为从我们监管病区出院的患者提供全生命周期医疗服务,只要他们需要,六院永远是为他们健康护航的守护者。我们是最后一批,任务非常重,4 月 10 日早上 7 点开始从驻地出发撤离,4 月 9 日上午11 点才把病区最后 5 个没有办法出院的病人撤离合并到 ICU 病区去,我们做整个病区周末的消杀工作,一直到下午 2 点 18 分才完成隔离病房内的消杀关舱工作,这也是雷神山医院普通病区最后的关仓,到 4 月 14 日雷神山医院 ICU 关舱,4 月 15 日雷神山医院整体关舱,感谢上海市委市政府和全上海人民对我们的关爱,我们带着满满的爱、满满的感动和感恩顺利凯旋。

二、家风家教传承

昕明 和平年代大家可能都没有经历过,而且大家也都没有想过在今年春天是这样的一个开端。现在很多老百姓口罩已经不戴了,觉得挺安全的,实际上经历这样一段岁月的时候,两位亲历者自己心中应该有很多个夜晚、有很多次想和家人说说自己的心里话吧?

郑军华 昕明老师讲得非常对,很多队员和我的女儿一样大,很多都是"90 后"。看到他们毅然走向了前方,我打心里觉得他们非常勇敢,但是作为领队,我是他们的"家长",希望他们能平平安安完成工作返回上海。我们一支医疗队有 135 个人,天天工作在一起,住宿在一起,发生了很多事情。比如我们刚到达武汉的时候,医疗物资非常缺乏,而且救治病人的压力非常大,同时,感染发生率非常高,通过媒体大家也知道,在整个武汉将近有 3 000 多名医务工作者被感染。我们的队员们看到病房里住的医务人员的时候,说实话是比较紧张的。第一批 8 个护士进舱,到夜晚接重症病房的时候,当时排 8 个小时的班,从进去到出来其实是 12 个小时,这 12 个小时经历了什么?有病人匆忙中去世,有救治重症病人的压力,有对当时工作环境的不了解,有恐惧的心理,也有穿了防护服、戴了 N95 口罩缺氧,透不过气又闷热的情况。当时晚上没有空调,武汉又特别冷,工作的时候热,休息的时候又冷,当时出来的第一批队员说从来没有接受过这么重的任务。在这个过程中,我同每一位护理人员谈心,把她们的心结打开,面临困难的时候,大家要一起克服。这个过程中,作为一个大家庭,在那边一共 67 天加上回来以后在上海青浦隔离的 14 天,是九九八十一天,慢慢形成了我们的队风:团结友爱,互相帮助。所有人一起把组织上交给我们的任务完成,同时这个过程中由于有好的队风,大家之间就非常融洽。事实上这些做法和我们的家风创立是结合在一起的。我们这个年纪上有老、下有小,这个过程中有很多人生的体会。刚才你讲到家风的时候,我就想起了在武汉的那段经历。

昕明 您说自己女儿和很多"90 后"同龄,这样的队伍中不仅仅有队风,也蕴含良好家风的脉络。说到家风,您有红色基因,良好的家风对于一个孩子成长是非常重要的。孩子看到自己的父母是什么样的,他就知道自己该做什么样的事,成为什么样的人。

郑军华 我是个男同志,父爱如山。在成长的过程中,我得到了我两位"父亲"的关心和关爱。我的岳父是解放以后毕业于大连水面舰艇学院的高级工程师,我们国家的海军越来越强盛,水面舰艇包括航母也建造起来了,我岳父大人作了很多贡献,包括获得国家科技成果二等奖、军队科技成果一等奖。他是一个做事情非常认真严谨的人,工作非常投入,有时候出海要 3 个月甚至 5 个月完成相关科研项目,非常辛苦,同时作为一名知识分子,他必须不断再学习才能摸到相关领域的发展最前沿。虽然他已经离开了我们,但是他对我有着很大的影响,他非常喜欢我,经常与我沟通,他希望我在专业上做得出色,我在他的教诲下成长起来。我的父亲参加革命比较早,参加过抗日战争、解放战争、抗美援朝战争,也是在这个过程中逐渐受到党的教育成长起来。他在抗美援朝的时候是营长,回来升到连长、团长,当时只有初小文化,组织上送他到工兵学校,完成了大学学业。他的身上有很多东西值得我们学习。作为一个新时代的军人,经历过这么多战争之后,他知道武器的重要、知识的重要、国防的重要,他有着坚韧的毅力,因为经历过战争,他身上受过四次伤,他说他的生命是党给的、是人民给的、是部队给的、是医务人员给的。我父亲对我说:"第一你要参军,第二你要做医生。"所以我报考了上海第二军医大学。我的父亲给我的感觉和我的岳父还不太一样,他特别要求我成为一个对国家有用的人,他特别希望子女清廉,我的两位"父亲"在我成长过程中有四个方面对我影响很大:第一,爱党爱国,忠于理想;第二,严守纪律,廉洁奉公;第三,艰苦朴素,勤俭节约;第四,科学严谨,精益求精。

昕明　一千多名医务人员安全抵沪,不仅媒体采访时热泪盈眶,很多家长朋友和孩子看新闻时都说这可能是很好的教育机会,但是不知道从何说起。有时爸爸妈妈一人一部手机,一个在玩游戏,一个在网购,却反问孩子怎么不去读书,孩子会愤愤不平。有时候良好的家风是潜移默化的,而不是刻意为之。家风传承不是一代人的事情,可能有一些所谓的基因在起作用。在孩子的教育过程中,我们认识到每一个孩子都是独立的个体,但是家庭的烙印也始终存在着。请问郑院长,是不是自己女儿身上就有郑家的烙印?

郑军华　我家小女初长成,现在也 25 岁了,在复旦大学读博士,和我一样走上医学这条路。现在家长对子女教育都非常重视,重视过程中确确实实想孩子不输在起跑线上,各种专项技能都要精通。当时我们都很忙,没有给孩子更多的压力,我觉得还是要给小孩子一个纯真快乐的童年,我没有逼小孩子读过一天的奥数,连我原来高考数学考满分的人都不能做出来,奥数大概和我们的发展没有关系。我们女儿没有读过奥数,但是她的数学学得也不错。还有,千万不要攀比,每个小孩都有自己的特点,所以不给小孩更多的压力,度过一个纯真快乐的童年非常重要。当然我这样说很多家长会说:"我们也想,但是现在社会压力这么大,从幼儿园开始,到小学,到中考,再到高考,很难不焦虑。"我认为这个过程中,对小孩来说,家庭陪伴是非常重要的,良好的家庭环境并不是说家的豪华程度,而是彼此之间的沟通没有障碍,和谐美满。我们都经历过中考、高考、考硕士、考博士,在这个过程中要根据不同的时期,根据孩子性格的变化去适时调整教育策略。我们不去强迫小孩子做什么事情,从我来讲,小孩子平平安安,我觉得就是最好的事情。其次,我觉得爱好兴趣是最好的导师,通过这些兴趣培养小孩子的团队协作精神,任何一个成功都不会轻轻松松得来。孩子在社会中成长,通过克服一个个困难逐渐成长,我们家长也在不断学习。明年我女儿博士毕业,我只希望她成为对社会有用的人,对家庭有爱的人,对自己自尊自爱,这样我就满意了。

昕明 郑院长刚才说他没有希望女儿一定成为什么样的人,在这样的家风传承下,对于女儿的职业选择,她未来一定会对自己负责。有这样的家国情怀和历史背景,相信她也是那个敢于向前冲,冲在第一线的人。不知道两位自己是不是在孩子教育过程中非常尊重孩子,尊重孩子自己提出的意见和想法?

范小红 父母不能陪伴孩子走完全部的人生,父母能给孩子的就是精神上的财富,而这个精神上的财富是能够陪伴和支持孩子走完他们人生的。我扪心自问,我不能说我是一个好妈妈或者优秀的妈妈,但是我一直在为之努力,在学习如何成为好的妈妈。我要感谢我的先生,在家庭教育中,父母如何共同营造一个非常好的家庭氛围是非常重要的。其实每一个家长内心都有两个自我,一个会觉得自家的孩子是与众不同、最优秀、最棒的,另外一个自我总是觉得别人家的孩子更优秀,这两个自我难免会碰撞打架。"望子成龙,望女成凤",哪个家长不希望自己孩子特别优秀,但是优秀的定义是什么? 我对孩子的要求有三个层面:第一,最低的层面是不做对社会有害的人,这是最低的底线不能突破;第二,做对社会有用的人,我相信我的孩子能做到;第三,我希望他努力成为为社会作出巨大贡献的人,这是我期望的。家长是孩子的导师,从另外一个角度来说,孩子何尝不是我们家长父母的老师? 我记得几年前我孩子曾经问我:"妈妈,为什么所有的家长都认为学习好的孩子就是好孩子,分数高的孩子就是好孩子?"那一刻我一下子觉得我的孩子在独立思考了。我还记得我当时是这么回答的:"我并不一味地认为分数高的孩子就是好孩子,我对你的要求就是努力、进取,如果你努力进取了,你的分数仍然不是最好的,我同样认为你是个好孩子。但是你如果不努力、不进取,然后你没有责任感,你显然就不是好孩子。"我认为家长要认真回答孩子的每一次提问,也要勇敢地在孩子面前承认你自己的错误,在孩子的教育过程中,我一直努力培养我的孩子成为一个善良的、勇敢的、独立的、进取的、有担当的人。

昕明 相信您的孩子也正在努力成为这样的人,有一天他会骄傲地对你说:"妈妈我就是这样的一个人。"

范小红 我从小希望驰骋疆场,除夕夜我看到军华院长率队出征,我觉得我应该像军华院长一样。我是呼吸科医生,是专业对口的,我也从事医疗管理十年,对管理也是懂的。我觉得我应该向军华院长学习,应该到前线去最大程度地为国家、为人民作出我的贡献。我先生与我青梅竹马,他非常理解支持我,虽然对儿子有不舍,但是我想给他树立一个榜样,希望他像小鸟一样,在天空中振臂高歌,而不是永远躲在父母的羽翼下。

昕明 讲到家风传承,弘扬好家风,从点点滴滴故事当中可以看出,好父母永远在学习的路上,不要只指望孩子学习,家长也要和孩子一同成长。要成为好家长,才有好家风的传承,才能看到孩子真正成为一个对社会有用的人。您最想分享给大家的关于家风传承的一句话是什么?

范小红 每一个孩子都是独一无二的,让我们静待花开。为真为实,人道博爱,刻苦坚毅,懂得感恩,我衷心祝愿所有孩子能够好好学习,健康成长,做对社会有用的人。

昕明 良好的家风在成长过程中起着至关重要的作用,在这个过程中,家长的一句话、一个眼神、一个动作都渗透着家风的影响,希望每位家长可以与孩子换位思考,在孩子的成长过程中静待花开。

第十八篇　好习惯成就好人生

昕　明
（主持人）　　上海教育电视台主持人

胡申生　　著名社会学家

王　萍　　上海市德育特级教师

李　岩　　全国优秀教师

昕明　今天我们的话题是如何培养孩子良好的习惯。首先,请胡教授给我们解读一下,"习惯"这两个字的由来。

胡申生　"习惯"二字的由来,需要从"习"字讲起。"习"是简体字,若要了解这个词源,还需要从繁体字讲起。甲骨文中的"习"字,上面是羽毛的"羽",代表翅膀,下面是"日",合起来意思是鸟在太阳底下展翅飞翔。而"展翅"需要不断地扇翅膀,所以"习"意味着不断地重复一个动作。但光靠这样理解是不够的。东汉许慎的《说文解字》讲到"习"字,他认为"羽"下面是"自"。"自"在古文当中表示鼻子的"鼻"。"从羽从自"意味着鸟在使劲展翅的时候需要用力,用力就要喘气,而喘气就要靠鼻子。所以,习惯的养成并不简单,需要非常使劲。

昕明　正如我们在教育中常说的一句话——静待花开。鸟一直飞,就意味着要一直展翅,而一直展翅是会累的。生活中,家长总觉得自己帮孩子安排好了一切,孩子不应该累。但其实孩子是累的,因为他们需要付出。胡教授,您对于"性相近,习相远"这句话当中的"习",又是如何理解的?

胡申生　这句话出自《论语》,意思是每个婴孩出生的时候天性都差不多,但时间长了彼此之间就会出现差距,因为每个人习惯的养成不一样。家长心中都希望孩子能够养成好的习惯,否则自己的孩子和养成好习惯的孩子的差距将会越来越大。当然,这里所说的差距并不是指工作的贵贱高低,而是指一个人因为好习惯没有养成,违背或者并没有达到自己从小的志向。"习惯"二字出自《汉书·贾谊传》:"少成若天性,习惯如自然。"意思是婴孩呱呱坠地的时候是差不多的,好习惯养成后就会变成孩子的一种自然状态。正如前面所述,鸟在扇翅膀的时候会觉得很累,但当它将扇翅膀视为自然后,就不会感到累了。中国古代很重视对孩子的培养,强调养成教育。例如《易经》中的"蒙以养正"。"蒙"意味着开蒙,在孩子"少成若天性"的时候,用正确的方法教育他们，养成"正"。"正"指"圣功"，即圣人的功德，意味着道德与好的习惯。陆游也在《苦笋》一诗中写道："人才自古要养成，放使干霄战风雨。"意思是一个人才需要从小接受严格的养成教育，这样等他长大以后，就能够直冲云霄，迎战风风雨雨。

昕明 相信大家对习惯养成有了初步的概念。如今，很多家长把所有的情绪都放在孩子的学习上，认为习惯养成首先得看学习。但从德育的角度来讲，习惯养成包含很多方面。

王萍 从学校教育或家庭教育的内容角度来看，学生的习惯养成通常分为三类：一类关于学习习惯，一类关于生活习惯，还有一类关于道德品行习惯。事实上，这三类习惯息息相关，可以互相迁移，如果家长只关注孩子的学习习惯，恐怕无法取得良好的效果。

昕明 习惯是从小养成的，养成后再硬改，难上加难。不同类别的习惯之间关系密切，生活习惯不好，学习习惯也基本不可能好。

王萍 学习习惯有很多，比如注意力问题。注意力是从生活习惯中迁移过来的，而非孩子一学习就懂如何集中注意力。在平时生活中，与家人相处的方式、游戏模式都可能促成孩子注意力分散的习惯。

昕明 很重要的一点，专注力并非只存在于学习中，而是无处不在，与孩子的习惯养成相辅相成。对于孩子学习习惯的养成，李老师有何见解？

李岩 第一，学习积极地阅读。阅读很重要，但是很多时候孩子的阅读是无效的，所以要教会孩子积极地阅读。比如，家长可以通过"任务驱动"的方式推进孩子的阅读，让孩子带着问题读书，同时鼓励孩子在阅读的过程中提问，帮助他们理解字里行间的意思，厘清上下段落的脉络。这种阅读比单纯拿着一本书漫无目的地阅读要好得多。在孩子注意力集中的时候，一篇较长的文章读几遍就能达到背诵的效果，但如果孩子很被动或者注意力不集中，背一个晚上也未必能背下来。可见，注意力集中十分重要。第二，独立完成作业。孩子在学校里的很多习惯是可控的，但是作业尤其是家庭作业却很难保证，因为孩子对作业的重视程度不像我们期望的那么高。一般来说，孩子对作业抱有两种态度：简单的作业觉得没有必要，所以马马虎虎；遇到有难度的作业又没有思考的愿望或者解决问题的意识，索性就不做了，反正老师明天会讲。其实，做作业的过程不仅可以强化孩子的学习，还可以帮助他们检测在学习过程中存在的问题。如果第二天能够带着问题上课听讲,孩子学习的效率和有效性可能就会大大提升。第三,认真整理错题。市面上的很多复习资料,都没有孩子的错题汇集成的个性化学习资料有价值。因为这些题目由孩子平时作业过程中存在的问题与疑惑汇集而成,能够帮助孩子在学习的过程中厘清解题思路与知识要点,有利于促进相同类型题目的解答与同等水平类似知识点的迁移、扩充。对孩子而言,这既是宝典,也是法宝,比刷题更有价值。家长一定要培养并让孩子用好这个习惯。第四,及时预习与复习。如果孩子在上课时能够带着问题、带着目的去听,那学习效率就会得到很大的提高;如果孩子课后不复习,学习的知识点就很容易被遗忘。孩子最好每天晚上都抽几分钟巩固一下今天学习的知识点,让瞬时记忆变成长时记忆。而且,及时复习能够帮助孩子厘清当天的重点、难点以及新旧知识之间的关系。第五,定期总结归纳。如果孩子自己不进行归纳总结,只是记忆老师教授的零散知识点,是很难把零碎的知识点和记忆系统化、有序化、归类化的。我们现在倡导的专题学习、项目化学习,也是把零散的知识点总结归纳为系统化单元或章节等知识结构的方式,是非常有效的学习方法。

昕明　假期这两个月,其实是孩子学习习惯养成的关键时期。如果孩子在暑假期间忽略了学习习惯,开学后就容易不在状态,成绩也会不尽如人意。学习习惯的养成如此重要,那如果家长找不到抓手,该怎么办?

王萍　孩子放假后,家长往往会非常焦虑,因为无论让孩子做什么他都不肯做,学习效率也不高。对此,我认为家长首先应该关注的是孩子注意力的养成。为什么注意力如此重要? 举个例子,很多人都有开车的经历,都知道发动机是如何运转的。而人的大脑就像发动机,当我们刚刚启动的时候,车速是无论如何都上不去的,只有经过一段时间的热车,车速才能迅速提高。其实,注意力的稳定水平、专注度也是如此。经过一段时间的学习之后,"车"就热了,速度会越来越快,思维会越来越活跃,注意力也会越来越强。所以,对于孩子学习习惯的养成,我认为首先要从孩子的注意力方面抓,家长可以此为突破口。

昕明　所以,家长要关注孩子在学习过程中,是否有效利用时间去做该做的事情,即关注孩子在学习过程中的注意力或者专注力。接下来,和大家分享几个帮助孩子养成习惯的诀窍,分别是氛围营造、任务分解、定量评价、适当的鼓励表扬。

李岩 第一,**营造氛围**。我认为我们的很多行为反倒会降低孩子的专注度。比如,家长在孩子做作业的时候一会儿进去送杯水,一会儿送点水果,一会儿送点点心。这些行为看似关心孩子,其实是借关心督促孩子的表现。事实上,我们的督促行为会降低孩子学习的沉浸度,打乱他们的学习节奏。其次,学习环境很重要。孩子房间的布置不需要特别花哨,简单与温馨就行。在家里,课桌椅一定要摆放整齐,一是避免浪费时间寻找材料,二是为了减少来自环境等各方面的干扰。学习用具也一定要简单实用。有些文具上有指南针、娃娃,看起来非常新颖,却很容易干扰孩子的注意力。此外,家庭的氛围也很重要。孩子不可能在父母吵架的环境下静下心来专注读书,也不可能在妈妈追剧、爸爸打麻将的情况下高效地做作业。所以,家庭氛围一定要营造好,以减少对孩子不必要的干扰。第二,**任务分解**。我认为孩子在学习过程中任务的时间分配非常重要。孩子在小学一二年级时注意力集中时间是 15 分钟,三四年级时是 20 分钟左右,到了五六年级大概能维持半个小时。当孩子面对非常艰巨、耗时非常长的学习任务时,会不由自主地分散注意力,如果长期不进行调整,就容易养成磨磨蹭蹭、消极怠工的坏习惯。那我们该怎么做呢?当我们感觉孩子在学习过程中效率下降或者疲倦了,不妨打断一下,让孩子稍微休息一会儿,喝杯水、吃点水果,再继续安静专注地读书,这样效果会更好。此外,当孩子专注度不够的时候可以用任务分解的方法训练孩子的注意力。如果孩子今天的学习任务需要花费较长的时间,我们不妨帮助孩子将其分解为多个 6—7 分钟的短期任务,提高孩子单位时间的学习效率。第三,**定量评价**。很多家长,尤其是毕业班的家长都希望孩子时时刻刻坐在课桌前,只要孩子的学习状态不行,就十分着急,认为要赶快提醒一下孩子。很多学生告诉我,他们小学的时候做作业特别快,回家基本就没有作业了,但是妈妈会给他们又额外布置一大堆作业,非要让他们学习到 9 点,否则就好像他们的学习质量得不到保证。而孩子因为知道还有很多额外的、不愿意做的作业,所以一个小时能做完的作业往往会拖到两至三个小时,甚至在学校里不做作业,留到家做给妈妈看。我认为家长不能只关注时间,否则久而久之会消耗孩子的注意资源,让他养成不良的习惯。其实,有时候孩子做作业拖拖拉拉、做什么事情都不认真,很可能家长才是背后的推手。**第四,多鼓励孩子。**兴趣是最好的老师,如果孩子对所学知识或从事的任务没有思考的兴趣,那他们绝对不会有坚持下去的勇气或动力。而积极正向的评价有助于培养孩子的兴趣。那家长该怎么做呢? 家长要选择和孩子沟通的方式,更多地关注孩子的学习过程以及孩子在学习过程中的付出。明确要肯定或表扬孩子的哪方面,哪怕孩子目前的成绩并不令人满意,但只要和以往成绩相比是进步的,就值得表扬。只有这样,孩子才会越来越有信心,越来越有继续下去的动力。

王萍　我非常赞同,尤其是关于家长额外给孩子布置作业的问题。有一位家长曾经打电话向我反馈孩子所在学校的作业布置问题,他们家的孩子才上小学四年级,晚上回家作业却要做到10点。当时我在教育行政部门工作,就去调查了一下。后来发现,同年级的其他孩子作业基本一个小时左右就完成了,这个孩子磨蹭是因为他知道作业做完了,妈妈就会额外布置两张卷子给他做。所以,家长在给孩子增加学习负担时,一定要建立在孩子愿意的基础上。否则,孩子一定会用各种各样的方式进行抵抗,其中最"好"的抵抗方式就是磨蹭,而这种方式会造成孩子注意力水平越来越低下。

昕明　以前是"妈妈觉得你冷",今天是"妈妈觉得你作业少"。如今的教育改革强调综合素养,比如历史、实验以及其他不被大家重视的学科现在都被要求打分,并且每年要进行信息登记。这意味着,要把时间还给孩子们,因为他们要做的事情不仅仅是刷题、刷卷子。听了李老师的发言,胡教授有什么想要补充的吗?

胡申生　李老师在分享如何让孩子养成好习惯时,提到了家长的问题。我认为,在孩子的养成教育中,家长要以身作则、做好表率。我和我爱人谈恋爱时,爱人家里的保姆每天干活的时候都带着孩子,孩子很小。爱人家是知识分子家庭,喜欢看书学习,结果这个孩子长大以后,考取了华东师范大学的研究生。他的妈妈讲:"我又不识字,都是你们教他的。"其实,我认为是耳濡目染的结果,因为孩子看到了大家都在抓紧学习。这是我补充的第一点。刚才李老师还提到,注意力集中对孩子习惯的培养起着最重要的作用。关于注意力的问题,我想再补充一点,即一定要注意孩子的兴趣。兴趣是养成习惯的阶梯,如果孩子感兴趣,那他的习惯就可以靠自己慢慢培养。比如,著名儿童文学专家陈伯吹的儿子陈佳洱是科学院院士,因为陈伯吹在发现儿子对打雷、闪电很感兴趣时,就开始着力培养他,所以他的习惯从小就养成了。因此,如果孩子对某件事感兴趣,那他的好习惯就一定会养成,注意力也一定会集中。

昕明 父母优秀并不代表孩子优秀,父母喜爱或者感兴趣也并不意味着这就是孩子未来的选择。在我们那个年代,大部分孩子要看爸妈的眼色行事,而现在的孩子却不看我们的眼色了。

胡申生 现在是爸爸妈妈看孩子的眼色。一旦孩子不用功读书,爸爸妈妈就会躲到厕所里商量对策。

昕明 既然要看孩子的眼色,那就意味着要读懂孩子的眼神。兴趣是最好的老师,家长需要关注孩子的兴趣点。现在,很多孩子认为自己是爸妈的接班人,爸妈没练的书法需要他们练,没跳的舞蹈需要他们跳,没弹的钢琴需要他们弹,家族传承的重担好像都压在了他们身上。

王萍 习惯是养成。"养成"意味着可以通过训练达成。家长在提升孩子注意力水平的时候,可以做一些观察和记录,包括孩子在学习过程中,注意力比较集中和比较分散的点,什么事情会打断孩子的学习,等等,再根据观察记录的结果进行分析。然后在分析的基础上列一张表格,让孩子在学习之前全部完成,比如孩子要上厕所就让他先上完,要喝水就先喝完,需要准备哪些文具也先整理好。所有这些前期准备做好,再让孩子定下心来进行行为训练,他就没有中断的借口了。另外,在做行为训练时,可以让孩子预估一下作业完成需要的时间,因为孩子在任务驱动下会更加专注。平时家长也可以在生活中和孩子多做一点游戏,比如舒尔特方格注意力训练就是很好的方式。再比如,家长可以将一副围棋随便摆,摆完之后让孩子进行五秒钟记忆,然后再让他回忆。这些游戏不仅增进了亲子关系,而且训练了孩子的注意力。因此,我认为孩子注意力的养成最主要的还是生活习惯的嵌入。为什么许多孩子在学习的时候注意力水平比较低下?因为在他小时候,爸爸妈妈准备了好多新奇的玩具,他玩了这个,想到边上还有一个,就又去玩那个,最终两个都没玩好。而如果每次只给他一样玩具,他就会重复玩,专注水平也会很高。此外,隔代教养有时候也会干扰孩子的注意力。老人对孩子特别关注,经常会打断孩子的节奏,这其实会造成孩子注意力无法保持稳定集中。因此,家长若想提高孩子的注意力水平,就必须要注意观察训练,注重孩子生活习惯的迁移。当然,家长千万不能着急,因为每个年龄段孩子的注意力维持时间是有一定限度的,所以必须做到阶梯递进。这种阶梯递进还体现在孩子学习计划的制订中,比如一开始我们可以让孩子保持 20 分钟的学习时间,之后增加到 25 分钟,慢慢地延长,并在这个过程中给予孩子适当的赞扬与鼓励,这样孩子的注意力水平慢慢就会提高了。

昕明 王老师讲到一个令很多家长困惑却无法找到答案的话题——陪伴。疫情期间,家长和孩子相处的时间长了,家长开始变得手足无措,和孩子好像还有点相看两生厌。其实,陪伴是家庭教育的重中之重。我们的不陪伴可能会让孩子觉得我们不需要他,久而久之孩子也好像不需要我们了。在孩子的青春期,当我们想向孩子发号施令的时候,我们会发现没有任何发号施令的途径,因为孩子把心门关上了。这告诉我们家长,要回归家庭教育的本质,认识到我们的陪伴的重要性。我们做过一个小实验,去中学教室坐板凳书桌,一天 8 小时下来,回家之后就想舒舒服服地在沙发上躺着。这说明谁都别认为谁是应该的,家长也需要换位思考,和孩子彼此理解。而关于生活习惯的养成,正如胡教授所言,需要家长以身作则。

王萍 除了生活习惯和学习习惯,作息规律、让孩子承担一点家务劳动、进行适度锻炼也会对他们的行为以及以后的人格发展起到很大的作用。第一,规律作息。人需要节律感,如果平时没有任何计划性、规律性,孩子是无法感知边界的,他们的心里也会缺乏足够的安全感。而如果让孩子制订学习计划、规律作息,他就会迁移到学习习惯上,因为他在今后的学习过程中会主动制订计划,知道什么时候该做什么事,什么时候不该做什么事。此外,一定要保证孩子拥有充足的睡眠时间。波士顿大学研究显示,人在入睡即大脑神经元休息的时候,血液会从大脑里流出来,随之脑脊液进入,把大脑里的代谢副产物清除掉,而后我们的大脑会更清晰、更健康。所以,每个孩子都应该有足够的睡眠时间,我们建议小学生要保证 9—10 个小时的睡眠。而现在能睡足 9—10 个小时的孩子非常少,有些孩子没有任何自律性,家长又不管,暑假从早睡到晚,睡到十一二点起来打游戏;有些家长希望孩子努力读书,补课、做作业全部安排满了,严重侵占了孩子的睡眠时间,而孩子睡眠时间不足,会增加患上抑郁症的风险,学习效率也会低下。所以,规律作息,保证孩子有充足的睡眠是非常重要的事情。第二,家务劳动。研究表明,劳动的孩子与不劳动的孩子相比,收入水平更高、犯罪率更低。其实,孩子的劳动和家长密切相关。儿童的独立性是在劳动的过程中培养出来的,独立性越高的孩子,成就动机就越强。许多家长不明白什么是成就动机。成就动机强的孩子遇到事情愿意尝试,因为他有自信心;成就动机弱的孩子遇到事情喜欢退缩,喜欢说"我不行"。那家长怎样培养孩子的独立性呢? 让孩子做家务,让他独立完成一些事情。所有的家务都需要计划和统筹安排,家长可以慢慢引导,让孩子慢慢学会统筹与做计划,而这些其实都会迁移到学习中来。此外,做家务意味着孩子对家庭的付出,孩子只有付出了才会有责任感。如果你不让他付出,长大以后千万不要责怪他怎么不对家庭尽责,因为你没有让他从小对家庭尽责。所以,劳动会增加孩子对家庭的归属感,而且劳动过程中孩子的意志品质会得到锻炼。第三,锻炼。研究表明,保持锻炼的 65 岁老人比不锻炼的老人得阿尔茨海默症的概率低32%,这是很大的差距。此外,体育锻炼也会促进海马体大脑神经元的继续发展。低年级的孩子进行锻炼,能够促进神经系统的发育。可见,锻炼有百利而无一害,所以家长需要投入时间陪孩子一起锻炼。当然,锻炼也要适度。李老师还有什么想法吗?

李岩 兴趣是最好的老师,想让孩子喜欢上运动,父母必须营造氛围。比如,饭后大家可以一起去散散步,让孩子在这个过程中分享一天的收获或者体验,当然,也可以借机进行家庭亲子沟通。家长也可以在家庭中聚焦很多关于运动方面的信息与体验,帮助孩子在潜移默化中产生一定的运动兴趣。其实,很多体育锻炼能够训练孩子的平衡力、持久力、协调能力、敏感度、身体控制能力等,但这些可能需要经过一定的训练才可以达成。在家庭教育中,家长陪伴孩子的过程就是最好的教育,家长可以和孩子一起尝试,一起克服困难,最后一起收获成功的喜悦,这对孩子而言是最珍贵的礼物。除了掌握知识技能外,还必须让孩子了解运动常识,比如运动前要热身,不能吃太饱、喝过多的水,等等,否则会让孩子产生不愉快的经历,慢慢丧失对运动的兴趣。此外,运动必须遵循孩子身心发展规律。比如孩子 2—5 岁的时候建议做室外运动,因为通过眼睛、手脚的合作与协调,孩子的平衡能力能够得到很好的锻炼;等孩子到了 5—7 岁可以学习游泳,因为游泳对提高孩子的肺活量以及控制自己身体的能力有所帮助。7—12 岁的孩子建议参加球类运动或跳舞,这样可以让他们身体的柔韧度、敏感度、反应能力得到提高。12—18 岁是孩子成长的高峰期,也是他们心肺功能发育的敏感期,建议家长不要给孩子过多的运动负担。由于这一时期是孩子的骨骼形成期,所以球类运动比较好。可见,家长不仅要让孩子玩得愉快,而且要让他们在玩的过程中身体也能得到很好的发展,同时,这个过程中养成的生活习惯或者生活态度也会让孩子受益一生。

昕明 以前都强调竞技体育,认为体育与金牌或者国家队挂钩,而运动不像体育,差不多就行了,但是现在这种观念正在转变。因为体育运动量上不来,孩子是难以静下来的。但如果孩子永远在静的状态下,也是无法变得阳光积极的,因为不见阳光怎么"阳光"? 所以,我们希望孩子有机会接触大自然、亲近大自然,而人与大自然的平衡,可以通过运动的方式实现。

胡申生 社会学中有一个词,叫"社会化",是个人能力、接触社会和待人接物方面的衡量指标。我们所说的好习惯的培养,其实就是社会化程度高低的问题。但是今天我想要特别强调的不是社会化程度的问题,而是希望家长在培养孩子习惯的过程中要接受反向社会化。什么是反向社会化?就是我们要接受孩子对我们的教育。比如,我的女儿就在不断地教育我。因为我的电脑技术不行,完全靠女儿的帮助,所以在这方面,我要看女儿的脸色。也就是说,家长一方面要有权威,严格地教育子女,另一方面又要和孩子成为朋友,接受孩子对我们的反向教育。只有这样,家长和孩子才能在家庭中和睦相处,互相促进好习惯的养成。

昕明 家长必须跟上孩子成长的脚步,否则,就要接受孩子的反向教育。

家长 1 这个年龄的家长,在自己读书的时候要看家长的脸色,等到自己成了家、生了孩子以后,又要看孩子的脸色。就我的家庭而言,我家孩子六年级,我和先生白天上班,晚上大部分时间基本都在关注孩子,当孩子睡着之后,我们才有时间平静地坐在床上商量关于孩子的对策。我总结了一下老师的观点,就是在培养孩子良好习惯的时候,家长要以身作则。我自认为我们家无论在学习习惯,还是在生活习惯上,对孩子产生的都是正向影响。但问题是,孩子在这方面并没有我们想象得那么好。比如,孩子在洗澡或者上卫生间的时间方面有些难以把控,如果我们不从小的地方约束,孩子就会养成拖拉的习惯,而这也会在他们的学习上体现出来。但是,当我们采取行动想把孩子叫出来的时候,却发现往往会徒劳无功,所以这时候我会变身成为"包租婆",断水、断电、断气。这种方式有效果吗? 有点效果,基本上孩子会出来和我吵一架。他们懂的东西特别多,会告诉我不能这样做,因为我侵犯了他的人身权,剥夺了他上厕所的权利。所以,如果我给他机会开口和我交流,最后我可能会培养出一个辩手,如果我不给他机会,孩子又会感觉家长很专制。那在管理孩子日常行为习惯的时候,作为家长,我们是不是可以适当用一些强制约束的手段来对付他们?

王萍 我认为这是一个很自律的妈妈,因为她知道以前要看家长脸色,而现在要看孩子脸色。其实,我觉得看孩子脸色是好事。为什么? 因为家长能够及时关注孩子的情绪状态,这是成为好家长的第一步,您走了很好的第一步。您刚才提到,孩子在卫生间里要待很长时间,那是什么逼他在卫生间待好长时间的呢? 这个原因您需要去思考。假设他能够在外面,比如能够在床上放松一下,滚一滚、唱唱歌,那他估计不会到卫生间里待很长时间。所以,我认为您恐怕需要寻找孩子这样做的原因,这是第二步。我个人觉得,孩子这么做是为了逃避你们对他的期待。因为父母付出的一切孩子都知道,您的焦虑孩子也能感受到,对此,他选择了逃避,想在卫生间里面放松一会儿。六年级的孩子还有一个特性——开始与父母进行抗争。其实,每个孩子都会有一场和父母的"战争",因为孩子想从"战争"中感知自己是独立的个体。若父母在这场战争中输了,是好事,若父母在这场战争中赢了,却未必是一件好事。因为父母赢了,也仅仅是赢了孩子,却没有赢得孩子,最终输掉的是这个孩子未来的发展。因为青春期的孩子在寻找自我,希望被承认而非管教。所以孩子如果和我们对抗了,其实是好事,表明他想被我们承认是独立的大人了,那这个时候我们可以和孩子一起把这件事放到台面上来探讨,有没有更好的方法。比如让孩子提前告诉你,他想在哪一天多洗一会儿澡,让你有一个心理准备。家长要注意,六年级的孩子,最重要的是让他形成可以自我决定的能力,帮助他成长为独立的人。而这种能力的培养需要渗透在平时的家庭生活中。

昕明 家长不要将青春期孩子的一些所作所为视为需要解决的问题,

而是要和孩子彼此相通。因为如果我们理解孩子,孩子也会理解我们。试想一下,我们希望孩子未来成长为什么样的人?我们都希望孩子能在学校以及今后的工作岗位上有自己的话语权,不会被欺负。但事实是,往往我们却成为了第一个"欺负"孩子的人,我们给他们制定规则,要求他们必须听话。在这种家庭教育氛围下,久而久之孩子变得逆来顺受,不吱声了,因为我们把孩子敢于表达的能力埋没了。所以,我们千万不要害怕孩子成为辩手,因为他敢于表达自己真实想法的行为难能可贵,德育教育也特别强调这一点。

家长2 我们家小朋友是四年级,该怎么培养他有效的阅读习惯呢?我特别想做一个智慧妈妈,我发现孩子喜欢看书。有时候看完后,孩子还会流眼泪,我知道他看懂了。但当我希望他和我分享一下这本书的内容时,他讲不出。我当时处理的方法并不好,我急了,直接质疑他到底有没有看懂,而且我发现书中有些生僻字,于是就问他知不知道是什么意思,他讲不出,我就责怪他没有查字典。这样交流之后,他反而不太愿意看书了。我想问的是,有没有什么方法既可以让孩子有效地看书,又可以激励他、督促他?

李岩 刚才这位家长提到孩子刚开始很喜欢读书,但是后来为什么不愿意读书了呢?是他变了吗?又是谁在背后推动了他的变化呢?很多孩子的问题是家长造成的。当孩子读完书之后,你去考他,考了之后你不满意,就开始骂他,那谁愿意去读呢?如果我们要培养孩子的阅读兴趣,就应该让他认为读书是一件快乐的事。我建议进行亲子阅读,和孩子共读一本书,在共读的过程中,你可以和他交流并引导他。很多孩子不愿意坚持,是因为觉得困难太大,而自己能力太弱,没有获得感,就不愿意继续了。这时候家长应该适当地给予支持,陪着孩子,与孩子讨论解决问题的办法而非指责他。否则对孩子而言,阅读本来是一件有趣、快乐的事情,现在却变成噩梦了。

昕明 我认为,"丑话说在前面"这句话在孩子制定目标时同样适用。比如,家长事先知道了第几页有几个生僻字,然后将其作为有趣的任务告诉孩子,让孩子带着兴趣去找,并把拼音标出来,如果完成了则会有积分或小红星奖励。在这个过程中,家长要放弃功利心,认识到孩子的成长是自然而然的。

胡申生 希望家长往高的方面制定孩子的成长目标。为什么？因为有时候父母对孩子的教育,可以影响孩子的一辈子。对孩子而言,父母讲的话很经典,直击人心。

家长3 我平时工作比较忙,并不是很焦虑,反而我的老婆比较焦虑。因为我家小朋友自律性不是很好,需要大人督促,否则玩游戏会超时。请问怎么让孩子自己养成玩游戏半个小时内结束的习惯呢?

胡申生 焦虑的妈妈和不焦虑的爸爸。

王萍 现在家长对孩子看手机的问题很焦虑,认为孩子一直看手机会影响学习。但是如果孩子没有网瘾,那问题应该不大。孩子还在上幼儿园?

家长3 小学三年级。

王萍 家长需要和孩子共同商量,搞清楚孩子为什么喜欢玩游戏,为什么不喜欢学习。那孩子为什么喜欢玩游戏呢?因为游戏可以给他带来更多的反馈和刺激。我的一群朋友们,每天早晨都定了时间提醒彼此去蚂蚁森林收能量,他们为什么这么勤快?因为这样做后,每天都能看到自己行为产生的效果。游戏里有大量的反馈刺激,孩子容易获得成就感。那孩子学习的时候家长在干什么?家长在吼,在盯着孩子做事。如果孩子认为自己的勤奋刻苦换不来成绩的进步,就会逐渐丧失对学习的兴趣,转而越来越喜欢玩游戏。我建议家长不用着急,这个问题的解决重点在于习惯的培养。第一,你可以和孩子进行沟通,问一下玩一场游戏大概需要多长时间,他玩多久才能满足,让孩子保证每天不超过这些时间。第二,你要和孩子制订计划,一起商量出一种办法让孩子到了约定时间后就停止玩游戏。比如多定几次闹钟,或者爸爸进来提醒。玩完游戏后,让孩子把手机放在外面再做作业。当然,这一切必须建立在和孩子商量的基础上,让孩子自己计划。因为如果孩子对自己的生活没有掌控感,他也会到游戏世界里去寻找成就感,所以家长一定要和孩子慢慢商量。此外,家长使用手机或玩游戏的频率也很关键。英国学者发现,2007—2011年英国学生的语言学习困难忽然比往年提高了70%左右,因为2007年苹果智能手机面市,很多家长开始频繁地玩手机,导致和孩子的语言沟通缺失以及孩子的行为模仿,对孩子并没有起到很好的示范作用。

昕明 第一,孩子接触智能手机的时间不要太早,否则会带来一系列问题,如近视、不愿意与人交往等。第二,和孩子一起制订计划,因为只有孩子认可了才会照做。我认为,您的孩子目前才三年级,有机会将行为矫正过来。但在矫正的过程中,夫妻二人一定要意见一致,不要一个很严格,一个无所谓,这样容易让孩子钻空子。

第十九篇 好习惯，新起点

贺岭峰

上海体育学院心理学院教授、博士生导师

教育部心理学教学指导委员会委员

上海市心理卫生服务行业协会专家委员会委员

上海广播电视台多档栏目心理专家

九年前，参加完孩子初一的家长会后，我和太太就今后该如何做家长的话题进行了探讨，并达成三点共识。**第一，希望孩子在初中阶段能好好活。**为什么？因为我们是学心理学的，见到了太多年轻人的悲剧，所以现在我基本都会和家长强调要好好养孩子，别把孩子养死，这是最基本的底线。**第二，培养孩子的好习惯，让孩子能够活出自己的人生。**现在中国的孩子进入青春期的平均年龄为 12.5 岁，正是上初中的时候。青春期是孩子情绪起伏跌宕的特殊时期，也是自我意识形成的关键时期。这一时期，孩子觉得自己是独立的，所以家长需要把生活中的一些权利让渡给孩子，包括学习、锻炼、交往的权利等；同时，这一时期也充满风险，所以学校、老师、家长要做好配合，切忌过多干涉，和孩子处好关系，尊重孩子的行动，让孩子学会为自己的生命承担责任，尊重孩子的自我成长。**第三，支持孩子构建自己的社会关系。**因为初中是人生的分水岭，是影响孩子未来走向的关键期。但仅凭父母无法完全将孩子的生命支撑起来，还需要学校、老师、同学的协同作用。所以，家长、学校和老师要好好配合，帮助孩子成长得更好。

习惯和起点在人生中至关重要。研究发现，**一个人的自我成长在心理学上有两个特别关键的时期，一个是两三岁，一个是青春期。**其实，孩子从两三岁时才开始学会听话、守规则、应对挫折和压力。在一岁半之前，你不需要让孩子学习任何规则，只需要满足他的所有要求，满足得越充分越好。但到了两三岁，孩子自我成长的第一关键时期来临，孩子开始有自己的想法，但任由孩子发展也会出现问题。所以，在这一建立规则的关键时期，家长需要帮助孩子参与多人游戏，让他学会规则和面对成败。

第二个关键时期是青春期，也就是孩子的初中阶段。这一时期，孩子进入反叛期，当与家长意见不合时容易产生矛盾，当然，同伴关系、繁杂的网络信息等也都会成为影响他成长的重要因素。但若是这一关键期过渡好了，一辈子的大方向就基本确定了，也很难再走偏，而且孩子在这一时期养成的好习惯、建立起的自我意识也会延续一生。

那在初中这一人生新起点上，家长又该如何培养孩子的好习惯呢？我有以下三方面的建议。

一、养成生活好习惯

在生活中如何养成好习惯呢？先得活下来，尤其在疫情期间。大家有没有关注包括哈佛大学、斯坦福大学在内的美国大学今年的招生标准？和往年不一样，今年美国常春藤名校招生的第一条考核内容是"你能不能照顾好自己？"，"照顾好自己"是第一位的。第二条是"你能不能照顾好他人？"，你曾经为你的家庭、社区、同学或他人做过什么？第三条是"你有终身成长的能力吗？"，无论在顺境还是逆境中，你都能自我成长、进步与激发潜能吗？其次才是爱好、特长、价值观等。因为活不下来，其他都免谈。

那在初中阶段，孩子要好好活下来需要在生活中养成哪些好习惯呢？

1. 睡觉起床仪式化

第一，会睡觉。什么叫会睡觉？就是按时睡觉和起床，把睡觉当成人生非常重要的事情来做。其实，睡觉是一个自我管理的过程，从孩子的睡觉状态中能够看出这个孩子的自律能力，因为现在的诱惑太多了。所以，家长要帮助孩子确立良好的生理节律，确保孩子的上学时段能成为他一天中头脑最清醒、最有创造力、思维最敏捷的时段，同时又能在晚上很好地进入深度睡眠，使体能、智能、情绪恢复到最佳状态。

学习与睡觉也密不可分。研究发现，人每晚入睡后，大脑的海马体会开启一个功能，即在深睡状态下将人的短时记忆转化为长时记忆。所以，不要认为睡觉与学习无关，也不要认为废寝忘食就是好的学习方式，一个不会睡觉的孩子是学不好的。为什么？因为大脑在人入睡后，把短时记忆转化为长时记忆至少需要5个小时的熟睡状态，所以我们建议初中生应该睡足8个小时。因为孩子睡眠不足，白天就会犯困。深睡不足，孩子白天学的东西也难以转化为长时记忆储存起来，这是对学习本身最大的伤害。所以，家长要帮助孩子在步入初中后逐渐掌控自己的生理节律，睡好觉，让睡觉和起床仪式化。

那家长该怎么做呢？不要叫孩子起床，这可能会成为孩子青春期战争的爆发点。叛逆期的孩子讨厌被人约束，如果家长天天叫孩子起床，天天激起孩子的起床气，是不能和孩子处好关系的。那怎么办呢？让孩子自己决定怎么起床、什么时间起床。这是一个上了初中的孩子可以自己做到的，否则这个孩子也干不成什么事。**家长不要把这件事扛在自己身上，而是要和孩子一起确立睡觉、起床的仪式化行为，让孩子的起床变得快乐、有意义**，比如每天几点睡觉，睡觉之前有什么程序，起床之后又有什么程序。举个例子，我女儿每天起床的时候都得唱着歌，用好的心情迎接新的一天。当然，孩子也可以思考今天准备怎么度过，用积极的心态迎接世界。

第二，自我空间魔幻画。 我们的孩子基本都是"10后"，都是出生在"二次元"空间的人，因此不要用大人的审美来决定孩子的房间挂什么画、涂什么色彩、用什么东西装饰，要给孩子构建自己世界的机会。那里有他的英雄、有他的偶像、有他生命故事的展开方式，但那是一个来自"二次元"空间的故事。作为家长，我们要尊重孩子的审美、尊重孩子的音乐，让孩子拥有属于自己的时间和空间。这既是对孩子时间和空间的尊重，也是对孩子自我的尊重。

第三，健身塑形有规划。 青春期最典型的特点是孩子开始关注美，开始关注性别美、异性美。家长不要认为这是坏事，也不要每天把孩子打扮得不男不女，没有任何性别特征。要知道，一个人若是在乎自己的形象和美，这对他而言就会变成一种力量与动力，因此不要去扼杀。这种性的力量是青春期最基本的力量，你扼杀不了，你需要关注的是如何引导孩子的这种力量。

一个人如果能够塑造自己、控制自己的饮食、坚持锻炼，那么这个人就有自律能力，那他的学习成绩与为人处事的能力就不会差。当然，**除培养自律能力外，健身塑形还有一个重要的原因——控制心律。** 研究发现，孩子早晨跑步心率达到最大心率的70%—80%以上再去上课，一个学期之后，在学业考试中他们的平均成绩提高了17%。为什么？因为青春期大脑最重要的营养依靠供血和供氧。从生理角度讲，学习就是神经元之间建立了连接，而建立连接靠的就是供氧和供血。所以，一个孩子有氧运动多了，大脑的氧和血液供应就会更加充足,学习效率就会更高,学习的巩固效果就会更好。

因此,家长千万不要让孩子一回家就做 3 个小时的作业,分段学习是最好的学习方式。要让孩子跑一跑、跳一跳、呼吸一下新鲜的空气,和孩子聊聊天,而不是一动不动地做作业。心理学无数次证明,记忆包括前生意识和倒生意识。就是说,学习任何一段东西,总是前面、后面最容易被记住,中间最容易被遗忘。那家长要提高孩子的学习效果该怎么做呢?**让孩子的学习有很多开头、结尾的部分,中间的时间不要太长**。不要让孩子一下子学 3 个小时,这样他只能记得住开头与结尾的 15 分钟。好的做法是,让孩子分段学习,因为段与段之间养分的补充、心情的改善和供血供氧的充足非常重要。所以,运动很关键,家长要注意培养孩子运动的习惯。

第四,晚餐时光说"废话"。家长和孩子一起聊天的机会已经不多了,所以要抓住孩子每天晚上回家吃晚餐的这段时光。那家长和孩子在共进晚餐时又该聊什么呢?不要问孩子今天语文学得怎么样、考试考得怎么样,也不要责怪孩子英语成绩怎么又下降了,这样孩子饭都吃不下去。家长和孩子在吃晚餐时要多说"废话"、聊聊八卦、说说闲事,这是建立亲子关系非常重要的方式。

当然,最重要的是什么?中外心理学研究发现,**孩子在吃晚餐时使用的词汇量和话题交换的方式与孩子的智商和情商有极高的相关性**。所以,在共进晚餐时,家长要多激发话题,不能吃饭时谁都不说话,各看各的手机,一定要多说;同时,家长还要注意和孩子不停地交换话题,不能变成家长单方面的训话,这不是交流,而是应该让孩子也主导一部分话题。如果家长保持好这个习惯,那孩子的智商和情商都不会差,你们的家庭关系也不会差。

上述是第一个建议——养成良好的生活习惯。

二、养成交往好习惯

第一,交三个新朋友。要养成良好的交往习惯,孩子在上初中后的第一件事就是要在最短的时间内交三个好朋友。孩子如果老怀念旧朋友,比如一放学就给自己小学的朋友打电话,一到周末就和小学的朋友一起聊天,等等,都是适应不良的表现,说明孩子尚未结交新朋友。

研究发现,**同伴关系在支撑孩子的身心发展方面至关重要**,从小学中高年级开始,同伴的影响就开始逐渐取代成人对孩子的影响。孩子在初中阶段有强烈的交往愿望,但很多家长不让孩子出去交往,希望孩子去上补习班、在家好好做作业,担心孩子出去谈恋爱、结交不良的朋友。其实,家长的这种行为可能剥夺了孩子建立自己的社会支持体系的机会,因为**初中是孩子建立社会关系的关键时期**。如果孩子上了大学、毕业了、找工作了还是不谈恋爱,甚至表示这辈子都不想结婚,很可能是因为他真正开始练习社交能力的时候被你阻止了,不知道怎么和人交往、怎么建立亲密关系。因此,在孩子一上预备班的时候,家长就需要给孩子布置一项必须完成的预备班任务,要求孩子无论在本班级、相邻班级或师兄、师姐的班级,先交三个好朋友,否则在代际连接渐渐不紧密的情况下,孩子无法及时得到来自同伴的支持。

给大家举个例子,电视剧《隐秘的角落》中虽然朱朝阳每一次考试都是年级第一名,但开家长会时老师依旧会提醒家长要注意一下孩子的心理状况,因为朱朝阳在学校不太愿意和别人交往、不够开朗。但家长觉得无所谓,只要孩子的学习好就行了,和那么多差孩子交往反而会耽误学习。但是,这个年龄阶段的孩子和人交往的愿望非常强烈,如果家长阻止了他和同年级、同班级的孩子交往,他就会另找他人,只要谁认可他、接纳他,他就愿意和谁交往。比如电视剧中朱朝阳和福利院跑出来的孩子交往了,因为他真的太缺少这个东西了。所以,家长不要把孩子与好朋友的关系扼杀了,否则你让孩子和谁交往? 这是个值得重视的问题。

第二,拜一位新老师。初中是人生的关键时刻,一位好老师就能决定孩子的一生。青春期是很多伟人开始启蒙或灵光一现的时候,他们可能碰到了一个优秀的成人,这个成人可能是他们邻居家的大哥哥,可能是他们的某位班主任,可能是一位任课老师。但不管是谁,这个人或许只是和他们聊了一次天,就改变了他们的人生。所以,孩子进入初中之后,一定要让他交一个老师朋友,拜一位老师,班主任、任课老师,或是不教孩子但孩子喜欢的老师都可以。因为孩子在和这个老师聊天的过程中,可能会收获人生的很多东西。

因此,**年轻人不只要学会和同龄人交往,还要学会跨龄交往**。一些非常成功的人士在中学阶段一定有个特别喜欢他的老师,他也一定有某个特别敬佩、崇拜、喜欢的老师,那位老师说的某一句话可能一瞬间就点燃了他的生命。因为教育是一个点燃、唤醒的过程,一位优秀的老师能够帮助孩子开启生命的航线。

第三,进入一个新圈子。这个圈子并非局限于班级,也可以是社团、创新小组,甚至到了周末还可以一起出去 cosplay、拍个微电影、做个配音、参观、徒步旅行等。家长需要明白,孩子如果不进入一个圈子,就特别容易被孤立、霸凌,尤其在遭遇学习生活困难时容易感到无助。所以,要让孩子属于某一个圈子,无论是线下还是线上的圈子都可以。当然,**这个圈子最好是创造性的,是一个有共同爱好、共同理想、共同志愿的圈子**。家长如果不让孩子加入这样的圈子,孩子就可能会加入一个你不知道的其他圈子;如果不让孩子养成某种习惯,他就可能会养成另外的习惯;如果你不接纳他,就会有别人接纳他;如果你不让他交这个朋友,他就会交另外的朋友。

第四,组织一场新活动。让孩子组织一场活动,哪怕只是一个生日聚会、一次徒步探险或参加一个 cosplay 展,家长都可以鼓励孩子自己组织。因为**组织一场活动能够告诉孩子,不仅要站在自己的角度看世界,还要站在别人的角度看世界**。比如,如果孩子要组织一个七八个小朋友参加的活动,就要思考需要准备什么,怎么和这些小朋友联系,怎么征求他们的意见,如何避免冷场,怎样照顾到每一个人,行程怎么安排,钱怎么花,等等。这其实是一个非常锻炼人的方式与过程,能够帮助个体的人变成社会人,变成不只能扛自己的事,而且还能帮助别人扛事的有责任担当的人。

所以,家长要鼓励孩子去交往、去付出、去为团队作贡献,必要时也要舍得花点钱。我的女儿无论请同学吃饭,还是组织活动我都会全力支持,因为我知道现在的孩子大部分是独生子女,可能从小就缺乏在这种同龄团体互动中得到很好历练的机会。而现在孩子有了好同学、好朋友,也就意味着有了在这种同龄群体中学会怎么和别人相处这一将来必备生存技能的机会。

同时,父母也需要明确,我们无法永远陪伴孩子,所以**孩子要用自己的奋斗、用自己的付出、用自己的爱去赢得他们的社会关系,去构建属于他们的社会支持系统**,而父母需要在这个时候及时给予支持。实际上,父母的这种时间、资源、特长与爱好的支持不仅能惠及自己的孩子,甚至也能帮助其他孩子在新型创业创新的时代里找到自己的特长与爱好。

上述是第二个建议——养成交往的好习惯。

三、养成学习好习惯

最后一部分是养成学习的好习惯。建议家长在孩子上初中之后，就不要再死盯孩子的作业。**不死盯并不意味着家长要完全放手，不关心孩子的学习，而是要适当向孩子让渡一些权力和距离**。其实，孩子步入小学中高年级后，家长就应该在孩子学习时，注意与孩子保持距离。我们可以和孩子在同一个房间里，也可以让孩子在开放的空间里。孩子学习的时候开着门，我们该干什么干什么。如果我们想要和孩子谈学习，也不要盯着孩子的作业，而是要盯着自己的东西，当然这不意味着我们能在孩子旁边玩手机。

我的硕士毕业论文研究的是初中生学习自我概念和父母教养方式之间的关系。研究发现，父母的某些行为对孩子的学业成绩能够产生比较大的影响。那影响最大的因素是什么？是妈妈在家的读书时间。这说明，家长与其在孩子做作业的时候盯着他，不如在孩子旁边每天读30分钟以上的书，这样孩子的学习成绩与学习习惯不可能不好。当然，家长可以在自己的房间读书，让孩子在他的房间做作业，也可以和孩子共处一室，因为让孩子看到我们在干什么很重要。

那在孩子步入初中后，家长如何才能提高孩子的学习效率呢？

第一，会用大脑。大脑的重量相当于人体体重的五十分之一，但是耗氧量却是人体的三分之一，是个高耗能器官，所以能量供应要充足。这个能量包括血液、氧、钠离子、钾离子、锌离子以及其他一些营养物质。而**学习最主要的器官就是大脑，所以家长要保证孩子的大脑有充分的营养**。家长要思考，孩子在家里学习时，学习空间的氧气供应充足吗？孩子学习过程中会起来动一动吗？会主动去呼吸一些新鲜空气吗？会深呼吸或进行有氧锻炼吗？

此外，大脑还有认知功能。但大脑的蛋白质垃圾太多会导致认知功能出问题。怎么解决呢？答案是睡觉。研究发现，人在深睡状态下，大脑的颅内血压降低，作为"大脑清洁工"的脑脊液就会出来。脑脊液是打扫大脑的β-淀粉样蛋白最主要的工具，而β-淀粉样蛋白积淀会让大脑功能出现障碍，记忆减退，甚至出现老年痴呆。所以若想做好大脑清洁，就要让孩子睡好觉,保证每天 5 小时以上的深度睡眠时间。而 5 小时的深睡至少需要 7—8 小时的睡眠时间才可能做到。因此,**家长要保证孩子每天有 8 小时的睡眠时间,这样才能让他大脑中的蛋白质垃圾得到及时清理,从而迅速恢复功能。**

当然,**保持好的心情也很重要。**大脑有四种脑电波波形,α 波状态是学习的最佳状态。什么是 α 波状态? 就是放松性警觉状态,换句话说,这种状态下我们清醒但放松;而在高度紧张、注意力集中的状态下,大脑会呈现 β 波状态。β 波状态下,学习的效果较差。同时,家长需要注意的是,孩子是靠大脑的前额叶做作业的,一旦威胁性语言出现,孩子的杏仁核就会被唤醒。杏仁核是大脑边缘系统内负责情绪和本能的脑部组织,只要一感受到威胁性信息,就能在 0.001 秒的时间里作出反应。杏仁核被唤醒后,肾上腺皮质激素水平会升高,心跳加快,血压升高,大脑前额叶的功能也会被抑制。换句话说,家里的情绪氛围不好,孩子大脑的前额叶功能就会被抑制。比如,孩子本来 10 分钟可以做完的题,家长一吼,孩子可能半小时都做不出来,因为他的大脑功能被关闭了。所以,如果孩子在初中阶段学习成绩突然下滑,家长不要着急,也不要认为是学习问题。我们发现,孩子成绩下滑的头号原因是关系问题,其次是情绪问题,第三是动力问题。家长只要把这三个问题解决好,孩子的学习成绩就不会差。

那为什么说初中阶段很危险呢? 因为初中生容易情绪两极化,所以让孩子保持良好的情绪状态很重要。有时候,孩子学习成绩突然下降,但是亲子关系没问题、师生关系没问题、同学关系也没问题,怎么会突然这样了? 最后发现,孩子的父母关系出了问题。父母可能会说,夫妻之间的关系没让孩子知道,但没用,孩子的成绩一定会受到影响。为什么? 因为家庭的情感氛围、情感气场有了问题,而孩子到了青春期,大脑特别容易受情绪影响。所以,家长要保护好孩子的大脑。

第二,会记笔记。小学时,孩子是被老师盯着的,按照老师说的做就行了。但到了初中就不是这样了。初中时孩子要按照自己的步调来学习,能学多少,记多少,很大程度上取决于他听课和记笔记的本事。优秀的学生都是不注意听讲的,在老师讲不重要的内容时很放松,但老师讲的关键内容又都能记住;只有中等生才会认真地学习,把老师讲的每句话都记下来,一堂课下来累得不得了;当然,成绩不好的学生也是不认真听讲的,老师上课讲的重要内容一点记不住,老师讲的不重要的内容全都能记住,这就是不会听讲。因为老师一堂课中并不是每句话都很重要,所以孩子要善于区分什么知识点最重要,思考新的知识点与已有知识点之间的联系。可见,**对初中生而言,重要的不是学会知识,而是学会学习。**

既然学会学习这么重要,那如何学会学习呢? **学会学习,很重要的一件事就是会记笔记。**"学霸"记笔记,图文兼具,不工整,而且有很多奇怪的符号,但是逻辑、线条特别清晰。所以我建议家长应该让初中生学一学思维导图,因为人的大脑里的认知结构和思维导图的结构很相似。孩子学会使用思维导图,不仅有助于厘清思维,而且也为记笔记提供了一种非常好的方式。可见,**学会学习需要善用工具。**

第三,会讲例题。现在的孩子特别喜欢陷入浩如烟海的题海中去,但题目永远做不完,不断做题,只会越做越懵。其实,初中阶段的学习,最重要的还是知识点、考点、例题。不论预习还是复习,孩子只要能把书中例题背后的基本原理全部搞清楚,孩子的知识点就是通的。也就是说,**题不在于做得多,关键在于把知识点弄清楚。**怎么弄清楚? 能看懂例题是不够的。

心理学认为,最好的学习是 150% 的学习,就是比学会要多一点;而 100% 的学习,效果是不好的。因为孩子听懂了、会做了,也不一定能记住。但是,**如果他能代入小老师的角色,把别人的问题讲清楚,他一定就是真的掌握了。**那孩子给谁讲呢? 给自己讲。上完课后,孩子可以回顾一下老师是怎么上这堂课的,再看一遍例题,思考如果自己是老师,会给学生怎么讲? 所以,为什么说很多"学霸"牛,因为谁不会都来请教他,而他给别人讲完后,自己就彻底懂了。

第四,会出卷子。知识是一座金字塔,很多学生都在金字塔最底层的题海里遨游,永远游不到岸边。但如果站在出题老师的立场,你就会发现初中这四年的知识加在一起并没有多少。那老师是如何出题的? 老师们有一张清晰的双向细目表,标明了知识点的范围、赋分与题型。若是站在出题老师的角度,你会发现能出题的知识点数量非常有限。为什么? 因为站在金字塔尖看知识,你会发现知识的脉络特别清晰,一门学科一个学期的知识点一般有 100 多个,最多不会超过两三百个;而一些零碎的知识点不被列入中考出题范围,所以其实所有学科在中考的知识点加起来总计不会超过 1000 个。但若是做题,哪怕做几十万道也做不完。

所以,**家长要帮助孩子学会从知识的不同层次看待所学知识。**如何做呢?一学期课学完后,让孩子基于本学期的内容给自己出套题。怎么出?这就需要孩子站在出题人的角度看知识,分析知识的结构、关联,确定知识的重点以及适合的题型。到这时,孩子就会发现知识其实非常有限,看待知识的方式也会随之变化,同时对自己缺什么、需要补什么、哪些知识必须学会、哪些知识可以舍弃也会有更为清晰的认知。**所以,我认为"会出试卷"是很好的做法,因为孩子不仅可以从中收获对知识、学习与考试的基本看法,而且也能学会做人的基本方式——换位思考。**我一直建议毕业班的学生要学会站在出题者、阅卷者和监考者的角度看待考试。因为一旦他们学会从不同的角度思考,就会发现考试真正的诀窍到底在哪里,应该做什么准备,而不是像无头苍蝇一样。

可见,这种换位思考的过程其实也是帮助孩子在初中四年学会自主学习、应对考试的过程。很多人认为学习水平高,学习成绩就会好。其实不然,学习成绩和学习水平虽然高度正相关,但并非一回事,有的人学习水平高,但不一定就能考好。所以,成绩偶尔出现下滑并不意味着孩子学习能力、学习水平的降低,因为学习和考试都有相应的窍门。所以,既然孩子在当前阶段最主要的任务是学习和考试,那家长就应该帮助他们学会学习与考试,知道如何以最少的成本获得最大的收益。

对此,我认为**最重要的就是要提高孩子的学习效率**。现在,中国已成为全世界学生学习时长最长的国家。学校、家长和老师基本把孩子的时间都挤占了,严重挤压了孩子运动和休息的时间。然而,若不提高孩子的学习效率,学习时间的单纯延长实际上也只会降低孩子的学习效率。而且,不少家长在家里死盯孩子的学习,实际上采用的也是一种特别低效的学习模式。在此,我建议家长开始改变,帮助孩子用一种特别高效的方式,以最少的时间获得最大的收益,然后把其他时间留出来给孩子运动、交往和睡眠,进而实现孩子全方位的健康成长和发展。

心理学认为,到初中阶段还特别听话的孩子特别值得担心,这样的孩子长大后非常有可能成为人格不够独立的"妈宝"与"啃老族"。因为**青春期孩**

子的反叛行为恰恰是他正在形成独立人格的表现。所以，当孩子开始对我们发火、怄气、摔门、不理我们的时候，我们要意识到这是孩子长大的表现！这时，我们就需要学会和孩子建立良好的沟通关系，成为帮助孩子生命成长和自我独立的好队友，而非对手！

第二十篇　你好，暑假

——暑期生活与新学期

昕　明
（主持人）
上海教育电视台主持人

李家成
上海终身教育研究院执行副院长
华东师范大学"生命·实践"教育学研究院研究员

周　嘉
七宝中学附属鑫都实验中学学习发展中心主任

浩　蕊
铃灵家庭教育服务社家庭教育志愿者

昕明 今天我们要聊到的话题,应该对于很多家长来讲是暑假里最犯愁的。当暑假过半,很多家长看到小朋友没有完成学习计划会很火大,到底是孩子的执行力不强,还是家长给的课业负担太重呢? 很多家长说希望每天到家推开门就看到孩子在看书的场景,但是孩子不是机器人,有自己的想法。

李家成 有一个词很有意思,就是"学习",家长一讲学习就是要做作业、要考试,但是在暑假阶段要讲另外一种"学习",这种学习是在玩中学、在做中学、在生活中学,这样一种学习同样会带给学生很多认识自然、认识社会、认识自我、提升自我等多方面历练的机会,这样的暑假、寒假是学生换一种学习方式,获得不中断成长的学习方式,家长也要换一种眼光来看这样的暑假对于学习、对于孩子的意义。

昕明 陶行知老先生曾经提过生活教育,暑假的学习可以是脱离课本知识的学习,希望孩子在这个过程中能够自己去发现问题、解决问题,这种学习对孩子的历练、成长更加重要。周老师是一线的老师,经常接触家长和孩子,相信我们很多家长在学期结束时会问:"老师,暑假作业是不是都排满了?"唯恐孩子的时间浪费在其他事情上。有位家长强调:"我就怕他碰电子产品。"如果学校教育和家庭教育要结合,学校该怎么做呢?

周嘉 其实在假期生活整体规划过程中,学校起到一个很重要的作用,从学校的立场来说,可为的空间还很大,我们提出了一个关键词——自主选择,自主选择的同时要有一个前期的规划,从孩子的层面、家长的层面、老师的层面做一些分类指导,包括孩子喜欢什么、需要什么。我们利用上海开放大学闵行二分校的资源,在假期前给孩子做了"青少年如何在社区开展服务"的主题讲座,一方面给孩子普及一些知识,同时也是来倾听孩子的心声。除了结合市区两级的文件精神,在劳动教育、研学系统、健康锻炼等方面有所涉猎,今年还开展了一个面向六年级 420 名孩子的 12 项研究性学习,根据孩子的兴趣,由学校科学、道德与法治、历史、信息、地理等学科的老师组合起来,开发出 12 个项目,让孩子前期自主选择,在整个假期过程中老师在线上线下做指导。

昕明 这就是我们常常讲的跨界学习,把学科打通,让孩子在这个过程中真正回到所谓的高质量学习。讲到暑假生活和新学期的衔接,我想问一下李教授,到底怎样算高质量的学习状态? 很多家长认为对孩子而言只有学习才是正常的生活。可是其实孩子有的时候不在狭义的学习状态中,不在课桌前,但其实也在学习,不能就简单地认为这是低质量学习,是吗?

李家成 没错。我特别赞成您刚刚提到的一点——生活教育。宝山是陶行知先生做实验很重要的基地,他特别推崇"教学做合一",学生的生活和学习整合在一起,暑假就是黄金期,在一定意义上有大把的时间,又有很多的空间,这样一种高质量的学习,首先学生是有选择的,是自主的。刚才周老师讲的特别有意义,我们学校并不是要求必须怎样完成,而是要和学生沟通,特别是听听学生的想法,学生对我们的暑假有什么期待,家长和孩子要有沟通,老师和学生要有讨论,学生与学生之间也会互相影响。这个过程就是一个孩子学会倾听、学会判断、学会策划、学会成为自己主人的过程,这样一种学习肯定不是教一个最终的结果,而是全程都让孩子介入,我们家长应该为培养出这样的孩子感到自豪。第二点是您刚才提到的跨界,也许用另外一个词,可以称之为融通,结合为一体,综合融通的概念。也就是说他参与某些学习活动时,这里包含着语言、科学,包含着对社会的理解。去年有一位浦东的老师带着初二的学生去外出研学,今年正好毕业,老师做了一个调研,调研孩子们过去四年初中"你觉得最受益的是什么",有一个孩子说去年研学的时候他和他的一个伙伴,到旅行社去和别人谈价钱,谈出行的方案,他们毕业的时候回过头来看,觉得那个经历特别宝贵,所以在暑假里从事的项目、活动是综合各个学科,超越各个学科的学习,所以我觉得这样的学习应该是很高质量的。

周嘉 我就在研究性学习项目中带了一个"父母长辈的职业初探",这背后有一个对父母职业的了解,同时还通过访谈问卷的设计,包括和父母面对面的沟通交流,促进了假期间亲子的连接,是一种综合性学习。

李家成 我再补充一点，怎么判断是高质量地学习，还是低质量地玩、浪费时间。在暑假里当家长和孩子有学习意识的时候，这种学习时间的连续性更加典型，空间的拓展性更加明显。不像平时的课堂在教室里，最多有一点点时间大家外出。但是在我们的暑假里可能就会回老家、外出旅游，可能会有两天、三天、两周的时间集中读一本书，所以时间和空间的特点与平时真不一样，如果把这种学习资源用好，是特别典型的高质量学习。

昕明 我相信很多家长一直关注我们的教育改革，包括今年中考的调整，强调孩子的自主学习、动手能力、社会实践。在家庭教育中，很多家长觉得如果只要求孩子，自己不跟着学习、改变，孩子马上就会指责家长："总让我学习，让我不要玩，你自己怎么网购、玩游戏比我玩得还开心？"我们现在看着每一个孩子，未来希望他成为一个在社会上终身学习的人，有综合素质，而不是单纯强调孩子的学科成绩有多好，在目前教育当中最怕的是短视教育，我们要看长远。

陈蕴 我们在进入志愿者团队学习时，有一位老爷爷做得非常好，他在假期中就和外孙女一起做计划。有的家长会说："我每天工作很忙，哪有空每天陪着孩子做计划？"其实如果家长有意识，双休日时就静静地观察孩子，做好记录，在这两天和孩子充分沟通交流，到第二个星期孩子会慢慢朝着你希望的方向发展，当然有快有慢，我们需要等待。

李家成 我补充一下，关于学生制订暑假里的学习计划、生活计划。我觉得可以通过家庭会议来达成共识，并且加强反馈，让孩子增强自我意识，个人认为还需要增强学生与学生之间的交流互动和相互的影响。孩子在暑假里容易被枷锁封闭和割裂，往往和以前的同学没有太多联系，现在有互联网还好一点，但是如果不有意促进，孩子就变成了在家里和爸爸妈妈、爷爷奶奶在一起，和原来的小伙伴脱离关系，就很可惜了。如果和同班的同学、不同班的同学，包括不同年龄的同学多一点互动交流，会大大提高在暑假里学生的发展水平。

周嘉 陈老师和李老师讲的，我非常认同。在假期家长要陪着孩子一起做暑期计划，同时学校在假期中，也可以起到一个连接的作用，比如说闵行区所有的学校被要求在今年的七八月份中期阶段，线上召开一次班级的分享会，其中一项内容是把前期所做的计划在班级层面和小伙伴一起分享，这就是学生和学生之间,家庭和家庭之间,也有一种共学和互学。

李家成 我们做的研究中倡导一个概念,叫"学生领导力",是以学生为中心的一项假期活动,当这样的活动在暑假里成为学生关心的重点的时候,全身心投入进去的时候,学生统筹、协调沟通、处理问题、解决矛盾的能力都会在这个阶段获得比较大的提升。这样的活动项目有很多,比如说来活动中心参加一个项目,去参观一个公园或者绿地,我们一起去做一个研学性的活动,其实都可以鼓励学生去发动他的同伴,一起去做这样的事情,这种学习的价值会非常大。

昕明 首先第一点是做计划。我相信家长们都有和小朋友一起做计划的体验、经历。但是实际上真的从讨论到执行,再到最后的成果验收,很多家长可能觉得实在很挫败,觉得好像孩子也没有完成,自己真的要监督时,往往会因为家庭琐事而耽搁,甚至自己主动地破坏这个计划。第二点是做记录。我们执行计划的过程中是有瑕疵的,甚至执行力不够,需要做记录,白纸黑字让孩子看。

周嘉 今年闵行区给我们提供了非常好的平台学"四史",区教育局也动了大量的脑筋,把闵行区的红色教育资源、可以参观的博物馆都做了非常好的梳理,这个资源也发到所有的学校,从学校来说也做了顶层设计,是以班级为单位,以小队的方式来开展,对班主任也有所指导。每个班级的班主任根据自己班级学生的实际情况分成几个小队。这一次所有小队的队长,也是我们学校的一个家庭公益性群里面的骨干家长,当初建这个家庭公益群的目的也是希望能够通过这样的一种理论学习、策略的内化去引领家长。前期我们也在上海开放大学闵行二分校的支持下给家长做了"家庭公益行"亲子分享会,包括疫情期间我们在线上开展了一次以"家长学习,家长做榜样"为主题的亲子沙龙,在这次活动中每一位家长都参与其中。让我惊喜的是,家长们都很有智慧,他们通过这次活动把研习和志愿者活动整合在一起,制作了一个扇子,上面有七宝老街红色打卡的攻略,同时还有防疫的知识,让小孩去赠送给路人。孩子们一开始很害羞,但在家长的鼓励下,他们变得勇敢了,家长看到孩子的变化非常开心。家长积极参与也让我们校方觉得受到了鼓舞,家校联动紧密,也让我们觉得学校可以再做一些什么,往前推一步。学校、家长的可为空间很大,我们可以一起总结经验。

昕明 家校共育是一个良性互动,学校设计安排的一些活动,家长愿意参与,最后的受益人是谁? 是孩子。所以家长千万不要觉得学校的活动和自己没关系。

周嘉 离开了学校的场域,回到了家庭,回到了社区,还是需要一种群体的情感连接,在线上以班级为单位的分享会,也为孩子建立起一种情感的连接,包括亲子之间、师生之间。

昕明 是的。闵行区青少年活动中心和我们一起做的"一起来成长"活动,有两个女孩子,做的主题是马桥文化,她们都不是马桥人,就是因为闵行区有这样的活动才想来马桥看看。离开课本的学习更立体化,在阅读城市、阅读建筑、阅读人文时,她们查了大量的史料,做了视频,我们的编导都觉得现在的孩子太厉害了,做得非常有深度。对于家长来说,进入青少年活动中心也好,或者家长学校也好,每一位家长都参与才是最重要的。李教授,您平时也接触到很多的家长,有没有家长会来问你一些非常困惑,而且急于解决的问题? 会不会家长的困惑点和孩子不在一个点上? 或者家长的期望值永远围绕自己,而忽略了孩子所想的事情?

李家成 其实当家长是不容易的,有的人当了一辈子家长,也不敢说自己是一名合格的家长,家长也需要终身学习,用一辈子去学习如何当一名好一点的爸爸妈妈。我们在大学里还做过一个很好玩的研究,这个研究发现,当大学生回到家里,家长还把他当小孩子看待的时候,他们也会觉得很难受。不光中小学生,到了大学阶段也有一个孩子和自己家长之间不断的互动的过程,成年以后也是一样,所以我首先想说家长也不容易,家长也一直在学习。作为家长,可能需要多一点倾听,多一点发现,多一点以孩子为荣,看到孩子的成长、变化,人需要一种积极的自我暗示,否则家长一直说"你不如别的孩子,你不如旁边的小朋友",会很打击孩子。所以在暑假阶段,因为学习的方式不一样,学习的内容也不同,我们对学生的评价也是不一样的,我觉得可能需要学会从孩子的角度去体会他想要什么,他期待得到怎么样的支持,他关心什么、珍惜什么。不是他说的一切总是对的,而是彼此之间有对话、有互动,这个过程中家长也在学习如何当家长。所以学习不是一个结果,不是一次性的,而是反反复复沟通对话、相互改变的过程。补充一点,家长在这个阶段恐怕也需要有一个向其他家长学习,与其他家长保持沟通互动的机会,所以家长之间如果也能联合起来的话,其实会给自己的孩子提供一个全新的背景。有时候孩子在自己家长的眼中往往这个地方不好、那个地方不够,其实孩子发展的优势不一样,因此不同的家长在一起,孩子们都在一起,多一点家庭之间的联合活动,我估计会比较有利于自己观念的改变。

周嘉 所以我觉得活动其实就是提供了一个很好的载体,有一些是学校层面,按照地域或者活动的性质来划分,还有一些玩伴团,同一个班级里面有一些家长有共同意愿,也可以自发组成这样一种活动形式,在这个过程中也是培养孩子之间的互动。家长也可以从其他家长身上学到很多非常好的经验,也许家长就在每一次活动中,既增进了和孩子之间情感的连接,同时又发现孩子身上与众不同的东西。以往在学校我们真的太关注学业、成绩,两个月的时间就是孩子的生命补给站,让更多的孩子可以发出声音,尤其是那些在校期间学业不怎么好的孩子,他也有自己的闪光点,这个时候就是很好的机会,所以鼓励家长利用这样的时间和空间,多做一点尝试和体验。

昕明 对,其实在暑假生活中我们希望给孩子多维度、多角度的评价,比如有的孩子真的在学业上就不是所谓的学霸,但是他劳动能力很强,或者说暑假里领着同学们做一点什么事,这就是他的闪光点,当家长能看到自己孩子身上闪光点的时候,会发现自己的孩子那么优秀,就不会常常看别人家的孩子了。最怕孩子抱怨:"你怎么不看看别人家的爸妈呢?"现在有很多青春期的孩子遇上"更年期提前"的爸妈,那种时候真的是在碰撞。陈老师,我们讲到的话题当中,您的角色真的很合适,也是刚好做家庭教育,有很多家长集合在一起,希望给家庭教育带来不同的思考,所以也希望您与我们分享一些故事、案例,比如说李教授讲到的,大家在一起是怎么交流如何做智慧父母的?

陈蕴 我们定期有线上阅读交流分享活动,会共同阅读家庭教育主题的一些书。当家长有家庭教育困惑、比较无助的时候,一个人的力量肯定不够,集结伙伴的力量,在讨论交流中肯定能碰撞出智慧的火花。比如在我身边有这样一对母子,这个孩子已经上初中,他曾经对网络游戏很痴迷,他妈妈很焦虑,在这个团队中我们一起阅读《父母挑战》这本书,她能够慢慢静下心来反思自己的家庭，或者自己和孩子沟通交流出现了什么问题，我们再一起分享好的育儿经验和方法，一个疫情期下来孩子并没有沉迷于电子产品，反倒在线上和我们一起组织了多场学习交流活动。这个学期结束后，这个孩子还被评为班上的抗疫积极分子，孩子的内驱力调动起来了，避免了网络沉迷，得到了良性发展。希望我们的孩子可以更多往正向的方向发展，虽然这个过程漫长，也许煎熬，也许痛苦，但是我看到父母的坚持、伙伴的支持。

周嘉 作为家长，我之前也是浸润在家长公益团队组织中，我们和陈老师也去云南丽江做过公益活动，从家长的视角给我更多的体会。这个活动结束以后回来，我和我儿子，一个 14 岁的男孩，就这次活动做了一次分享，不仅仅分享公益活动旅行，而且分享这个过程中我们如何思考，在团队中收获了什么。这种学习是所有家长感受到的真实体验，不但有学、有输入，还有一种输出，在分享时就是一种输出，这也是家长希望能够给孩子的一种非常好的体验。

李家成 刚刚说的是父母对孩子的影响，那么家里的老人是不是可以做到呢？祖辈也可以和孩子形成一种互学共学的关系，如果老年大学也可以和学校、家长合作，也是不得了的。我们也有这样的实力，我们和国际朋友做沟通和分享时就可以明显对比出中国家庭的特殊性——有很多是大家族，有很多是三代、四代同堂，这个文化和社会的结构其实可以给我们提供很多实践的空间和资源。

陈蕴 我分享一个例子。我爸爸带着我儿子在假期里学打乒乓球，孩子本来是很被动的，但是坚持了两个暑假下来，孩子有了一种成就感，因为从他不会到会的过程，充满挫折，他其实也是有排斥情绪的，但是我们一直鼓励他，告诉他"孩子，你行，你可以"，他确实进步了很多。我爸爸说老年人的生活很闲散，但是他从孩子身上看到了一种毅力，他觉得从孩子身上学到了，我也从孩子身上看到一种不服输的倔强，鼓励并坚持下来，慢慢就成了。所以真的要花时间，耐心地陪伴，一步步走下来。

昕明 我有一个特别深的感慨，做家庭教育的节目也有五六年，包括我们自己有的时候在节目中和嘉宾分享，很多家庭教育是有西方的理念、西方的背景，年轻的爸妈多多少少都是高级知识分子，在家庭教育环境中，认为自身接受的知识有能力给孩子带来一个全新的家庭教育观。后来我们发现其实在我们的中华文化背景下的家庭教育有更多的传统内涵在其中，是丢不掉的。我们一直强调每一个孩子都是独立的个体，所以包括家庭教育，要回归自己的家庭教育，只有在自己的家庭教育过程中，去总结、去归纳，才会发现属于自己家庭教育的本质的东西。那么，年轻的爸妈和孩子一起互动时，这个亲子关系怎么拿捏，亲子学习怎么开展呢？

李家成　如果从亲子的角度，更多还是保持这样一种意识：根据看到的事实，思考事实背后可能的内在道理，然后再调整自己的行为。刚才陈老师讲到和孩子一起做计划都需要不断地调整，包括参与小队活动，这样的亲子学习对家长来说很有挑战性，因为他自己要有这样一种意识，不能总想着"你要学，而我不要学"，这就很麻烦。所以学习是每个人的终身行为，我们家长也要保持一种学习的意识，其实在一定意义上也能成为孩子的学生。也就是孩子可以成为家长的老师，我们的父母、祖辈也会成为我们的老师，我们的同伴也会成为我们的老师。有时家长比较多地还是站在指责、批评和要求的角度，缺了一点和孩子共同体验、共同探索、共学互学的意识。所以把自己当成一个站在旁边指挥孩子的人的时候，自己就没有学习，孩子认为你是一个监督者，而不是互相帮助的学习者。所以如果能塑造这样一种以学习为特征的亲子关系，这个家庭的氛围可能会发生一些改变，大家会包容一些过程中的困难和障碍，也能一起去探索、去努力，形成一种更积极的家庭发展状态。

昕明　其实积极的引导，不仅在于给孩子下命令，更体现在当家长自己愿意去做，愿意以一个积极正能量的态度去做一件事的时候，孩子会潜移默化地被家长的情绪和状态感染。

周嘉　情感学习特别重要，尤其是青春期的孩子，情绪优于理性。如果孩子的情绪是接纳、平静的时候，这个时候再和他讲道理，他就能够接受，所以智慧的家长一定会让孩子先平复情绪，平复以后再去沟通，这个时候沟通的效果会比较好。

昕明　很多学校都开办了家长职业体验课堂，让孩子和家长变得不那么陌生，家长可以到学校上职业体验课，讲讲自己从事的职业。课程中，我们发现很多亲子关系并不那么好的家长和孩子，一下子有了共同的话题，对孩子来讲也有荣誉感，所以家长需要鼓励。

李家成 一是家长相互教育、共同学习,这是可以做到的,而且已经在发生。二是家长边学边做,而且不断地自我完善,这是可以做到的,而且正在发生。第三可以倡议,无论从社区的角度、中小学的角度,还是企业的角度、社会组织的角度,都需要大联合,需要更多地集聚力量,因为家长是这个社会中非常大的一个群体,我们自己也是做家长的,也非常需要别人的支持和帮助。如果社区、中小学、家长、企事业单位能一起行动,我们这个社会该多么有希望、多么有力量。

昕明 父母的观念要改变,而不是只有孩子需要改变。只有我们的父母好好学习,孩子才能天天向上。

第二十一篇　迈好小学第一步

陈小文　静安区家庭教育指导中心主任

　　每年都有很多家长咨询孩子的幼小衔接问题。幼儿园孩子的家长会向我咨询："孩子到底该学些什么才能够顺利地进入小学？"小学一年级的孩子家长会咨询："为什么孩子入学前已经学了不少东西，但入学后依旧状况频出？"

　　不难发现，这些咨询的问题都围绕一个核心字——学。其实，目前我们已经把幼小衔接的过程聚焦于知识衔接这一个方面，但**实际上幼小衔接绝对不仅仅是知识的衔接，知识只是其中的一部分。身体素质、自理能力、学习兴趣、遵守规则以及自信心态的培养，才是支撑孩子不断向前发展和进步的基础素质。**只有培育好这些基础素质，孩子才能在长、宽、高各维度实现不断成长。

一、培育孩子的身体素质

　　曾经有一位家长非常郁闷地对我说，孩子班里的其他同学在课堂上都神采奕奕，自己的孩子却总是两眼迷茫，不是窝在座位上，就是趴在桌子上，一直抱怨上课好累。而且孩子的字写得很不好，东倒西歪，经常一写字就说自己手太酸了。其实，这个孩子在进入小学前已经上过类似的课，应该不存在适应问题。那问题可能出在哪些方面呢？

　　在分析这个问题之前，我们先来看一组数字：2%、15%、20%、25%。这一组数字和人脑密切相关，2%指一般情况下，脑的重量大概占身体重量的2%，但如果在大脑高速运转期间，在认真学习与思考问题的时候，脑部耗血量却要占全身的15%，耗氧量要占20%以上，耗糖量也可能达到25%甚至以上。所以，孩子虽然安安静静地坐在教室里，好像只是听听老师说的，低头写写字，但是整个学习过程对于他们而言却需要付出很多脑力劳动，他们是名副其实的脑力劳动者。

既然是脑力劳动者,那么孩子的心肺机能就决定了他大脑思维的后勤保障水平。良好的身体素质能够保证孩子在一天的学校学习生活中,做到精神饱满,注意力集中。可见,心肺机能与身体素质是高质量学习的基础,那我们孩子的身体机能是不是做好准备了呢?

教育部 2012 年颁发的《3—6 岁儿童学习与发展指南》中提出了关于孩子运动的一些指标。比如,在适应力方面,5—6 岁的孩子至少能够在比较热或比较冷的户外环境中活动 30 分钟以上;在平衡能力、动作协调和灵敏度方面,孩子能够手脚并用、灵活地攀爬钻,还要能够连续地跳绳、拍皮球,等等;在力量和耐力方面,孩子能够双手抓杠悬空 20 秒以上或者自己走 1.5 千米,当然孩子在过程中可以歇一歇。各位家长可以对照《3—6 岁儿童学习与发展指南》,思考我们的孩子处在什么水平。

经过静安区家庭教育指导中心较长时间的观察发现,很多家长对孩子运动的要求很低,不少孩子在幼小衔接的一些方面尚存在薄弱环节。比如,不能在斜坡荡桥和有一定间隔的物体上面平稳地行走,不能手脚并用熟练地攀爬,不能连续跳绳、拍球、双手抓杠悬空,不能自己行走 1.5 千米。但如果这些指标都不能达标,那也说明了孩子在身体机能方面存在不足。

据此,我们可以回答案例中家长的困惑。孩子一写作业就喊累,大概是因为他缺乏相关方面的运动能力,而这也恰恰是家长忽视的。从幼儿园升入小学后,对孩子的运动能力的要求会提高到一个新的标准。比如,幼儿园时,孩子只需要能够自己走 1.5 千米,但进入小学后,孩子会面临 50 米跑步测试。学校会根据跑步时间将孩子划分到相应等级,男女生获得优秀等级所用时间分别为 10.2 秒和 11 秒,及格的标准分别为 12.6 秒和 13.8 秒。关于跳绳项目,幼儿园毕业时只要求孩子能够连续跳绳,但到了小学一年级,则有了更高的标准:男生每分钟 109 次为优秀,女生每分钟 117 次为优秀,若想合格,男女生每分钟也至少要跳 17 次。上述都是国家针对孩子的运动能力发展给出的相应指标,希望各位家长能够像关注孩子成绩一样关注这些身体指标,因为身体才是一切发展的基础。

有的家长可能会问,我关心成绩有错吗?当然没有错,但请不要忘记,孩子的成绩总是波动起伏的,不一定能处于不断提高的状态,造成这种现象的原因很复杂,既有主观因素,也有客观因素。但是,身体素质对绝大多数孩子而言,只要父母和自己重视了,愿意投入时间和精力,就一定能够不断发展。孩子身体素质的培育标准可以依据孩子的自身情况来制定,而且只有身体素质培育好了,孩子的学习才有良好的保障。

关于案例中家长的第二个困惑,孩子写字的问题,教育部也给3—6岁孩子手的动作灵活程度列出了不同的标准,其中非常明确地提出了如熟练运用筷子、沿着轮廓线剪图形、画画等要求。所以,在我们批评孩子不认真写字前,一定要先确认一些问题,如从中班开始,孩子在幼儿园和家里是不是一直坚持使用筷子?是否经历了足够长的涂鸦时间?是否握着画笔随便去画、去描摹他心中各种各样奇异的图案?有没有机会经常拿剪刀剪出各种各样的图形?有没有时间经常玩折纸、夹弹珠、拼搭模型?上述内容其实涉及了很多运动项目,这些项目非常能锻炼孩子的手部精细动作能力。

总之,身体是学习的基础,也是一切发展的基础。大家一定要树立"身体第一"的理念,循序渐进地帮助孩子发展各项运动能力。但同时也需要注意以下几点。第一,不要过度保护。家长要鼓励孩子到户外活动,让孩子出出汗,奔跑跌倒后也要鼓励孩子继续站起来。第二,保证孩子在进入小学后每天也有固定的运动时间。如果不能保证,家长至少要让孩子充分利用好每天的碎片时间去运动,比如完成两项作业的间隙给孩子安排一些休息时间,进行跳绳、拍球、踢毽子等运动。第三,运动不仅仅包括专业性强的项目,体育游戏也可以成为一个非常好的选择。最后,最重要的一点是让孩子看到父母对于运动的热爱。家长的陪伴和以身作则更能帮助孩子培育良好的身体素质,促进孩子学业的稳健发展。

二、培育孩子的自理能力

进入小学后,一些家长会认为孩子已经是小学生了,最大的任务就是学习。孩子学习很辛苦,所以生活当中的小事情,如刷牙、洗脸的准备工作,拿碗、盛饭等,家长都帮孩子做好了,希望能为孩子减轻负担,保证他能专心学习。很多父母还认为这些小事孩子长大以后就会了。但我之前在儿童游乐场看到,一个大概二年级的孩子把袜子脱下来后,很自然地就把脚伸向了家长,家长也很自觉地蹲下来帮他把袜子穿上去。但如果一个孩子连穿袜子都需要别人代劳,那么当他面临高难度、有挑战的大事情时,会不会积极主动地去面对呢? 说实话,我是怀疑的。

各位家长需要思考,我们的孩子能不能做到生活自理,做到自己的事情自己做。其实,孩子是可以独立做一些事情的,比如5—7岁的孩子可以自己穿衣服、自己整理床铺、自己整理玩具、自己整理书桌,而这也是小学一年级的学生应该会做的事情。实际上,孩子在幼儿园里也是需要做这些事情的,但很多家长把孩子接回家后,就不让他去做这些事了,而是希望他能做一些"大事情"。

家长们在家庭中,应该为孩子开辟尽量多的生活自理能力"训练场"。比如在盥洗室,让孩子自己做洗漱准备,自己洗脸、刷牙、洗头;在卧室,让孩子自己铺床、收纳衣物、学习整理;在写字桌上,提醒孩子整理桌面上的玩具、书籍、文具等;在厨房里,让孩子自己端碗、盛饭、冲洗摆放碗筷等。这些生活中的细节很重要,通过这些练习,孩子能够逐渐学会把握自己的生活,养成自理的习惯。

在孩子的生活自理能力培养起来后,家长就可以把注意力放到培养孩子的学习自理能力上。家长可以从整理书包、整理文具、整理桌面、记作业等开始培养孩子的学习自理能力。因为管理好自己学习用品的行为能力是对学生学习自理能力的最低要求,如果这点都没做到,孩子也很难自觉地规划学习、主动预习和复习。

时间管理能力的培养也是很多家长最头疼的问题。管理时间、规划时间这项能力的培养可以从孩子进入幼儿园后就开始,家长不要总和孩子唠叨"一寸光阴一寸金,寸金难买寸光阴",很多孩子都已经背得滚瓜烂熟了,但还是照样拖拉。因为说和做是两回事,时间对于一些孩子而言其实是一个非常抽象的概念。我们可以先陪着孩子感知时间,去认一认不同的钟表,区分一下指针钟和数字钟,甚至我们可以和孩子一起做个日晷,让孩子看着阴影在一天中是如何变化的,把时间由抽象变成具象,让孩子自己去体会时间的长短快慢,比如妈妈化个妆用了多少时间,自己穿件衣服要用多少时间,等等。同时,也要让孩子去享受充分利用时间的愉悦感,比如在孩子背一首唐诗时,家长可以在旁边悄悄记录,观察孩子全神贯注背一首唐诗要多久,然后告诉孩子他只用了几分钟就完成背诵了。此外,还可以通过一些时间的练习,如数秒表等帮助孩子体会掌握时间的感觉。

在孩子能够具体感知时间、掌握时间并获得一些积极的体验后,家长就可以着手通过与孩子的沟通和商量确定孩子每天在家学习的时间安排。即使是双职工家庭也可以教会孩子安排学习时间。比如,家长和孩子协商好,放学回家之后他要做什么,在协商的过程中家长要采纳孩子提出的一些合理建议,并指出其天真想法的不合理之处。只有这样,最终决定的做事次序和大致的时间分配,才可以帮助孩子一点点捋清楚从回家到上床这一时间段的安排,明晰每个时间节点该干些什么,如果孩子一回到家就有一个清晰的工作与时间计划,那么他就不会陷入一种茫然无序的状态。

家长要注意的一点是,帮助孩子规划时间并不意味着把孩子的每一天每一秒都安排得密不透风。因为如果我们把孩子的每一分每一秒都排满了,那他还怎样去获得自己把握自己时间的那种愉悦感呢?所以,我们只需要帮助孩子把一天或者把某一段时间规划好,剩下的时间就让孩子自己去安排。这样,孩子就会觉得只要认真按照一定要求完成相应的工作项目、学习任务,剩下的时间就都是自己的,那他的积极性也会更高。

总之,无论是生活自理能力、学习自理能力还是时间管理能力的培育,家长都要注意做到少说多观察,帮助孩子分析,然后列出具体的目标。家长提出的目标越细越小,孩子越容易去实施和完成。并且目标要做到循序渐进,符合孩子当下的发展水平。如果孩子现在做一项作业得用 20 分钟,那你要求孩子 5 分钟完成,那对于孩子的发展是毫无意义的。所以,家长要结合孩子目前的水平,在符合孩子能力的前提下,再稍稍提高一点标准,做到循序渐进。另外,家长也要注意教育的方法。口头的说教对于孩子来说意义并不大,而手把手教孩子如何达成和家长在沟通基础上提出的共同目标,才是家长真正要去做的。在这个过程中,家长要多鼓励孩子,但是千万不能代孩子去做。

其实,孩子的生活自理能力也是可以不断晋级的。让孩子帮助家长做一些稍有难度的事情,比如爸爸妈妈在厨房里汗流浃背地准备当天的晚饭时,可以邀请孩子帮忙洗洗菜、剥剥豆荚;或者晾衣竿上的衣服晾晒完毕后,孩子可以帮家长把这些衣服收下来。相信大多数孩子很愿意参与其中,但很多时候父母都会对孩子说不用做这些事情,赶紧去做作业吧。而当家务劳动的权利对孩子放开后,在孩子剥豆、洗菜、收衣服的时候,他会觉得居然全知全能的爸爸妈妈也需要自己的帮助。这时,孩子就从一个被父母一直关心、关注、照顾的角色,变成家庭的一员,甚至能够为爸爸妈妈出力,这对孩子而言,能够体会到一种成长的骄傲,而这种骄傲不一定能从学习的分数上面获得。

通过上述一些方式能够提升孩子的自理能力,紧密家庭关系,还会实现一种高质量的亲子互动。但说一千道一万,想要培养孩子的自理能力,最重要的还是爸爸妈妈能够以身作则,起到榜样示范作用。如果家长在孩子面前说:"我太累了,今天碗就不洗了,明天再说吧。""今天我太累了,宝宝我们随便在外面吃一点吧。"几次三番后,孩子就可能认为能用钱去解决的事情都不需要自己去做,教育就失去了信服力。

三、培育孩子的学习兴趣

学习是许多家长最关心的部分。在孩子的幼小衔接阶段,很多家长咨询的核心问题就是学习。那如何让孩子更爱学习呢? 在一次咨询中,某家长对我说:"我的孩子学习一直没有什么起色,经常一边学,一边抱怨。抱怨为什么要背课文,为什么要默写单词,为什么一定要计算来计算去。"各位家长可以思考一下,您是否在学生时代做一些题目的时候也问过自己为什么要去做这个? 是否也会质疑好像长大后口算也不是特别重要,实在不行到超市拿计算器算算也可以,为什么要去学呢? 同样,我们的孩子心里也会默默问自己:"我为什么要学?"

在学校里,孩子往往通过严谨的课时计划、教学大纲要求、课堂上老师生动的讲解等,解决一些学习问题。那回到家里,孩子是不是可以换一种学习方式呢? 因为在学校教育中,孩子的很多学习兴趣可能没有得到充分激发。其实,家庭和学校应该各有各的模样,爸爸妈妈不应该是自修教室的管理员,也不应该是学校宿舍的舍监。如果孩子每天在家里的学习安排与学校一样,还是记、背、默、检查、批改、订正,久而久之,孩子对于学习的疲劳感会越来越强。

家庭中是可以学习的,但是在家学习应该与在校学习不一样。在家学习的关键点应该是聚焦学习的兴趣,更多地去挖掘家庭生活中的学习元素,拓宽孩子学习的视野以及实践的方法。

首先,我们要先观察孩子的兴趣点。家长需要关注孩子对什么比较感兴趣,比如孩子最乐意看哪个学科的书,对某些学科里面哪些方面有特别多的问题,等等。再比如,孩子上了自然常识课后,回来问你:"今天我们学习了磁。爸爸,什么是磁? 为什么老师说地球的南极和北极有很强的磁场呢?"当孩子对这方面有好奇心和疑问时,就说明孩子对它感兴趣。在兴趣的推动下,孩子会去自觉探索、积极地投入和学习。

然后,父母便可以结合孩子的兴趣点在家庭生活中发现和注入学习的元素。结合孩子的兴趣点,让孩子的学习从课本中跳出来,融入家庭学习的内容设计中。那怎么来设计这样的学习内容呢? 我认为要先建立一个"大学习"的概念。家庭中各方面的学习内容可以融会贯通,各方面的学习技巧可以进行整合。比如,家中最日常、最普通的阳台其实就可以变成探究的乐园,因为很多人会在家中种一些小植物。当然,家中养的一些小猫、小狗、小鱼等宠物也可以成为孩子学习的对象。父母可以把家中一部分场所变成小菜园、小花园或者动物园等,让孩子充当园艺师或饲养员。比如,如果孩子很喜欢家里的小狗,经常会带它出去遛一遛,很喜欢阳台上的花和菜,偶尔会给它们浇水,家长就可以基于孩子对它们的感情,帮助孩子跳跃到学习层面。比如我们可以给孩子布置一些小任务,让孩子每天去小菜园、小花园中观察植株长得多高,因为这样做,可以帮助孩子聚焦观察对象,提高他的观察力和注意力。同时,家长也可以让孩子在记录的过程中,拿一把尺去量一量或是拿相机拍下来,让孩子学会记录和测量等。此外,孩子在记录的过程中也会慢慢学会比较的思想。因为在这个过程中,孩子可能会看到一些细节、发现一些问题。比如孩子会思考,如果浇水的时间、浇水的方式和书上讲的不一样时,结果会有什么区别? 可不可以准备两盆花,用实践去检验,然后比较出现的结果,分析现象产生的原因,提出想法后再进一步记录、思考和讨论等。这种家庭学习方式对于孩子而言是有趣而且可持续的。

有些人可能会问,数学可以在家庭中学习吗? 当然可以。曾经有一位数学家说过,很多人学了一辈子数学,其实只是学会了加减乘除计算,并没有学会用数学方式去思考问题。那数学在生活中,可以怎样去学习呢? 我们经常有外出就餐的经历,这时,家长可以让孩子预估一下吃饭的餐费数值,如果孩子估算得准,就奖励他吃一个小甜品,其实这就是一个有趣的数学练习。再比如,我们在制订旅游方案时,会面临坐高铁、坐飞机还是自驾等选择,需要综合考虑时间、金钱、人数等多种数学因素,这时就可以让孩子参与进来,一起制订旅游计划。其实,生活中体现数学思维的事情非常多,只是需要我们去关注和发现。我们要相信,学习不只有一种状态,不是只通过课本上给出的一些公式计算出结果就好,而是可以再往前考虑一下,数字代表了什么含义,列出的算式又是如何得到的,等等。

如果家长们能够认同上述家庭"大学习"的概念,那我们的孩子就有机会低头凝视花朵和嫩芽,听到花开的声音,看到春天的第一颗嫩芽从哪里露出头来了。有时,我们可以和孩子一起抬头看看云,思考云的形状为何如此多样,云飘的方向是否相同,等等。因为只会埋头,不会"抬头看天"的学习有时候只是一种死读书。而在认同"大学习"理念的家庭中学习,孩子会有更丰富的体验,孩子的知识也能够在丰富的实践中融会贯通,孩子的探索意识、科学素养也会得到培养,形成求实、科学的精神,这对孩子来说是一辈子受用的。此外,我们也可以依托博物馆和图书馆等公共资源进行家庭教育,让参观博物馆成为孩子的发现之旅。

家庭学习中另一个非常重要且有益的部分是,父母陪伴孩子坚持进行高质量的亲子阅读,帮助孩子培养良好的阅读习惯,为孩子的终身学习奠定基础。亲子阅读要注意以下三点。第一,不要功利。有些家长不明白为何要进行亲子阅读,以为这是为了让孩子多认字、能出口成章、写出优秀作文。其实不然,亲子阅读最好的效果是让孩子享受阅读的快乐。第二,给孩子提供优质的书籍。优质的书籍能够让孩子体会徜徉在书海中的快乐。第三,提供一些与孩子平时不容易看到的世界相关的书籍。

为了培养孩子良好的阅读习惯,我建议每天都有全家读书的时间。当然,父母也可以在一些有纪念意义的日子把书作为礼物送给孩子。比如,在孩子生日的时候,我们特意精挑细选一本书作为生日礼物送给他,相信这份别样的生日礼物会给孩子很深刻的印象。但选书时,父母要从孩子的兴趣和认知水平出发,对一年级孩子而言,绘本或文字书都是可行的。但若要提升孩子的阅读水平,亲子之间的共读不可或缺。实际上,我们为孩子朗读的过程,也是为孩子降低理解难度的过程,而且在优质亲子共读的过程中,父母和孩子的亲子关系会更紧密,沟通会更顺畅,情感纽带也会更牢固。

总之,说一千道一万,还是要回到父母身上。父母要成为孩子学习和探索的伙伴,成为孩子在学习游戏、探索游戏中的玩伴,用自己对学习的热情去感染孩子。相信这样下去,孩子一定会觉得学习是有趣的。

四、培育孩子的规则意识

上述三种能力的培育都需要一种能力作为保障和基础,那就是规则意识。规则是家庭教育的有效保障,想要建立规则一定要注意抓细节。有家长和我沟通时说,他们很重视教育,看到孩子不好的行为会马上讲道理,反复讲道理,可是孩子就是听不进去。其实,道理不是靠说的,而是需要从细节入手,通过日常生活中的细节让孩子不断地实践与感悟,这样道理才能入耳入心,付诸行动。

您可以伴随我的描述想象下日常生活中可能会见到的例子:爸爸妈妈帮不满 12 岁的孩子扫共享单车,让孩子在马路上骑行;公交车上有一个孩子,把一只脚放在椅面上,很惬意地看窗外风景。以上两个例子中都存在规则,和孩子的生活息息相关,和今后融入社会、被他人接纳息息相关。很可惜,家长往往对此视而不见。

其实,**建立规则的目的是为了让孩子能够自我检查,及时改正错误,而并非为了惩罚。**举个例子,有一对父母规定孩子每天到了晚上 10 点就不能做作业了,如果作业没做完,要么第二天早点起来做,要么带着没有完成的作业到学校接受老师的批评,于是几乎每天晚上 10 点,那个孩子都哭得稀里哗啦,第二天早上又睡眼惺忪,各种忙乱,作业的质量也不高,孩子的学习信心也日益丧失。实际上,这个案例中家长制定规则的目的是希望孩子 10 点之前能完成作业,但是却适得其反。因为家长没有通过制定规则告诉孩子怎样在 10 点前完成作业。

对此,父母应该和孩子共同讨论,议定规则。讨论的过程中,孩子主动执行规则的动机会被激发,父母也更易获得孩子的理解。比如,父母可以在家庭会议中与孩子商量为什么要制定这个规则,是为了解决孩子什么样的问题。父母可以把孩子一系列的问题分解成一个一个小问题,问题越小越容易操作和应对。同时,父母也要认识到,孩子执行规则对于他们来说是一个否定原来的自己、挑战自我的过程,孩子也是非常不容易的。所以,我们应该经常给孩子一些帮助,同时也要经常检查孩子目标的完成情况,并在检查后及时反馈我们的意见,帮助孩子优化行为。在这样反复的过程中,孩子不仅得到了我们的鼓励和支持,而且也会逐渐降低执行规则的不适度。

当然,家庭中的规则针对的对象不应该仅仅是孩子,还包括父母以及所有家庭成员,因为榜样示范非常重要。正如《孩子:挑战》这本书的作者所言:"语言不是沟通的唯一方式,但经常是最无效的一种,如果我们真的想要改变孩子的行为,那么我们需要先注意我们自己的行为。"

最后要告诉大家的是,**我们要做宽容理性的家长**。目前,"焦虑"似乎已经成为家长的代名词。有家长曾经非常坚定地说:"我是数学高材生,我孩子的数学必须和我一样优秀。"有一位妈妈说:"我所有希望就是希望孩子能够学习好。"我理解家长们的这些感受,但家长也要明确孩子的成长需要时间。孩子还处在一年级这样的起始阶段,我们不能妄想孩子用最快的时间和他原来适应了 6 年的时间节奏告别。对孩子而言,他们在生活节律、学习节奏、班级伙伴等方面发生的巨大变化都是严峻的挑战,需要逐步适应。如果我们能关注孩子的适应过程,那么我们肯定能让孩子感受到接触不一样内容的兴奋感,以及掌握一个小本领时的自豪感。可见,孩子的成长是需要时间的,我们要把这个时间给孩子。

每个孩子都是独特的个体,家长不应该将别人家的孩子和自己的孩子进行简单的类比,也不应该用自己小时候的样子和现在孩子的样子进行类比。家长在关注和引导孩子学习时,应该更关注学习的过程而不是只关注学习的结果。在亲子互动过程中,父母需要看到孩子的自我提升,给孩子充分的信任,看到孩子每一个微小的优点,给孩子多一份肯定。因为当我们不断给孩子鼓励和肯定时,孩子在心理上会产生一些变化,心态会越来越积极,当他们面对必然会出现的各种各样的挫折时,也不会轻易气馁,而是会结合以往经历告诉自己:我有自己的优点,我有自己的价值,而这样的自信正是对待各种各样的挫折和挑战的最好动力。但需要注意的是,父母在表扬和批评孩子时也需要掌握一定的技巧。表扬应该要表扬孩子的某种具体行为,批评则应该提出改进方法而非伤及孩子的自尊和自信。而且,当孩子和我们都处于情绪风暴时,父母方一定要先停下来,保持冷静。因为如果大人给孩子呈现出敬业、热爱生活的积极面,那孩子就能从大人身上源源不断地汲取前进的力量。

第二十二篇　开启初中新生活

王红丽　虹口区教育学院心理教研员

与小学相比,初中的学习和生活发生了一些明显的变化,这也给孩子和家长带来了挑战。对孩子而言,进入初中意味着进入了他们人生中最重要的阶段之一——青春期。这一时期充满了不确定性和挑战,心理学上常用"急风暴雨"一词来形容。因此,今天我想就孩子小升初的适应问题以及如何和青春期孩子进行有效沟通这两个话题和大家进行探讨。

一、初中阶段新挑战,适应调整新机遇

孩子进入初中后,会面临一些新的变化,而这些新的变化可能会带来一些新的挑战。那进入初中后,孩子可能会面临哪些挑战呢?

先给大家分享一位妈妈的案例——迷茫的周女士。周女士是一位为了孩子学习尽心尽责的妈妈。在孩子读小学的 5 年里,周女士对孩子的作业非常用心,孩子的背诵、默写等都是在周女士的把关下完成的。周女士也非常关注班级微信群,因为老师会在微信群里发布每天的作业,告知家长孩子的学习情况、听课情况、作业完成情况等,有时候班级的一些活动要求也会发布在家长微信群中。周女士每次看到这些信息就会迅速做好准备,因此孩子非常顺利地度过了小学阶段。但在孩子进入初中后的第一个星期,周女士感觉到了一些变化。班级的微信群安静了许多,班主任老师不再在微信群里发布每天的家庭作业,也不再对家长提一些要求,反而要求孩子独立记录作业、完成作业、检查作业。面对这个有点静悄悄的班级微信群,周女士感到了迷茫与困惑:孩子进入初中后,自己该做什么? 可以做什么?

其实,周女士的困惑具有一定的代表性。因为**进入初中阶段,父母和孩子都会面临一些变化与挑战,但同时挑战中也孕育着成长的机遇**。那父母和孩子可能面临哪些挑战呢? 我总结了以下三个方面。

挑战一：学习环境需要适应

无论是大人还是孩子，在进入新环境后都会遇到一些适应上的困难。进入初中后，孩子对新环境的适应主要包括三个部分：**第一，客观环境的适应**，比如适应新的校园、新的教室等；**第二，心理环境的适应**，比如适应陌生的同学、陌生的老师等；**第三，学习节奏的适应**，进入初中后孩子的作息时间安排以及课时数等都会发生变化。其中，客观环境的适应对孩子来说可能相对容易一些，但是学习节奏上的改变，特别是心理环境的变化，对孩子来说可能需要一段时间才能适应。这是第一个挑战。

挑战二：学习方式需要转变

进入中学后，学校的教育重点或培养重点会慢慢转到孩子的自主管理与自主学习上去。老师会鼓励孩子独立自主地安排自己的学习与生活，因此家长会感受到诸如前面案例中周女士感觉到的变化，比如老师不再每天在黑板上抄作业，也不会通过家长微信群及时告知父母，而是需要孩子自己认真记录下来。所以，当孩子还没有适应时，就可能会出现漏记作业、漏写作业等暂时性的适应困难。

此外，老师的教学方式也发生了变化。在小学阶段，老师非常细致，手把手地教孩子。但进入中学阶段后，随着孩子的长大与学习能力的提升，老师会更偏重于探究式、启发式、体验式、小组合作式的教学方式。为什么会有这样的改变呢？这是因为老师希望鼓励孩子主动参与学习，帮助孩子确立"学习是我自己的事情，我要主动参与，和同学合作"的观念，培养孩子独立学习、独立思考的能力，所以老师在教学方式上也会作相应的改变。这种改变对于没有准备好的孩子和家长而言，可能难以适应。

挑战三：学习内容需要深化

随着孩子的成长，他的思维品质与思维能力会得到很大的发展。家长会发现，孩子看问题的角度更全面了、思考更细致了。因此，**较小学而言，初中在学习内容的难度上有所增加，具有一定的跨度。**比如孩子在小学时学习语文，只需要认真背诵、默写，就可以获得一个不错的分数，但初中阶段的语文学习单靠这些是不够的，因为语文的课文长度、内容、信息量、课文的类型等都会发生变化，这就给孩子带来了学习方式与学习内容上的挑战。

上述是我认为孩子和家长可能会遭遇的一些比较普遍的挑战。但**挑战**

中也蕴含着机遇。那在孩子遇到适应方面的困难时,家长能做些什么呢?

刚才分享的案例中,周女士也有同样的困惑。其实,家长可以给孩子很好的助力与支持,帮助孩子尽快适应初中生活。但需要提醒的是,家长要做好思想上的准备。因为孩子的适应可能需要一个过程,所以家长不要着急,不要让孩子觉得这是一个不得了的事情,是一个很大的困难。实际上,这只是正常进程中的一个小插曲而已。同时,家长更不要批评和指责孩子为什么会出现适应问题,而是要和孩子一起分析当下遇到的困境。因为虽然表现出来的问题可能是相似的,但是不同孩子产生问题的原因可能是相异的。所以家长要了解孩子在哪里卡住了,什么原因造成了他的不适应,然后整个家庭再坐下来好好想想解决办法,帮助孩子尽快适应。

接下来,我想分享家长可以给孩子提供的三大助力。

助力一:引导加引领,尽快适应新环境

对孩子而言,**环境方面的适应问题需要去面对与克服**。对此,家长可以做些什么呢?开学前,家长可以和孩子在家里一起浏览学校的网站,了解一下学校的教学环境、校舍状况与校园文化,阅读学校的招生手册与资料,让孩子在开学前先建立起对新学校的熟悉感和悦纳感。开学后,家长可以鼓励孩子利用课余时间在校园里走一走、看一看;在孩子放学回来后,家长也可以和孩子聊聊天,问问他关于学校环境方面的问题,比如他的班级在几楼,教学楼叫什么名字,有没有编号,学校一共几幢楼,图书馆在哪里,食堂在哪里,等等。这样就可以轻松自然地助推孩子去了解更多的学校信息。

当然,对孩子而言,**新的学习节奏也是不容忽视的挑战**。那家长能在帮助孩子适应方面发挥什么作用呢?举个例子,课程表能够帮助孩子适应新的学习节奏。但有些家长图省事,直接将孩子的课程表打印出来,有些家长也会有意给打印出来的课程表塑封一下。其实,家长可以和孩子一起精心制作一张课程表,孩子可以去美化、标重点,将自己喜欢的创意呈现在课程表上。因为和孩子一起制作这张小小课程表的过程,也是帮助孩子了解几点到校、下课、吃午饭的过程。所以,家长可以和孩子一起做这个功课,而不是为了省事,直接把课程表打印出来。

此外,**孩子的性格也会影响他们对环境的适应能力**。外向的孩子容易融入新集体,而内向的孩子相对而言会慢一些,所以家长要有耐心。如果孩子性格偏内向,家长就不应该每天责怪孩子怎么还没有认识新朋友、新同学,而是要多给孩子一点时间,鼓励他主动和其他同学交流。家长可以怎么做呢?家长可以在孩子放学回家后,试探性地和他聊聊天,比如问问孩子,他的同桌叫什么名字,怎么写,每门学科的任课老师是谁,课代表都是哪些同学,他们有什么样的分工,有没有谁和他是一个小学的,今天和哪位同学说话交流了,新班级有没有让他印象特别深刻的同学,等等。因为这样一些自然的问句可以帮助孩子主动走出去,主动去了解身边的人。如果孩子放学回来后告诉你,他今天认识了一位新同学,这个新同学叫什么名字,他认为这个同学很有趣,他今天在班级里的感觉怎么样,等等,家长要认识到这是孩子在主动认识、主动了解其他同学,并为他的行为点赞。因为**家长的鼓励会让孩子拥有主动融入新集体、认识新同学、结交新朋友的动力,孩子对新环境的适应也会比较快**。

助力二:放手加信任,激发孩子内驱力

其实,学习方式与学习内容的变化,不仅对孩子而言是一个需要努力克服的挑战,对家长来说,也是一个考验。**孩子步入初中后,家长要学习放手。因为现在学习放手,将来才能获得放心**。

初中阶段,大部分学校不会再像小学一样配备家校联系册,家长起初可能会感到不适应。但是,**这其实是学校培养孩子自我管理与自我学习能力的过程**。因此,家长在这个过程中要学会放手,鼓励孩子慢慢去做,让孩子自己主动记录哪天应该做什么,老师布置了什么任务,等等。家长也可以让孩子做一本自己的小手册,请孩子把每天的功课、没有听懂的问题甚至心情都记录在上面。这样,家长就可以通过这个小手册,观察孩子记录得怎么样,了解孩子的近况。当然,刚开始时孩子可能会记录得不够准确,漏一两点,家长可以给孩子指出来,鼓励他下一次记得更好。此外,家长也可以在一些小细节方面给孩子的作业记录习惯提供指导,比如告诉孩子,老师一布置作业就记下来,布置一门记一门,不要等放学了才开始记录今天所有的学科作业。

当然,家长在刚开始的时候可能很难放手,一是怕孩子应付不过来,二是怕自己失去了对孩子学习情况的了解和把握。但是,家长要明白,现在的放手是为了将来的放心。你要相信孩子能通过他自己的努力、老师和同学的帮助，把自己的学业整理清晰、作业记录准确。

助力三：接纳加差异，调整视角重过程

孩子进入中学阶段后，会呈现出明显的个体差异。孩子的基础、感兴趣的学科甚至性别都会影响他们在初中阶段的学习。那家长能做什么呢？家长要充分认识孩子的特点，不要将自己的孩子和其他孩子进行盲目比较；不要过分在意分数，而是要关注孩子在当下的努力，以及他所取得的点滴进步；给予孩子最真诚的鼓励，不断激发孩子的信心和勇气，让他可以尽快适应中学生活。

二、青春期新变化，亲子相处有方法

在孩子的青春期，家长该如何与孩子和平、友好相处呢？

先给大家分享一位妈妈的困惑——乖巧听话的佳佳去哪儿了？佳佳是一个特别乖巧听话的小女孩，从小到大，爸爸、妈妈、老师甚至隔壁邻居都夸她听话懂事。佳佳和妈妈的关系特别好，妈妈常和朋友说，佳佳不仅是她的女儿，还是她的小闺密。但是到了中学阶段，妈妈发现进入青春期后的佳佳好像和她疏远了，再也不像小时候那样和她无话不谈。妈妈很困惑，是她做错了什么吗？还是孩子怎么了？那个听话乖巧的佳佳去哪儿了？

事实上，佳佳的表现在青春期的孩子当中具有一定的代表性。妈妈没有错，佳佳也没有错。之所以会这样，是因为在青春期，孩子会出现一些变化。

变化一：生理变化

青春期是孩子的快速成长期，孩子在生理上的变化非常明显。家长会发现，孩子肉眼可见地长高了，有些孩子的身高甚至已经超过了他们。除此之外，孩子的第二性征也开始出现，生殖器官迅速发育成熟，男孩子会出现遗精，女孩子会经历月经初潮。并且，伴随着这些生理上的变化，孩子在思维方式上也会发生转变。家长可能会发现，孩子的抽象思维能力变得越来越强了。

变化二：心理变化

青春期的孩子在心理上也会发生比较明显的变化。他们的情绪开始变得丰富、敏感、阴晴不定。家长会发现，这一时期的孩子更多表现为一个矛盾综合体。

第一，虽然他们有独立的意识和要求，觉得自己长大了，想要自己作主，但是不够成熟、不具备完全的自理和自立能力的他们在很多时候依旧需要依赖成人，所以**他们成为了独立与依赖的矛盾体**。

第二，虽然伴随着孩子的成熟，他们看问题的角度变得越来越完整，但是他们体内较高的激素水平和发育尚不完全的大脑依旧让他们富有冲动和冒险的特点，所以**他们又成为了成熟与冲动的矛盾体**。

第三，虽然孩子长大之后有强烈的被关注、被关心的开放性需求，但是对老师、父母及其他成年人却又存在着一定的疏远心理。根据需要层次理论，青春期的孩子比较重视同伴交往，既希望被重视、尊重与理解，又会不自觉表现出疏远的封闭性行为，所以**这一阶段的孩子又成为了开放与封闭的矛盾体**。

第四，虽然随着性发育的成熟，中学阶段的孩子对异性和性的发育充满好奇，想要了解更多关于性的知识，但由于他们可能没有找到合适的了解渠道，受到外在约束或其他因素的影响，又把自己的需要隐藏、压抑起来，所以又**成为了渴求与压抑的矛盾体**。

可见，孩子进入青春期后，在快速成长的过程中不得不面临各种不稳定和矛盾。

在充分了解青春期孩子的上述特点后，家长可以"对症下药"，以和平、友好的方式陪伴孩子度过青春期，让他们能够更好地拥抱青春。对此，我总结了五个方面的小建议。

第一，学会尊重。家长要尊重孩子，正视孩子的成长。家长要像尊重成年人一样，尊重已经长大、进入青春期的孩子，放下自己的权威感，**以尊重、平等的态度和孩子进行交流**。在给孩子提意见、提要求的时候，家长不应该随意批评指责，而是要采用孩子喜欢的沟通方式，保护好他们的自尊。

尊重孩子，还表现为给孩子足够的空间。这个空间不单指物理空间，更多还指心理空间。家长要尊重孩子的隐私，允许孩子有自己的小秘密，允许他有自己的朋友，不要不经孩子同意就翻看他的通话记录、聊天记录、笔记、书包等，给足孩子成长的空间。

第二，学会放手。对青春期的孩子而言，家长的放手意味着对他的信任,这种来自成年人的信任会大大激发他们的勇气和进取心。家长可以基于孩子的这种勇气和进取心,培养他们的责任感和担当。可见,学会放手是父母的一个必修课。父母要认识到,孩子的成长道路不会一帆风顺,也许会在某一件事或者学习上吃苦头,但孩子一旦越过这些困难,就会收获良多。所以,**成长的道路需要孩子自己走,这是他们人生必须经历的一个过程。**

学会放手,还体现在家长可以邀请孩子参与家庭的重要决策。比如家里要买一个大的家电,要进行装修,要出去旅游,父母在做决定前可以先听听孩子的意见,这体现了父母对孩子足够的尊重和信任。如果孩子决策得非常好,父母就可以大大地表扬他;如果孩子的决策和选择有需要进一步讨论的地方,父母就可以借此机会和孩子更多地交流,让孩子从中有所收获。

第三,学会宽容。这里的宽容并不单指分数,还包括对孩子行为表现的宽容,对孩子敏感多变的情绪的宽容,以及对孩子兴趣爱好的宽容,等等。家长可以经常从以下五个方面问自己。第一,我们现在对孩子的评估是评估他的行为还是评估这个人? 这其实是很不同的。第二,这是孩子的一部分还是他的全部呢? 一个人有很多行为,可能孩子当前的行为只是其中的一部分。第三,这是孩子当下出现的问题还是未来会继续存在的问题,随着他的长大这个问题会得到改善吗? 第四,这是孩子的问题还是源自"比较"产生的问题呢? 当孩子取得一个分数时,你一开始觉得很不错,但当你偶然得知班上大部分人都比他高时,你突然觉得这个分数很差,所以家长这时候就需要反思这是孩子的问题还是源自"比较"产生的问题。第五,对你的家庭来说,你觉得最重要的是什么? 是分数还是其他的东西?

第四,学会欣赏。孩子需要成人的鼓励,就像植物需要水一样。所以对孩子来说,来自最亲近的父母的鼓励可以带来勇气和力量。孩子只有被信任、被看到,才能走得更远。

第五,学会共处。要想和孩子和谐共处,家长就要学会怎么听和怎么说。首先,**家长要学会听,即要敏锐地听到孩子话里有话。**举个例子,一个孩子说:"妈妈,我大概学不好了。"孩子这句话中的"我大概学不好了",说明这个孩子努力过,并且一直在努力,但始终没有达到自己的目标,其实这句话里也包含了他的很多委屈、无助与沮丧。所以,孩子的话里是有话的。

那听懂孩子的话外音后,家长又该怎么说呢? 这里需要提醒家长的是,当你在被情绪操控或在愤怒时向孩子表达,往往也只能让孩子接收到你的愤怒,即便你真正想要表达的并不是愤怒。比如,一位妈妈催促孩子快点写作业,妈妈想要表达的是,孩子要早点休息,身体健康最重要;可是孩子听到的却是妈妈又在批评他。所以,**在和孩子沟通时,家长要表达自己真正想要表达的**。

三、初中阶段"馨"关系,家安孩子才会安

家是心灵的港湾,只有家安,孩子才会心安。在家里,家长如何才能和孩子保持温馨的关系呢?

先给大家分享一个案例。李爸爸是单位的模范员工,从来不发脾气,好人一个,但是只要回家一看到孩子,火气就上来了,对孩子大喊大叫一通后,自己又会非常后悔,自觉应该心平气和地和孩子沟通。可是,每次都只是相似情景的再现,循环往复,严重影响了亲子关系。

李爸爸的例子给了我们警示。**父母应该先接纳情绪,再处理事件,这也是维持温馨亲子关系必须做到的一点。**事实上,人的情绪包含丰富的信号,比如小宝宝用哭闹告诉大家,他饿了、困了或者冷了。孩子也是这样,他表现出来的消极情绪,其实是向家长传达求助的信号。所以,**家长要学会接纳孩子的情绪**,只有这样,孩子的情绪才可以得到宣泄,孩子才可以找回自己的智慧和力量,而不会被消极的情绪所操控。所以,家长要学会先接纳情绪,再处理事件。

第二,孩子是面镜子,能照见我们自己。孩子可能是父母行为的一面镜子,因为父母是对孩子影响最早、最深的人,也是孩子模仿最多的人。虽然我们可能谈不上或者很难做到十全十美,但是我们可以尽自己所能尽量做到最好,给孩子一个良好的示范。

第三,父母是榜样,重在做示范。孔子云:"其身正,不令而行,其身不正,虽令不从。"所以,身正很重要。在《说文解字》里,"教育"这两个字是怎么解释的?"教,上所施,下所效也,育,养子使作善也。"也就是说,父母作为"上",施"善","下"效"善",孩子才可以"作善"。所以,父母是榜样,重在做示范。正如孔子所言:"修己以安人。"**对于父母而言,先正己身,管理好自己的情绪,夫妻和睦,才可能拥有好的亲子关系。**

　　家安,孩子才会安。家是孩子最坚强的后盾、最温暖的港湾。让我们一起努力,成为孩子最好的朋友和伙伴,给他最大的支持和鼓舞。让孩子在任何时候都愿意回家;让孩子回到家都能感受到家的包容和温暖;让孩子在遇到挫折和困难时,可以回到家里尽情哭泣;让孩子发泄完情绪可以擦干眼泪,整理行装,重新上路。这也正是家对孩子的意义。

第二十三篇　助力高中新旅程

张晓冬　上海市建平中学正高级心理教师

即将进入高中阶段的孩子具有高中生的一般心理特点,包括自主性、动荡性、社会性、进取性,也会具有高一学生特有的过渡性特点,他们面临着全新的环境和课程、陌生的老师和同学,他们需要一个适应过渡期。各位家长一定很好奇高中会是什么样子,我们的孩子在高中能适应吗? 我们的孩子在高中会接受怎样的挑战? 会迎来怎样的奋斗历程? 家长孩子也可能会产生一些困惑。接下来我们将一起从"立足当下,协助孩子主动适应高中""面向未来,引导孩子理性规划生涯""共同成长,携手孩子积极进阶人生"三方面一起探讨如何助力孩子适应新高中。

一、立足当下,协助孩子主动适应高中

案例 1

小 A 初中就读于家门口一所对口普通中学,中考时他超常发挥考进了一所市重点高中,当拿到录取通知书时他本人特别自豪,他的家长也特别高兴,总去炫耀他的突出和优秀。但是,当家族成员时不时提醒自家孩子向小 A 学习时,小 A 觉得压力特别大,特别反感有人对他说:"你一只脚已经踏进重点大学的门了。"进入学校之后,他发现实际情况和他想象的不太一样,他满怀期待去听课,但是发现课程难度比较大,老师上课的节奏比较快,做作业经常遇到不会做的题目。特别是期中考试时,他有两门功课不及格,他开始感到困扰和失落。除了学习以外,他还遇到了其他的问题,比如因为离家远所以不得不选择住宿,虽然省掉很多上学路上的时间,减少路途奔波,但是在宿舍的生活也不完全顺心如意。他经常因为个人物品摆放不整齐导致班级、寝室扣分,受到批评,他的作息时间也有点紊乱,睡眠不太好。还有他做作业比较慢,无法在晚自修的时间内完成当天的作业。他很苦恼,在学校

觉得压力很大，回家觉得愧对父母，甚至都不愿意参加家族聚会了。还有一些情况，比如他从小比较自信，初中是老师欣赏的对象、同学崇拜的偶像，但是来到高中之后，周围的同学都很厉害，他在班级中有时不太敢和别人交流，因此，他大部分时间仍然与初中同学保持密切联系，经常在社交软件上聊天。但是大家高中生活的环境不一样，就读的学校不同，聊的话题慢慢好像只能局限于打游戏这一项了，家长觉得这样很不好，亲子冲突也开始凸显。面对这样的情况，家长可以从哪些方面着手呢？

1. 全面了解高中生活

首先要多方面了解学校，包括育人理念、培养目标、课程设置、师资力量、学生活动、校园环境、作息安排、规章制度、宿舍、食堂等。可以通过和新班主任联系来获取信息；鼓励孩子在学校和学长学姐联系，吸取他们的经验；浏览校园网、校园贴吧上的相关信息；查看学生成长手册、学生手册及其他方式。

其次要积极融入环境。许多高中都会提供选修课、社团活动、社会实践和许多德育活动，有很多资源和平台，各位家长了解之后可以鼓励自己的孩子去参与和更多融入新环境，这对孩子的成长是非常有利的。关于学业问题，高中和初中会有很多不太一样的地方，高中的学科更多，知识的难度更高，概念更抽象，对孩子的自学能力要求也会更高。随着高考改革的推进，上海实行"两依据一参考"模式，第一个依据是语数外三门课的成绩，外语可以考两次，有两次机会。第二个依据是六门学科中学生自主选择的学业水平等级考三门科目的成绩。一参考主要指普通高中学生综合素质评价信息，而这个评价信息的内容非常丰富，比如有品德发展与公民素养，有修习课程与学业成绩，有身心健康和艺术修养，有创新精神和实践能力，这些都会作为将来考大学的参照，这样做的目的是培养学生的综合能力，促进学生全面健康成长。

再次，家长可以多多与孩子沟通，时不时问孩子，在学校作息时间怎么样？课程表是什么样的？早上几点上学？校服是不是需要每天穿？学校有几栋教学楼？有哪些老师来教你们？这些老师叫得出名字吗？引导孩子主动和老师多接触。还可以问孩子打算参加什么社团，打算上什么选修课。我们也许可以帮他们出出主意。当然有些时候，哪怕我们出不了任何主意，也可以引导孩子提前去考虑、了解这些因素。让我们和孩子有共同的话题，也让我们对学校各方面有所了解，进而理解孩子。不断引导孩子更多地关注周围的世界，不再局限于自己的小天地。当我们的孩子带着好奇心，带着一种疑问，他有可能和他的新同学去了解校园设施环境，知道学校有多大，上选修课可能在哪栋楼。有可能看了图书馆，对图书馆各种环境和藏书量有更多了解，会想以后自己可以到哪里自习或者读书，可以利用好哪些资源。此外，还有很多学生可以了解的地方，比如学生在了解学校的过程中发现有一个艺术团，他很好奇："我有某种特长，可不可以也参加这个艺术团呢？"于是他去询问负责的老师和在那训练的同学，得知只要报名就可以参加。这些对于孩子来说都是机会和平台。

2. 客观分析，合理定位

有时候家长只盯着孩子的学习成绩，其实就算考了同样分数进了同一所学校，每个孩子的学习基础也是不一样的。有可能像小 A 是超常发挥考进来的，基础并不那么扎实，虽然考进来之后感到很荣幸，但失落感和不自信感也可能随之而来，甚至产生自卑的心理。这时候家长就要帮他分析，进行合理定位，引导他查漏补缺，利用学校的资源，请教老师或者同学，帮助他更好地适应新环境。还有一种情况是学生没有考好，很不情愿录到这所学校来，不喜欢这所学校和其中的老师、同学，所以他的融入更慢一点，甚至回家不停地抱怨这所学校的缺点。这时候家长要帮他分析这所学校有哪些更多的资源，鼓励这个孩子多参与学校各种活动，可能孩子参与之后发现还不错，就能慢慢融入群体。

另外，关于课外补习，有些家长帮孩子报了很多补习班，孩子抱怨周末根本得不到休息，不是在补课就是在补课的路上。这不仅让孩子感到身心俱疲，损害健康，甚至没有时间去梳理和消化校内的作业和学习任务。另外，孩子长期疲倦容易滋生逆反心理，有些孩子甚至产生拒学、厌学心理。家长需要根据孩子学习的特点帮他一起分析，也可以引导孩子和老师、同学探讨，鼓励孩子好好学习。

3. 审视自己和孩子对学科的期待

有的孩子说："将来我要在数学上名列前茅，英语成绩一直不太好，随便学学就行了。"家长们对于孩子会有很多期待，可能期望孩子考进 985 高校，但是我们要把我们的期待和孩子的期待对应起来,最终落实在孩子身上。家长要更多注意孩子在新学校里心态上的变化,每个学生心态的变化是不一样的,可能有的家长会说:"我的孩子一点都不像个高中生,像小孩子一样,什么都无所谓,整天嘻嘻哈哈很开心。"其实这样也不错啊!我们家长可能在学业方面对孩子没有什么帮助,毕竟孩子大了,学的知识也难了,但是我们可以引导孩子去分析问题,可以陪伴孩子去成长,可以在孩子苦恼时支持他,这些都是家长在孩子高一入学时需要注意的。

二、面向未来,引导孩子理性规划生涯

案例 2

小 B 是今年的高三准毕业生,但从高一开始就一直困惑:"我为什么要认真学习呢?"他在高一课程 6 选 3 时特别苦恼,到底是选自己喜欢的科目还是选自己擅长的科目,或者是跟着好朋友选以便分在同一个班里,这样痛苦地选定之后一旦某一门课没有学好,就会怀疑当初是不是选错了,接着慢慢混到高三后又纠结英语要不要一考、二考,也纠结要不要报名春考,当大家递交综合评价资料时,还得考虑要不要参加综合评价梯次的录取。最后好不容易高考分数出来,填报志愿又犯难了,因为他对大学和专业什么都不了解,未来能干什么也不知道。于是在家长的主导下把志愿表填好了,最终进入某 985 高校生物工程专业。但是进入大学后他满脑子想的却是怎么转专业,一问原来他根本就不喜欢生物,更不想一辈子从事和生物有关的工作,但其实他自己也不知道自己想做什么。

这样的情况我相信无数学生都经历过甚至正在经历,面对这种情况应该怎么办呢?

1. 尽早进行生涯规划

上海市教育委员会在 2018 年发布的《关于加强中小学生涯教育的指导意见》中明确提出要加强中小学生的生涯教育。生涯教育的内容主要包含三方面:自我认识、社会理解、生涯规划。每个学段各有侧重,小学阶段侧重于生涯启蒙,初中阶段侧重于生涯探索,高中阶段侧重于生涯规划,中职校阶段侧重于职业规划。从高考升学的角度看,在高一的课程 6 选 3 就已经开始难住学生和家长们了,上文案例中小 B 的困扰就摆在那里。对于孩子来

说,需要了解自己的性格特点、学科兴趣、学科基础、可选专业、大学类型、专业发展和对未来的思考,这些了解得越多,选择时可参照的信息就越多,也就更容易作出决策。研究显示,学生在高中阶段实践探索越多,选科决策满意度越高,就越清楚自己将来想要做什么;高中阶段职业体验岗位数越多,高中生涯目标就越明确;进入大学后,高中经历多次职业体验的大学生,专业匹配度更高,未来更明朗。所以建议家长鼓励孩子多去社会探索,和孩子多谈谈国家大事、行业变迁、岗位结构、职场话题,指导孩子多网上探索,未来哪些职业可能会兴起,哪些职业可能会消亡,这些对于孩子来说都是非常有用的信息。

2. 从人生发展角度看生涯教育

从孩子未来人生发展角度来说,可以让孩子多历练,这样生活经历会更加丰富多彩,对自己的性格、能力、特长也能更加了解,从而知道自己未来想做什么样的人,想过什么样的人生。同时孩子通过体验各种职业,了解未来社会、未来中国需要什么人才后,就能把个人的未来发展和国家发展联系到一起,这对他来说更有价值。

3. 注重综合能力的培养

上文小 A 的案例给我们的启示是生活适应能力、人际交往能力的重要性,而小 B 的案例则告诉我们要有决策能力和沟通能力。根据调研,如今家长们更加关注的是身体健康和学业发展两方面,对休闲娱乐、人际交往以及生涯教育关注度很低。综合能力恰恰需要从这些方面培养,调整好作息时间,在生活习惯、为人处事、自我管理、休闲娱乐、生活消费等方面创造一些机会,加强对孩子的训练,这样孩子未来会更自信,在职场也会更具有竞争力,未来人生也会更顺利。

三、共同成长,携手孩子积极进阶人生

案例 3

小 C 有一个容易失控的爸爸和溺爱自己的妈妈,从小妈妈就帮她包办大小事情,甚至到高中睡觉都要妈妈陪着。小 C 爸爸是北大毕业生,各门学科都很厉害,从小辅导小 C 到高中,但小 C 成绩依然不好,爸爸有时候真怀疑这个孩子没有遗传到他的智商,辅导起来一问三不知,再问孩子就哭,一

哭爸爸就特别生气，开始训斥她，这时妈妈会冲出来抱着孩子指责爸爸脾气不好，爸爸也会反驳，说妈妈太宠孩子，最终夫妻俩吵成一团。在这样的家庭中，三个人都很有挫败感，爸爸会觉得自己怎么女儿都教不好，妈妈会觉得自己怎么没有保护好女儿，而小C则会觉得自己对不起父母。其实是因为这个家庭中边界模糊，定位不清。爸爸过度介入孩子的学习，妈妈过度介入孩子的生活，同时父母双方冲突的教育方式，降低了各自的权威，让孩子无所适从。下次爸爸再说什么可能小C就不听了，觉得都是因为爸爸脾气不好她才学不进去，孩子有情绪往往也无处排解，因为爸爸很暴力，不敢和他说。而小C妈妈包办各种事情后，孩子的独立能力就无法得到承认和锻炼，自主学习能力、分析问题的能力、生活能力都会很低。成年之后，小C可能成为一个缺少独立能力但是又容易入侵别人空间的人，我们肯定不希望自己的孩子这样。面对这种情况我们需要做到以下几点。

1. 建立边界意识

允许孩子有自己的时间，如果家长把孩子的时间排得很满，孩子就没有时间安排自己的事情了；允许孩子有自己的空间，哪怕仅仅是进孩子房间之前敲敲门，他也会觉得很有安全感；允许孩子有自己的想法并表达出来。注意在他人面前维护孩子的自尊，青春期特别是到了高中之后，孩子特别要面子，家长要相信孩子自己能解决问题，让孩子对自己的行为负责。对于现在比较普遍的手机使用问题也是如此，既要有自由也要有限制，两方面平衡好才不会变成我们的困扰。

对于家长自身而言，首先要处理好夫妻关系，这是家庭中最重要的一组关系，夫妻关系好了，孩子才能感受到父母对自己的爱以及父母之间的爱，才会觉得安全、安定和温暖，不容易产生问题。有些时候孩子出了问题，不一定是孩子个人的问题，也不一定是谁的错，可能就是家庭互动关系出了问题。所以当我们稍微改变一下互动关系，孩子的问题可能就迎刃而解了。其次要尊重孩子，家长经营好自己的爱好、事业和社交圈，会赢得孩子的尊重和欣赏，高中生特别渴望别人把他当大人看待，这时家长不妨"示弱"一下，邀请孩子参与一些决策，让他在帮助家长的过程中体验到助人的快乐，收获成就感。

2. 加强情绪管理

在日常生活中,每个人都会有自己的情绪体验,家长的情绪往往会影响孩子,情绪可以宣泄和表达,但是要注意不能随便发脾气,当情绪特别亢奋、生气或者难过时,可以试试深呼吸,转移注意力,通过合理的方法先宣泄一下。孩子只有在感觉到安全包容的家庭氛围时才会更愿意吐露心声。其次,要经常关注孩子的情绪,尤其要观察情绪背后反映的需求,孩子焦虑可能是因为他想要好好学,想要跟上大家,想要自己变得更好,但是找不到方向,所以焦虑。这时候我们就要针对孩子情绪背后的需求指导他,给予孩子回应和帮助。在处理亲子冲突时,可以多用发散性思维来分析。例如孩子说:"同学们都不和我说话怎么办?"这时家长可以帮孩子一起分析,某位同学不和孩子说话也许是因为他没有空,或是那位同学不自信,找不到话题。下次孩子主动找话题,说不定人家就愿意和他说了,这就是发散性思维。当家长看到孩子完成作业时,可以及时鼓励。"我感受到了你的努力、你的进步,加油,这也不容易了。""虽然这次分数提高不明显,但是你的学习习惯比前一阶段好多了,如果你能够更加努力就更好了。"

情绪管理蕴藏在家庭生活的方方面面,可以结合多种方式来管理家庭成员的情绪。例如在重要日子里,营造家庭氛围,在家族成员的生日、节假日、考试之后,带孩子放松身心,在孩子每天忙忙碌碌的生活中增加一些趣味,增加一些期待,从而增强家庭的凝聚力。家长要感悟生活中的点滴幸福,乐于和孩子分享,这样孩子慢慢也会愿意和你分享。有的学生会说让他感到最幸福的事情就是和家长看一部电影,或者坐在阳台上什么也不做就是发呆晒太阳,甚至每天回家打开窗聆听窗外树上的鸟鸣声就觉得特别滋养心灵。所以可以带孩子多多接触自然,感受季节的交替;多接触社会,加强与社会的连接,当孩子关注更多会更加豁然开朗,变得更加积极进取。另外,运动是一个不错的选择,可以促进青春期孩子生长发育,帮助孩子放松身心,运动产生的多巴胺也能够调节情绪。最后,如果情绪出现严重困扰,一定要寻求专业的支持,就像我们的身体生病需要去医院看医生一样,心理方面出现问题也需要心理医生的帮助,无论是大人还是孩子,都可以咨询学校的心理老师,这是学校为大家提供的服务,也可以拨打各区县心理中心热线电话,或者到专业机构进行评估和治疗。

　　让我们始终带着好奇心去了解孩子,进而理解并引导孩子,培养综合能力,陪伴孩子一步步走向独立,无论是孩子还是家长,都会在彼此生命历程中留下最深刻的记忆。

第二十四篇　新生代家长爱的能力

国家二级心理咨询师

张　玲　　教育部家庭教育职业认证中心教研员

上海桔洛家庭教育教研组组长

家庭教育的最重要阶段是我们孩子的3—12岁这个核心年龄段,而现在随着时代的发展,3—12岁孩子的家长主要是"80后"和"90后"。所以他们作为新生代家长目前也承担着家庭教育的主要责任和义务。我自身也是一名新生代的家长,所以和"60后""70后"家长相比,我们面对的挑战和压力也有同这个时代对应的一些属性。本篇将和大家分享一下新生代家长应该具备的爱的能力以及和过去时代相比我们要升级哪些爱的能力。

一、新生代家长不容易

现代的家长们都更爱学习了,但是同样因为这个时代的因素我们也面临了家庭教育中特别多的挑战和矛盾点。所以在过去的家庭教育指导工作中,新生代的家长给我最大的感受是两个词:矛盾和冲突。因为他们既想超越上一代父母的家庭教育方式,但是又没有习得新的教育方式。所以在他们的内心世界中,就充满了很多纠结、矛盾、焦虑。

那首先我们来看一下新生代家长都有哪些不容易。**第一个不容易是教育理念存在冲突。**很多家长在家庭教育的过程中会有一些矛盾的问题,比如说我到底是带着孩子提前规划还是要顺其自然?我到底要给予压力还是让他自由成长?我到底是扬长避短还是要取长补短?很多家长的情况是看的书越多,家庭教育的知识越多,结果他内心的这些冲突和纠结也越多,这是第一个不容易。

第二个不容易是教育结构特殊。常见的家庭结构有核心家庭、主干家庭。核心家庭就是父母亲两个人带孩子。主干家庭就是祖辈、父母和孩子在一起。不是说有老人就叫隔代家庭,纯老人教育孩子的才叫隔代家庭。但是在上海有大量的家庭是有祖辈、爸爸妈妈和孩子,这种我们称为主干家庭。很多新生代的家长在主干家庭中面对的家庭教育问题特别多。比如说教育分工的烦恼，"老人帮我带孩子，但是他又在管孩子的教育，他的教育方式我又看不上，我应该怎么办？"两代人肯定会有理念的差异，因为时代的背景不一样，彼此接受的教育、从业经历也是不一样的，所以理念上也一定会有一些不统一，这些矛盾和差异有时还会带来代际关系方面的烦恼。此外，一个家庭里，家庭成员越多，和小朋友的沟通方式就会呈现出更多不同的状态，有的父母是比较喜欢控制的，有的父母是比较喜欢说教的，那么家庭中可能会出现妈妈在教育孩子，四五个人在教育妈妈的情况，所以家庭成员的沟通其实也存在不少冲突。

第三个不容易是教育目标迷茫。现在很多妈妈希望在自己的家庭教育中能把素质教育和应试教育结合起来，想找一个既关注孩子成人，又关注孩子成才的学校。但是每所学校都一定有它的优势，很多家长在自己教育孩子的过程中也出现了教育目标的困惑。之前有家长问我："张老师，你觉得现在工业 4.0 时代我们应该培养怎样的孩子？"我说："那你觉得工业 4.0 时代的教育和以前的教育有什么不同？"他说："现在失业率好高，人工智能的出现使得很多孩子未来可能毕业之后就失业。"现在有一种调侃是把university 翻译成中文"由你玩四年"，如果真的是这样，那基本上毕业之后，他自己也不知道干什么，最后很可能就是啃老。这是一个社会问题，我当时听到这位家长的问题就特别感到钦佩，他是 1985 年的一位家长，他能提出在工业 4.0 时代下，我们到底要培养怎样的孩子。由此发展，他就会问："我们应该怎么去规划孩子的未来？"这个问题也非常值得很多新生代家长去思考。还有一些家长在教育目标中会问："我也给孩子报了很多培训班，但是我越来越觉得我给他报班的目的好像不是为了去考级或者考出什么证书，我希望他在学习过程中有一些感受。但是我目前看到很多市面上的培训班都只做了培训，并没有真正做教育。"以围棋为例，围棋在古代是六艺之一，能培养孩子对弈时的内心力量、舍与得的人生态度、落子无悔的做事法则和走一步看三步的全局观。但现在很多小朋友在学围棋，互相就会问："你学到几段了？这个棋你会不会下？"所以新生代家长可能在报补习班、兴趣班的时候，也出现了不一样的思考，这些都充斥在我们的一些教育理念中。

最后一个不容易是教育方式的矛盾。很多家长都会觉得道理都知道，但是做不到。"我根本不想用我父母那种方式去教育我的孩子,但是我脱口而出的就是否定他、挫败他,我好像越来越活成了我父母的样子。"所以很常见的家庭场景就是,家长先和孩子好好说,说了三遍,不听,就开始吼,吼完了之后,看着孩子流着泪的熟睡的脸,又特别内疚,然后半夜就在网上搜索如何控制住自己的情绪,或者去买一本书,诸如如何不吼不叫地去教育孩子之类的,但到第二天又不断重复。所以这也证明了其实"80后"作为新时代家长,现在更多的其实处在一个过渡阶段,我们既没有全盘相信我们父母过去的教育方式,但是我们好像又没有学到一套全新、完整的教育体系。所以在这个过程中,新生代家长也是在艰难地前行,不断地一边实践,一边反思,一边摸索,一边提升。

这些就是新生代家长面临的不容易,但是现在家长学习的机会也越来越多,我们坚信既然时代让我们做一些过渡和传承,那我们就要传好这个接力棒。

二、新生代家长需要面临的调整

工业4.0时代,社会日新月异,在迅速变化的大环境下,家长也需要重新审视自己,从认知上、意识上、思维上都要有一个转变。一是孩子从物质需求到精神需求的转变。其实很多家长都会觉得现在孩子好幸福,早餐喝着牛奶,坐着校车去学校,每天也没啥烦恼,就是要把作业做好。但是实际上你会发现,对于孩子来说,作业真的就是他的一切吗?学习就是他的一切吗?很多妈妈认为孩子什么都不用做,只要好好学习。但是我相信我们小时候,如果父母没在管我们,我们白天会做什么——找小伙伴玩,那么玩耍其实是我们的一个精神需求。可是现在的孩子,很多时候都是两点一线。很多家长觉得自己的孩子没有压力,但从孩子的角度来看,他们却抱怨自己压力大,甚至会觉得"学习没有意思""我以后随便做一个网红主播就行"等。究其原因,是因为物质层面的东西很多孩子现在已经享受了,但是人不仅仅是一个物质的产物,还需要精神的支持和成长。很多家长会说:"我孩子天天只知道打游戏。"试问,如果你希望你的孩子不打游戏,那么你的家里面有没有游戏环节?《3—6岁儿童学习与发展指南》中,第一条讲的就是游戏是孩子的天性。家庭游戏其实很简单,比如每周三晚上可以定为一个家庭日,拿一个大纸箱,在里面塞上小纸条,上面写着各种各样的"游戏":做俯卧撑、讲笑话、解释成语、真心话大冒险等。如果你的家里没有这种游戏,让孩子天天去学习,对他来说肯定是很枯燥的。所以必须看到的现实就是现在的孩子比过去那个时代的孩子需求更多,因为物质的发展一定会带来精神的发展。现在的孩子是每个家里面的一个"蛋",很多家长为什么会有教育焦虑,因为如果他有五个"蛋",一个"蛋"成才,另外四个"蛋"很平庸,他可能还能接受。但如果家里面就这一个"蛋",他其实讲的很多话是违心的。比如他说:"我只希望我的'蛋'拥有最美好的灵魂,让他做一个最幸福的'蛋'。"一旦入学之后家长就不是这么想的,因为他觉得他家的"蛋"落后于其他的"蛋",他们家就"完蛋"。所以对他来说,他不能接受这样的现实。那对于孩子来说,他有没有承受压力呢? 自然而然是有的,而且这种压力很多父母会认为不存在。举一个例子,如果你今天在公园,看到一个乞丐蹲在地上特别可怜,这时候你给了他50元,那么你要不要回报? 很多家长觉得自己不要回报。那么如果这个乞丐拿了你的50元,马上就出去跑到游戏厅玩游戏机,你会觉得非常生气吗? 可能大部分人都会感到生气。为什么? 是因为你虽然不要他50元的回报,但是你要他按照你的要求去花这50元。面对孩子其实也一样,你当然不指望他给你买车买房了,但是很多家长在精神世界中,希望孩子要听自己的话。比如说给孩子买了牛奶、买了最好的学习机,那孩子总要按照妈妈的要求把学习给搞好吧,要按照妈妈的要求做好今天的作业吧。有许多妈妈脑海中已经有了"我为你付出这么多,你应该要怎么样"的期待。

二是育儿从问题思维到课题思维的转变。很多家长在网上大量搜的问题都是孩子磨蹭拖拉怎么办? 孩子不听话怎么办? 孩子有网瘾、厌学怎么办? 孩子不自信怎么办? 你会发现这些问题的背后,家长真正想问的似乎是有没有办法能解决这个问题。但是我经常送给这些家长几个字:"你早干什么去了?"因为所有的家庭教育都是一个逐渐形成的产物,古代的家庭教育有三个基本规范:家风家训、四书五经和家庭的私塾教育。但是现在很多家长其实在育儿中是无意识、无目的、无计划的,等到你看见的时候它已经形成了。那一般形成的东西是哪些呢? 比如说习惯的惯、性格的性、情绪的情,大部分家长的家庭教育困惑都超不出这三种。你看到磨蹭、拖拉、懒惰,这些都是习惯的问题,但它一定不是一天形成的。所以对于新生代的家长,我比较推荐家长弄清楚到底什么才是问题、什么才是课题。所谓的课题是父母要去备课的,是要通过日日夜夜的努力,去不断培养的。与其问自己的孩子为什么不听话,不如告诉自己"2021年我应该做好我们的亲子沟通",这才是课题。我认为孩子成长过程中没有问题,只有不断成长的课题,这个课题家长如果错过了就会变成下一阶段的问题。所以希望新生代家长与其等到孩子12岁以后出现各种各样的问题再去解决,不如在孩子3—12岁核心阶段就去想好,哪一些才是我们的课题,早期课题做好了,后面不会是一个问题孩子,但如果前面的课题错过了,后面输出的就是问题。家庭教育更注重的是家庭内早期有意识、有目的、有计划地按照社会需要和子女身心特点,通过言传身教和家庭生活实践对子女施加一定的影响,并且达到父母教育目标的过程,它一定不是"我今天头痛医头,脚痛医脚"。所以也希望新生代家长建立这样的理念。

三是效能从方法获取到方式模式的转变。很多家长在寻求帮助和建议的时候,最关注的就是有没有效、有没有用。我经常对家长开玩笑说:"你问我有没有'用'(用处),我先问你有没有'用'(使用),你有没有持续地在用?"新时代希望家长建立的思维是明确什么是方法,什么是方式。打个比方,你今天想减肥,你可以吃减肥药,可以节食,可以吃代餐,但是你会发现这些方法都会导致反弹。你试了很多,最后得出的结论是真的想减肥只有管住嘴、迈开腿。管住嘴,是我们的饮食方式;迈开腿,是我们的运动方式。所以方法和方式它一定是有区别的,方法指的是我今天用一个方法明天就灵,而方式是我十年如一日地变成了这样子。方式的"式"是模式的意思,如果各位家长今天看了一本书,上面说要肯定孩子,你如果明白了这一点,其实你是建立了一个意识,如果你能连续一个月这么做,说明这是个方法,如果你能连续三年都这么做,就变成方式了。所以说孩子的改变是在我们家长的方式中改变的,从来不会只因为家长的一个方法就能发生改变。

三、新生代家长需要爱的能力

本节将分享三个爱的能力。第一个能力是看见。可能很多家长说,他肯定能看见自己的孩子,但看到不等于看见。什么是看到?我们每一位家长每天回到家,你会发现他的眼神里面都是在看到孩子——今天看到他没有写作业,今天看到他又在玩游戏,今天看到他又在和家长顶嘴,今天看到他又在磨蹭拖拉。这些"看到"基本上是属于表现层面的,是肉眼可以看到的层面。而"看见"是什么呢?可能不只是通过眼睛去看到的,比如说我有时候和青春期孩子聊,我问他"这一学期怎么样?",他说"还好",我说"累吗?",然后他说"还行",我说"这学期你给自己定的计划最后有没有完成?",他说"没有完成",我说"其实挺不容易的,我也知道你一定想做到,你肯定想尽力做到最好"。聊着聊着,孩子眼泪就下来了。为什么他会流泪?他觉得我能看见他,但是他的爸爸妈妈可能更多的就是"看到",每一天就会从早到晚,像个雷达一样去扫描他。所以我们第一个需要明白的概念,就是看到不等于看见。家庭教育的左端是家长,右端是孩子,不管是家长,还是孩子,其实都有"水面上的冰山"和"水面下的冰山"两部分,"水面"上我们称为doing,doing 就是我们的一些行为、表情、语言。每个 doing 下面一定都会有being,being 就是我们的状态,包括在"水面"下我们的感受、想法,还有最深层的需要。家长在和孩子日常互动的过程中,我们会发现家长说一句话,孩子马上会出现一个 being 感受,然后他基于这个感受,又会给出一个他的回应,那孩子的这个回应出来后,家长紧跟着又会出现一个 being 层。很多家长在家庭教育里是有盲区的,一是看不见自己,很少去反思:"我今天和孩子互动时到底有没有尊重他?我今天的互动有没有去接纳他?我今天有没有去理解他的感受……"好的内省能让孩子家长自己迭代成长,为什么有很多家长学完情绪管理课,回到家一秒就炸?因为到了那个场景他完全看不见自己,所以这是盲区一。盲区二是家长只看见了孩子的 doing,看不见孩子"水面"下的 being。Being 的部分是需要家长去解读的,很多家长是急性子,孩子 doing,他也 doing。打个比方:孩子磨蹭,家长就催,催完没用,就继续吼,其实都是用动词在教育孩子,所以我们看到家庭教育中很多家长催盯吼骂,他基本上把他的五官全用上了,但还是教育不好孩子。但他所有的办法都是在 doing 层面,而没有去考虑孩子行为背后的 being 层面。

所谓看见,首先我们要看见自己,上文提到,有些家长上完情绪管理课,结果一回家又开始对孩子吼。为什么会这样呢?因为他回到家庭的场景后,他自己的表情、行为,他都是看不见的。很多家长其实根本不知道家庭教育不是说你学了些什么,而是说每一天你自己的语言、表情和行为创造了什么。很多家长就看不见他自己发火的样子,看不见他面对孩子时狰狞的样子。曾经有一位家长问我:"张老师,我的孩子会不会出现心理问题? 应该怎么去预判?"我告诉她:"你把孩子从 4 岁到 14 岁所有的照片全部放到一起,做一个成长影集,看一看。"结果她慌慌张张给我打电话说:"从 11 岁那一年我发现孩子脸上的笑容越来越少,现在 14 岁他甚至不想和我说话。"我说:"10—11 岁是青春期特别重要的阶段,但是那个阶段你没有看你的表情,你天天就盯着孩子的成长,这样当然会出问题了。"所以家长要看见自己的 doing,觉察自己在和孩子互动时的表情、语言、动作。

其次,作为家长,一定要能够看见孩子"水面"下的想法、感受、需要。很多家长和我抱怨自己的孩子不爱学习,给孩子报补习班,他不认真学,他考试之前不用心复习,诸如此类。但是大家先想一想:学习这个事情当事人是谁? 是孩子。可很多家长从来没有和孩子聊过:"宝贝,你是怎么看待学习的? 现在觉得学习累吗? 这一学期你是怎么打算的? 你的学习目标是什么? 你现在校内作业、校外作业平衡得还好吗? 有什么需要我支持的? 这次考试你紧张吗、有压力吗?"其实很多家长是不和孩子聊这些的,孩子在家好像就变成执行命令的小木偶,孩子写作业时,很多家长会说:"时间来不及了,赶紧写作业。"过去我们想培养的是听话的孩子,但是工业 4.0 时代,孩子要有自己的想法,所以家长要看见孩子的内心世界,具备看见孩子 being 的能力。

第二个能力是看懂。看懂什么呢? 首先看懂孩子的差异,很多妈妈经常会问:"孩子调皮捣蛋怎么办? 孩子不爱阅读怎么办?"但是就像农民伯伯种田,茉莉花的种子你非要它长成桃树是不现实的。孩子是一个独立的个体,每个孩子一定是不一样的。比如个性差异,有的是多血质,有的是黏液质,有的是抑郁质,有的是胆汁质,要先看懂这些差异,才能做好亲子沟通。此外还有行为特征的差异、学习类型的差异等,一定要从孩子的独特性出发,为他提供合适的成长环境。

其次要看懂孩子的行为,假如你的孩子有以下行为——撒谎、磨蹭、顶嘴,你会怎么解读这些行为? 有的家长会说:"撒谎说明孩子品性不好,家长没教好,没有教他是非观;磨蹭就等于习惯很差,需要去调整他的习惯;顶嘴说明他不尊重父母,青春期提前来了,开始叛逆了。"先抛开这些想法,试问,当你的孩子有这些行为的时候,你是简单粗暴地直接依据孩子的 doing 下结论,还是想着去看懂他的这些行为呢?上面的一通分析看似合理,其实已经在给孩子贴标签了。作为家长,你生活中有没有过撒谎、不想写工作报告、和别人顶嘴的经历呢?那么,有没有可能孩子撒谎背后是有个严厉的爸爸或妈妈呢?有没有可能孩子磨蹭是因为他觉得这份作业枯燥、没有成就感呢?有没有可能孩子顶嘴是因为觉得被冒犯了,想捍卫自己的尊严呢?所以每一个行为背后都有动机,家长需要去发现这些动机。这里也有一个方法和大家分享。你可以试着画一个表,分为三栏,第一栏写下你现在最看不惯的孩子的一些行为。第二栏写下这些行为分别是先天的还是后天形成的。如果是后天的,那么请在你的家里找答案。在第三栏写下你的孩子在家里是复制了谁的行为,或者被谁引导产生了这个行为。如果你能按照这样的步骤去做到位的话,很多的家庭教育问题你不用问专家,你自己应该知道答案,没有哪个专家比你更懂你的孩子,比你更了解你的家庭。

第三项能力是看好孩子。第一是看好孩子本来的能力,所谓的本来就是说,个体出生后,虽然还没有和外界接触,但他生而为人就是有独立的人格和价值的。所有孩子生下来都有独立的人格,父母原本对孩子的爱都是无条件的,意味着家长无索取地爱孩子本来的样子。那为什么现在很多孩子和家长会出现很大的冲突,孩子和父母渐行渐远?因为很多家长没有能力看好孩子本来的一面。孩子考试成绩出来,家长先问分数而忽视人:"考得怎么样?班里第一名多少分?你的分为什么丢掉?"试问,家长到底爱孩子的人还是爱他的分数?所以也希望父母真要能爱孩子本来的一面,去思考孩子的表现和生命到底哪个更重要?

第二是要看好孩子的未来,很多家长在孩子刚刚出生的时候,会对未来充满憧憬。但当他开始教育孩子的时候,他就只能看当下了。比如说今天只要孩子的作业能写完,家长讲的东西他能够听得进去,家长就认为今天的教育完成了。很多家长只顾着做好当下,但当下他最强烈的一个感受就是焦虑。焦虑什么呢?比如说今天孩子稍微玩了一会儿电子游戏,家长就担心他未来会废掉;今天孩子和异性多讲了几句话,家长就担心孩子早恋。这种担心,实际上家长自己也是混乱的,这种混乱缺少了对孩子的笃定感和对孩子未来的信任感,所以就容易胡思乱想。如果家长当下的每一天都是焦虑的,怎么能输出一个未来的孩子呢? 问大家一个问题:假如你的孩子是一只股票的话,你觉得他是长线股还是短线股? 你是马上就要把它抛掉还是长期持有? 在家庭教育过程中,孩子不是做得好,才能被看好;而是被看好,才能做得好。所以说好家长是一位好老师,真正的师者是要示以美好、授以希望的。家长要具备成长型思维,当孩子考试不及格时,我们是不是可以理解为他暂未通过? 当孩子今天粗心时,我们可不可以说有待细心? 当孩子今天想玩时,我们可不可以认为他有待成长,还没有找到学习的动力? 如果每个家长都能用长远的眼光去看当下,那不管是我们还是孩子,可能都会有一个不一样的未来。

为人父母真的是一场修行,你现在停留在哪个阶段,你的孩子,你们的亲子关系、教育规划、日常沟通也都会呈现出那个阶段的特点。作为家长我们也应该和孩子一样,通过不断学习去更新我们自己。希望大家都努力成为学习型家长,带着自己的家庭成为学习型家庭,最后汇聚成学习型社区。那么学习型家长的首要任务就是在孩子成长的核心关键期,培养出孩子的核心底层素养,帮助孩子成为独立完善的人。对于学习型家长来说,首要的是做好自身,要不断更新自己的教育理念认知,学习、练习教育技能方法,营造和谐的夫妻关系,等等。其次,在教育过程中,要了解孩子、看待孩子、规划孩子、培养孩子、管理孩子、影响孩子,教育孩子是家长的天职和使命,家长要把爱作为家庭教育的本质。最后,更具体地看,家长的教育任务绝对不仅仅局限于孩子的学业提升,还包括孩子心理素质、社交能力、思维能力等方面的发展,要以孩子的全面发展为终极目标。家长和孩子应该是特别好的搭档。在新时代,只有亲子共同成长,孩子才会有一个更美好的未来。

第二十五篇　户外，我们和孩子一起成长

陈小文　上海市静安区家庭教育指导中心主任

　　不久前,中共中央办公厅、国务院办公厅印发了《关于进一步减轻义务教育阶段学生作业负担和校外培训负担的意见》,简称"双减"文件。它的主要内容大概包括以下几部分:一是全面压减作业总量和时长,减轻学生过重的作业负担;二是提升学校的课后服务水平,满足学生的多样化需求;三是坚持从严治理,全面规范校外培训行为;四是大力提升教育教学质量,确保学生校内学足、学好。在这当中,引起家长最热烈讨论的可能是这两点:一是关于作业的量有了明确的规定,二是对于校外培训机构有了更加明确的规范。尤其是这样一条:不得占用国家法定节假日、休息日以及寒暑假期组织学科类培训。那么家长之所以如此热烈地讨论,一方面是对于负担减轻的欢呼;但同时,家长也有了新的困惑:多出的时间我们干什么呢? 因为很多的家长可能早已习惯了星期一到星期五早晨把孩子送到学校,晚上把孩子接回家,然后在家做作业,双休日那么稍稍睡一个小懒觉,又开始到各个培训点去参加课外辅导和培训。但是"双减"之后,这样的生活模式很有可能被打乱。

　　我想从家庭教育指导的角度来说的话,多出来的时间可以干些更有意义的事情。第一是去锻炼、去游戏,当然这个游戏肯定不是手机游戏,而是和体育锻炼、人际交往相关的各种游戏活动;第二是好好地利用双休日或者其他的闲暇时间把自己一个阶段的学习成果整理一下,很多时候,最清楚自己学习状况的应该是孩子自己,而不是把孩子交给那些采用漫灌式教学的辅导机构;第三是请我们的孩子能够好好地、细细地去阅读一些有质量的书籍;第四是在生活中去尝试运用我们学到的知识,去发现各种各样的未知。所以多出的时间完全可以用在很多有意思的事情上面,当然前提是我们的家长想不想、愿不愿意。前面第一点谈到的就是"去锻炼、去游戏",所以我们接下来要讨论的一个话题就是"户外,我们和孩子一起成长"。

一、为什么是户外?

家长可以先思考几个问题。第一,在暑假期间,我们的孩子的起床和就寝时间有没有规律?第二,我们的孩子每天接触手机、平板电脑、电视、计算机等电子产品的时间有多久?第三,我们的孩子每天有没有体育运动、户外游戏的时间?第四,我们的孩子如果是有运动时间的,那么每个白天的运动时长和强度又有多少?

最新的中国儿童青少年体育健身指数评估报告数据显示,我国儿童青少年日常体育健身的活动方式是非常丰富和完善的。但是儿童青少年的身体活动水平却不高,而且这个身体活动的水平随着年龄增长呈递减的趋势。按理说随着孩子的生长发育,应该是年龄段越高,他的身体活动的水平也越高,事实却相反。另外一个值得我们关注的地方是,总体来看,我们的小学、初中的体育健身效果还是非常好的,但是孩子们的健身意识的水平和体质健康的水平却不是成正比的。也就是说虽然孩子的体质健康水平比较高,但他们的健身意识水平是比较低的,很有可能是因为有体育测试,孩子被动地参与体育健身行为。为此教育部办公厅专门发布了相应的文件,对体育教育作出了一些明确的量化的规定。除了学校的体育课、体育活动外,还专门提到了"校外一小时",这是需要家庭承担起来的。

此外,为什么要如此重视户外运动,还出于一个更大的隐忧。我们可以去看看周围多少孩子戴上了眼镜。其实不需要通过很复杂的统计,我们只要看看各个学段最后的一张毕业照就可以了,幼儿园毕业照上面,基本上都是忽闪忽闪的大眼睛;到了小学毕业的时候,亮晶晶的镜片就开始多起来了,初中、高中、大学更甚,这反映的其实是一个非常严峻的事实。近视的发生除了和我们现代人的生活方式的变化有关,其实也与我们运动的严重缺乏和在日光下活动的缺乏密切相关。所以无论是为了提高孩子的身体素质,还是为了保护孩子的视力,户外的运动、体育运动都有着非常现实和重要的意义,所以非常希望家长们像重视孩子的成绩一样来重视孩子的运动。

二、户外第一活动——锻炼

户外第一活动——锻炼可能会面临两个挑战。第一是我们的家长能不能挤出宝贵的时间,这个问题的背后可能有很多的现实原因。但是我想既然我们是孩子的父母,是孩子成长的陪伴者,是孩子的人生导师,所以我们应该做一个和父母、陪伴者、人生导师相对应的时间管理者。有的时候有些家长说:"我一回到家,实在是太累了,让我先休息一会儿、睡一会儿。"当然是可以的,但是如果我们换个角度:和天真无邪的孩子一起游戏的时候,能不能把它转换成什么呢? 把"太烦了,我还要陪孩子玩"转换成"这个时间和孩子在一起,不需要钩心斗角"。在这个过程当中,能够发现很多孩子成长的亮点、闪光点。也就是说,把和孩子相处的时间变成我们内心疗愈的时间。我们和孩子相处的时间其实是很短的,最重要的相处的黄金期可能也就是在幼儿园到小学,初中还有那么一点点,真正到了高中、大学,那孩子就是彻底放飞人生的阶段,他要走向社会了。所以请我们的家长去合理地安排好时间,或者说去挤出一些时间来。

第二个挑战是我们的家长能不能引导孩子科学地运动。很多家长一听到让孩子多运动,他会说这样一句话:"我家孩子很活泼好动,没有一刻停下来的。"这不能算是运动,最多算是好动。再结合中国儿童青少年体育健身指数评估报告来谈,现在的孩子静态活动的时间越来越长了,所以步行越来越少了,户外活动越来越少了,只要能够在家待着,绝对不出家门。所以要让孩子运动起来,很重要的一点那就是减少我们的静态活动时间。为什么这样说呢? 一方面是我们现在的生活方式,对孩子的身体造成的一些消极影响;另外一方面是由于运动不足,给孩子的学业也带来了一些消极影响。家长一定要明白,我们的学生是脑力劳动者,不要认为孩子每天坐在教室里面很轻松。他们需要去学习,要靠大脑去积极地思考。而在这个过程中,大脑是一个能量消耗的大户,所以孩子的大脑必须获得一些物质支持。那么物质支持怎么能够更加丰富呢? 显然要有一个良好的身体。所以一般来说,体育活动能够通过我们的神经传导物质充分地提升孩子全方位的状态,比如说大家很熟悉的多巴胺、血清素、肾上腺素等,这些都关乎孩子的积极情绪、注意力、认知力、满足感。同时,运动好的孩子,他的心肺机能就很好,这能让头脑更敏锐，精神更集中，反应更敏捷，动作更协调。另外一点，良好的运动状态让情绪更积极，而且抗挫折的能力也更强，生命也更有活力。因此每一个学段的家长都应该去了解或者掌握一些定量的关于运动方面的指标，其实不同性别、每个年龄段都有一系列的体质健康标准，可以给大家一个量化的参考。所以家长应该先关注一下孩子的身体运动的发展水平，因为身体是一切革命的本钱，另外一点，体育可能是一种最安全的竞争方式——自己和自己竞争。家长不要把户外运动变成下一个补课班。很多时候补课班只能传授一些技能、技巧，而对于培养对运动的热爱、行为意识却帮助不大。

因此，第一，户外运动是孩子放飞心灵、放松身体的时刻。第二，对于孩子来说，户外活动是没有特别的界限的，只要他在户外，只要他动起来，它都是一种户外的活动。第三，户外活动应该是感到快乐、享受快乐的一个过程。第四，要把它变成一种习惯，而且是终身的习惯。我们的孩子不仅要能安心地、安静地阅读，同时也要能在体育场上，在户外展现出矫健的身姿，这才是一种健康的人生。最后，户外运动不是孩子一个人苦兮兮地在烈日下训练，对于绝大多数家庭来说，户外运动是一个增进家长和孩子之间感情纽带的好机会，能够提升亲子关系的质量。

有些家长也会问："对于各种各样的补课我很在行，但是到底该怎么开展运动呢？"首先要保证孩子每天一定的运动时间，尤其是户外运动的时间，一般来说建议孩子每天能够连续运动 20—30 分钟（白天最佳）。屏幕活动的时间倾向于越少越好，就是指对着手机、平板电脑、电视、计算机的时间。其次，在户外活动的时候，家长要放手，现实中往往是家长在孩子活动的时候经常一惊一乍。为什么呢？第一个是觉得孩子一出汗就可能要生病或者太脏了，第二个就是对孩子的能力可能认识不足，总是担心孩子受伤。当然运动中会出现一些风险或者说有一些危险因素，但这不是我们不让孩子运动的理由。

那么家长应该关注些什么呢？第一，关注孩子。我们对孩子的观察是否足够？观察是否入微？了解是否全面？第二，关注活动场地的环境设施。第三，关注孩子的行动。家长要把视线放在孩子身上，但不过多干涉，多看孩子怎么玩，看他怎么应对各种困难。孩子其实是一个能人，他碰到了困难,至少在他的能力范围内会努力地想要去解决,那么在这个过程中,你会发现很多孩子的亮点或者发现你真正能够去帮助孩子的点。在孩子漂亮地完成了体育运动的一个环节时,家长也应该露出灿烂的笑容,给孩子及时的言语的鼓励和赞扬,这就是传递对孩子的肯定,而这种肯定一定会刻在他一生的记忆当中。

以上针对的是家长作为旁观者的情况,但同时家长还可以参与进去,这是最重要的。当我们从旁观者变成了参与者,孩子的劲头会更高涨,同时我们的体验会更丰富。另外一点,要知道每一个孩子都可能希望打败我们,因为很多时候我们在孩子眼里就是一座高山,打败我们意味着他们在成长。所以在参与的时候一定注意,我们可以适度地示弱、卖个萌,让孩子有更强的成就感,同时也可以适度地竞争,稍稍赢过他一点点,例如输他三次,赢他两次,让孩子能够逐步地适应挑战、应对挫折。

更高一阶就是家长和孩子一起来学习一些未知的运动本领,让孩子一个人的运动变成家庭生活。当然了,在运动中肯定会有挫折、冲突、竞争,比如孩子打篮球总是投不进去会哇哇地哭,这很正常,家长要会接纳、抚慰孩子的这些情绪,先去听听孩子内心的想法,然后告诉孩子在哪些地方可以改进,在哪些地方其实是很棒的。把户外运动中的困难作为挫折教育的一个契机,和孩子一起做一些好玩的、有难度的事情,在运动中帮助孩子鼓起勇气,看到自己的闪光点。

三、户外的第二活动——探索

探索是什么呢?那就是去感受和平时不一样的事物。我们有多少孩子虽然生活在社区,但是没有仔仔细细地去打量过这个社区?比如我们的社区里种了多少树?开了怎样的花?这些花是什么?春天到了,我们的屋檐上有没有燕子?玻璃幕墙上映出的云和小区里边的花都会充实孩子的人生。这还仅仅是在社区,我们可以走得更远一点,走进大自然。比如我们会开展周边游、国内游,但很多时候我们可能满足于什么?满足于住的是五星级酒店,满足于我们吃的是豪华的海鲜大餐。但实际上走在户外,走进自然的时候,两个眼睛要像探照灯、放大镜一样地去看,身边所有的一切都能看,因为这和日常生活的环境不同,这些都是没有剧本、没有预设的。只要我们怀着探究的心,我们和孩子就能在路上发现不一样的风景。

不管是走进社区,还是走进自然,很重要的一点是培养孩子爱观察的习惯,给孩子一些方向,对于孩子来说,他既到户外了,又动起来了,又有新的发现,难道不是一次令他非常难忘的探险吗? 在户外让孩子去做一个探索者,比如说景点的山石,可以让孩子结合他的生活阅历,从不同的角度去观察和思考"它像什么",除了从"形"的方面探索,还可以进一步从"理"的角度去探索。这个石头是天然的吗? 如果是天然的,它是如何形成的? 这一切的一切都是我们在户外可以让孩子去感受,让孩子去学习的。有些家长会说,这太专业、太难了。怎么办? 很简单,和孩子一起去阅读。其实有很多关于户外探索的书,家长完全可以把它用起来,比如《去野外:探索大自然之旅》《手绘鸟类百科》,这样的书很多。哪怕家长自己完全不懂,扛着这类书和孩子一起到野外,就可以设计一个非常有意思的户外活动。

四、户外的周边:生活自理

在知乎上有一个问题挺有意思的:"如果实在没有时间运动,你可以怎么做?"有人回答:"实在没有时间运动,你去做家务,做家务也是一种运动。"那么我们来看一下,现在的孩子的家务能力或者说自理能力究竟如何? 生活中常见到这样的场景:孩子只需要顾好自己的学习就行,其他都由别人来代劳。之前上海市教委发布了一份《上海市中小学幼儿园劳动任务单》,其实就可以把这个作为家长在家中引导孩子做家务的参考指南,因为劳动教育更需要在家中开展,在充满关爱的家庭生活中,孩子的自理能力能够得到很好的培养。当然前提条件是家长要想明白、要重视,要和孩子一起去料理生活。做家务也是一种运动,还能培养孩子的生活能力,为家人制造惊喜,非常重要的一点是在每天家务运动的过程中,也建立了一种家庭的归属感。所以户外对于孩子来说很重要,只要家长转变自己的认知,完全能够找到更多运动的新天地,当然也不要忘记,在家里也能运动!